忘れられた仏教天文学

一九世紀の日本における仏教世界像

岡田正彦

法蔵館文庫

本書は二〇一〇年一一月三〇日、ブイツーソリューションより刊行された。

目次

エピグラフ　出典一覧

序　章　鷲尾順敬編『日本思想闘諍史料　第一巻』東方書院、一九三〇年、二頁。

第一章　有坂隆道他『富永仲基・山片蟠桃（日本思想体系43）』、岩波書店、一九七三年、六一六頁。

第二章　柄谷行人『トランスクリティーク』岩波現代文庫、二〇一〇年、五〇～五一頁。

第三章　エリック・ホブズボウム『創られた伝統』紀伊国屋書店、一九九二年、一五～一六頁。

第四章　普光融満『本朝梵暦師資系譜』（国立国会図書館蔵版）一八八三年、一丁表。

第五章　山口昌男編『未開と文明　現代人の思想コレクション三』平凡社、一九六九年、三一九頁。

終　章　Hayden White, *The Content of the Form* (Baltimore: Johns Hopkins University Press, 1987), p. 192.

忘れられた仏教天文学——一九世紀の日本における仏教世界像

凡例

一、本文の漢字表記は、一部の例外を除き、基本的に常用漢字を用いた。
二、文献引用や文献のタイトル、人名等の表記に関しては、原則的に旧字・異体字を新字に統一した。また、読みやすさを考慮して、引用文には句読点を付している。
三、歴史上の人名は、通常多く用いられる呼称に統一した。
四、引用文中の著者の補足は（　）で示した。

序章　普門円通と「仏教天文学」

江戸時代の初めより神儒仏耶の四教の思想の関係交渉が極めて複雑となり、重大なる社会現象を示している。それが今日に至る迄幾多の変遷を経つヽ常に吾等国民の生活を衝動してゐることは、事実の掩ふべからざるものがある。されば江戸時代三百余年に亘る神儒仏耶の四教の思想の関係交渉は、我国の歴史的文化の思想的方面の尖端をなしてゐるものであると云ふべく、この点より、吾等はこれが研究に尤も切実なる興味を覚えざるを得ない。

——鷲尾順敬『日本思想闘諍史料』

忘れられた「仏教天文学」

一九三〇年代のある日、一人の老人が帝国学士院を訪れ、居合わせた職員に天文学に関する討論を求めた。老人は「地球説」を否定して、大地の本当のかたちは円平であるとする「地平説」を主張し、その真偽を識者と議論するために学士院を訪問したのである。応対した職員は、皆一笑に付して相手にしなかったが、その老人は頑然として自説を主張し続けた。根負けして話を聞いた職員の一人は、「地形円平」を立証しようとする老人の天文学理論の緻密さと、その熱意に感心したという。当時を回想した学士院の職員は、次のように語っている。

翁永年の実験に依ると云ふ地平説立証の熱弁、殆ど二時間に及ぶ。余唯黙然として之れを聞く者の如くすと雖も、其の熱誠に感心せり。翁別るゝに臨み、余に言て云く。上京以来今茲に始めて本懐を語るを得たり、汝克く我の論を傾聴せられたり、多謝々々と。余見るに此の翁は決して狂人には非ず。(1)

昭和初期の人々にとって、「地形円平」を主張する天文学説は、一時は老人が狂人扱いを受けるほど特異な理論であった。

この奇妙な天文学理論は、江戸時代に一人の仏教僧、普門円通（一七五四〜一八三四）によって体系化された、「梵暦」と呼ばれる「仏教天文学」の理論とその門弟たちの活動に由来するものである。

このエピソードに見られるように、梵暦理論の存在は、昭和初期にはまったく忘れ去られていたが、円通の門弟は生前に千人を超えていたとも言われ、彼を「開祖」とする人々は「梵暦社」と称するネットワークをつくり、各地で活発な活動を行った。その活動の規模は、江戸時代後期から明治期にかけての仏教系の思想運動としては特筆すべきものである。

仏典中に登場するさまざまな物語や教理の背景となっている世界像は、基本的には円盤状の世界である。その世界の中心には、巨大な「須弥山」が在り、その周囲を八つの山脈が同心円状に取り巻き、山脈と山脈の間には八つの海洋が広がっている。同心円状に須弥山を取り囲む山脈の最も外側に位置する「鉄輪山」は極めて広大であり、輪のように広がるその内海は広大な海洋になっている。

この広大な海洋の東西南北に四つの大洲がある。私たちの住まう世界は、これら四つの大陸の一つであり、須弥山の南に位置する南瞻部洲（閻浮提洲）である。広大な須弥山の山頂より上空には天上の世界が広がり、閻浮提洲の地下深くには地獄の世界が広がっている。太陽と月は、須弥山の周囲を定められた周期のもとに横旋して、四季と昼夜の別を形づくっている。

このような基本的世界観をもとにして、円通は仏典中の世界像に関する記述を整理し、それを近代自然科学の世界像（地球球体説や地動説を含む）と比較しながら、「須弥界」と呼ばれる円盤状の世界をイメージ化した。また、地球儀や天球儀を用いた西洋天文学の説明技法に対抗するために、「須弥山儀」や「縮象儀」といった、須弥界における天体の運行を実測に合わせて表示する装置を構想し、実際に製作している。さらには、「倶舎論」や「立世阿毘曇論」、「宿曜経」といった、多彩な仏典中に散在する天文説（暦の知識を含む）を集約して、「梵暦」と呼ばれる仏教天文学を体系化し、この天文学説をもとにして暦を作り、日食や月食などの予測や天文観測などを行って、当時の人々に仏説の正当性を知らしめようとした。この際にも、当時最新の自然科学に関する知識や実際の天文観測などのデータを重視し、天文学説としての実用性を強調している。

仏典中の天文説とその背景となる世界像を近代の自然科学と同じレベルで体系化し、その実用性を実証しようとする円通の仏教天文学は、彼以前に仏典中の天文説を研究した人々のアプローチとは根本的に異なるものであった。

本書の主題は、こうした普門円通のユニークな思想を紹介し、彼の梵暦理論を背景とした思想運動の展開を辿りながら、この忘れられた「仏教天文学」に新たな光をあてることにある。

これまで円通の梵暦理論と弟子たちの活動については、科学史や科学思想史の立場から紹介した論文や解説等は見られるが、彼らの活動を全体的に把握し、その理論や思想の宗教史・近代史上の意義について、正面から論じた研究は少ない。従来の研究を代表するものとしては、次のような論文が挙げられるだろう。

伊東多三郎「近世に於ける科学的宇宙観の発達に対する反動に就いて」(『宗教研究』、一九三四)

板沢武雄「江戸時代に於ける地動説の展開と其の反動」(『史学雑誌』、一九四一)

吉田忠「近世における仏教と西洋自然観との出会い」(『仏教と日本人　第一一巻』、一九八六)

論文のタイトル自体も互いに良く似ているが、梵暦運動を西洋の自然科学(とくに地動説）の流入に対抗する「反動」と見なしていること。さらには、平らな世界の存在を教条的に擁護する梵暦理論は、新しい自然科学的な世界像に対抗する伝統主義的なリアクションであった、とする見解はどの論文にも共通している。また、梵暦運動を一六世紀のイエズス会士による西洋天文学の紹介に始まる、いわゆる「須弥山説論争」の系譜に位置づけ、この思想運動を理解しようとするフレームワークも共有されている。[2] こうした傾向は、近世日本の天文学史の全体的な流れに梵暦を位置づけ、梵暦運動の系譜を詳細にまとめた、渡辺敏夫『日本天文学史（上）』（一九八六）の記述にも見られるものだ。

宗教史や仏教史の分野においても、円通の著作や弟子たちの活動に注目した研究は、決して多くはない（本書に収録されている筆者自身による円通及び梵暦運動の研究、井上智勝氏の霊遊に関する研究、谷川穣氏の佐田介石に関する研究など、近年になって梵暦社中の人々に注目する研究も見られるようになってきたが、これらは現在進行中の研究であるので、先行研究としてではなく、今後の研究課題のところで紹介したい）。工藤康海「普門律師の梵暦運動と師の略伝」（『明治聖徳記念学会紀要』、一九四二）などは代表的な研究であるが、この人はむしろ梵暦運動の当事者と言うべき人であって、客観的な分析には乏しい。

圭室諦成（たまむろたいじょう）編『日本仏教史3　近世・近代編』（一九六七）に代表されるような、梵暦の仏教史への位置づけでは、合理主義的な排仏論、とくに近代自然科学の知識を背景とした仏説批判に対抗する護法論の一つとして扱われている。柏原祐泉・藤井学編『日本思想体系57　近世仏教の思想』（一九七三）に付された柏原祐泉の解説では、儒学者を中心とする初期の政治的・経済的な立場からの排仏論が、後半期には科学的な立場にもとづくより論理的・客観的な仏教批判に変化していく言説の推移をまとめながら、梵暦運動を科学的立場からの仏説批判の潮流の一つである、自然科学的な須弥山説批判への対抗運動と見なしている。簡単に「排仏論」や「護法論」と言っても、前半期と後半期では、排仏論の基調となる言説が異なり、それに対抗する護法論の内容も変化していくという柏原の指摘は、極めて卓見であって、本書の梵暦運動研究もここから多くの示唆を受けている。

さらに柏原は、「近代における浄土観の推移」（『論集日本仏教史　第八巻』、一九八七）のなかで、地獄や極楽の実在を主観的・内観的事実として解釈する近代的信仰論が確立する前段階に、科学的な立場にもとづく須弥山実在論や実体論的な浄土観を位置づけている。西洋近代の自然科学的世界観と仏教思想の出会いは、近代日本の仏教言説のルーツを考察するうえで、再考すべき重要な課題の一つなのである。

また、古くは「佐田介石氏の視実等象論」（『宗教研究』、一九二四）と題する論文のなかで、近代仏教学・印度学研究を代表する碩学の一人である木村泰賢は、円通の孫弟子にあたる佐田介石（さたかいせき）の活動について次のように述べている。

氏（佐田介石）の所謂、国粋主義に於て最も特長とすべきは単に消極的排外運動のみに走らないで、飽くまで積極的方針に出でんとしたことである。即ち在来の思想なり組織なり物件なりを、そのまゝ維持して西洋文明に対抗しようとしたのではなく、其等を更に改良し発展せしめて、時代の要求に応ずることによりて、国粋を発揮せんとしたことである。[3]

木村の解説では、佐田介石の「視実等象論（しじつとうしょうろん）」に見られる平らな仏教世界像の擁護論は、在来の思想をそのまま維持して西洋文明に対抗しようとする教条主義ではなく、むしろ旧来の思想を改良（近代化）して、時代の要求に応えた営みとして評価されている。このような見方をすれば、円通とその弟子たちの活動は、明治以後の近代仏教の展開と決して無関係なものとはいえない。むしろ、相互の連続性について考える必要があるだろう。しかし、こうした問題意識にもとづいた、梵暦運動の本格的な研究はこれまでなされていない。

もう二〇年以上も前になるが、著者は大正大学図書館の書庫内でアルバイトをしていた際に、円通の著作の多くに接する機会を得た。それ以来、円通や門弟たちの著作を素直に読み返し、彼らの思想を近代日本の宗教思想史に位置づける努力を続けるうちに、梵暦を排仏論に対抗するための護法論と見なし、近代化に対する伝統主義の抵抗運動ととらえる、従来の近世・近代仏教史や科学史からの円通の評価に、いくつかの疑問を感じるようになった。

近代科学の方法論を援用しながら、須弥山を中心とする円盤状の世界の実在を証明しようとした円通の梵暦理論は、先にも述べたように、西洋近代への反動として、あるいは科学的な立場からの排仏思想に対抗する護法論として紹介されることが多い。しかし、円通や弟子たちの残したテキストの内容を詳細に検討すれば、「伝統と近代」といった対立図式、あるいは排仏論に対抗する護法論といったステレオタイプにもとづいて、彼らのテキストを読解することには多くの矛盾があることがわかる。

たとえば、主著である『仏国暦象編（ぶっこくれきしょうへん）』の序文において、円通は著述の目的として次の三点を挙げている。

聖説之天地ヲ顕揚シテ諸ノ邪説ヲ破シ、以テ正法ヲ護ラント欲スル一也
諸邦ノ暦術梵暦ニ因循シテ、其法始テ備ルコトヲ得コトヲ示ント欲スル二也
梵暦吾国ニ伝ラズヲ以テ、瑜伽者ノ之闕典ト為ヲ補ント欲スル三也(4)

従来は「邪説ヲ破シ、以テ正法ヲ護ラント欲スル」という最初の項目の内容から、円通

の著述は伝統的な仏教世界像を教条的に擁護するものとされ、その護法論的な性格が強調されてきた。しかし、三番目の項目に強調されているように、『仏国暦象編』は、日本ではこれまで知られていなかった、あるいは、これまで体系的に示されることのなかった「梵暦」を体系化し、西洋天文学を陵駕する仏教天文学を構築するまったく新たな営みでもあったのである。

また、円通の没後に門人が師の暦法をまとめた、『須弥界約法暦規』(嘉永三年序)の冒頭では、次のように梵暦の新しさが強調されている。

本邦昔ヨリ梵暦ヲ謂フ者無リキ。然ルニ文化乙亥中京師普門阿闍梨、瘶メテ此学ヲ成就セラレタリ。事後、僧侶盛リニ是レヲ云フ(5)

近代の黎明期に、「梵」を起源とした「仏教」天文学を体系化し、その歴史的意義を論じる円通の理論は、近代仏教学や宗教研究の成立を考えるうえでも重要である。また、日本における近代合理主義と仏教との出会いが天文学から始まっていることは、近代日本の宗教論を考えるうえで、少なからぬ意義を持っている。硬直化したステレオタイプを離れて「梵暦」を見直すことは、その評価を前提的に形作ってきた、「排仏論と護法論」あるいは「伝統と近代」といった対立図式そのものを見直すことにもつながるのではないだろうか。

円通と梵暦――「仏教天文学」と「近代仏教」

普門円通は、江戸時代の宝暦から天保年間の人である。七歳で出家し、一五歳の時に、当時西洋の天文学理論の紹介書として、広く普及していた『天経或問』を読み、仏典に説かれる平らな世界像に疑問を持つようになった。西洋近代の天文学に見られる地球説や地動説は、六道輪廻を説く仏教思想の背景にある平らな世界像とは、対照的であったからである。

地球説や地動説が暦数の計算や実際の観測によって証明された理論だとすれば、巨大な須弥山を中心として同心円状に拡がる仏教の円盤状の世界像は、現実には存在しない虚構に過ぎないものとなる。この疑問を解消するために、円通は各地を渡り歩きながら、仏教の天文・暦法ばかりでなく古今東西の天文暦学を広く学んだ。円通は比叡山で顕密二教の基本的な教説を身につけたあと、真言宗の寺院でも密教の研究をしている。

さらに円通は、土御門家の都講であった河野通礼からも天文暦学を学んだ。その研究は経論から百家の書に至り、地動説を含む西洋の天文学にも及んでいる。また、円通は蘭学の知識を深めるためにオランダ語も学んだとされている。[6] こうした十数年に及ぶ研鑽を経て、円通は二八歳のときに仏典中の天文説に天文学理論としての正当性を見出し、これを「梵暦（仏暦）」として体系化する営みに着手した。こうした研究の成果は、文化七年（一八一〇）に刊行された『仏国暦象編』（全五巻）に結実している。

円通が「梵暦」あるいは「仏暦」と呼ぶその「仏教天文学」は、古今東西の天文学理論（当時最新の地動説を含む）をもとに、多彩な仏典中の天文・地理に関する記述を整理し、最大公約数的な仏教天文学の理論を体系化するものであった。仏典中の天文説をまとめて紹介した文献や、仏典中の記述をもとに暦を作成する営みは、円通の梵暦以前にも散在する。しかし、円通は仏典の天文説をまとめるだけではなく、これを洋学から学んだ知識に位置づけ、近代科学の言説の枠内で「仏教天文学」の意義とその天文学理論としての可能性を問い直したのである。

このため、円通は世界の中心に存在する巨大な須弥山を取り巻く、八つの海と八つの山脈——須弥山と八つの山脈・海洋を合わせて九山八海——からなる円盤状の世界に、人間の住居である閻浮提洲を位置づける仏典の記述と、当時の地理学上の知識を融合した世界図を作成した。また、天文学や窮理学（きゅうりがく）の知識をもとに、須弥山を中心にした世界や天球を表象した「須弥山儀」や「縮象儀」を作成し、仏典に説かれる宇宙のシステムの実在と正当性を視覚化しようとした。さらには、太陽と月の運行を基準とした暦を推算し、天文観測実験などを行って、自説の普及につとめている。

『仏国暦象編』を通読して感じることは、円通は通宗派的で学際的な視点を持った、非常に幅の広い知識人であったということである。少なくとも、彼の西洋天文学批判と仏教天文学の体系化は、無知の産物ではない。この当時の先進的な知識人としては、山片蟠桃（やまがたばんとう）や司馬江漢（しばこうかん）などが知られているが、洋学の知識に関しても彼らと遜色はないといっても過言ではないだろう。

昭和初期に「梵暦」の歴史を掘り起こし、円通の略伝などをまとめた工藤康海（くどうこうかい（やすみ））は、円通と門弟たちの活動を「護法梵暦運動」と名づけ、梵暦運動を「勤皇攘夷論」の一つと見なした。[7] また、真宗系の諸宗派で梵暦を講義した人々は、排仏論に対抗する護法論をサポートする有力な理論の一つとして、梵暦の意義を強調してきた。こうしたことが、護法論的な須弥山説擁護論の文脈において、常に梵暦が紹介されてきたことの理由の一つであろう。しかし、円通の梵暦は仏教の世界像の正当性を主張する一方で、その世界像をもとにした新しい「仏教天文学」の構築を目指す営みでもあった。

平らな仏教の世界像の正当性を教条的に主張する護法論の必要性については、一六世紀にキリスト教の宣教師たちによって西洋天文学や地理学の知識が伝えられて以来、「仏法之大難必ズ天文地理ニ自リ而始ル」と述べた森尚謙と同じ問題意識を持った人々によって、繰り返し議論されてきた。江戸時代の中期を代表する音韻学者であり、仏教僧であった無相文雄の『九山八海解嘲論』（一七五四）や『非天経或問』（一七五四）などは、その代表的な研究であろう。しかし、これらは基本的に仏典中に散見する天文説をまとめて紹介した注釈、あるいは解説的な文献であり、須弥山を中心とする世界の実在を合理的に説明するために、科学理論としての「仏教天文学」を体系化し、その理論と観測された現象との整合性を追及するような営みは存在していない。円通本人も、須弥山を中心とする世界像を擁護しようとした、彼以前の人々の営みを無知の産物として批判し、自らの梵暦理論の新しさを強調している(8)。

梵暦運動を近代化に抵抗した伝統主義と考えるのであれば、それは自ら創り出した「伝統」にもとづく伝統主義と言わねばならないだろう。円通の創出した「須弥界」のイメージやその実在を証明するための天文学理論は、従来の仏教世界像や仏典中の天文説の解説とは、似て非なるものであったからである。

護法論的な須弥山説擁護論は、全体としての梵暦運動にとっては、むしろその一側面にすぎないものであった。本書では、円通の著作や門弟たちの活動を詳しく紹介しながら、これまであまり注目されてこなかった、梵暦の「仏教天文学」としての側面とその「近代的」な側面について考えていきたい。円通や彼の門弟たちの著作を実際に手に取れば、新しい学問としての「仏教天文学」の構築を目指すことが、「梵暦」の第一の目的であったことが良くわかる。円通の門弟には、一般の天文学者や数学者が多かったことから考えても、当時は多様な天文学説の一つとして、ある程度の地位を確立していたと考えるべきだろう。また、円通とその門弟たちは、「梵暦」と同じような発想から「梵医方」の確立を目指し、実際に処方や売薬を行っていたことも知られている。「仏教天文学」を中心にした彼らの活動は、総合的な「仏教科学」を目指す営みでもあったのである。

また、全体としての「仏教」のなかに普遍的な理論を見出し、「仏教」にもとづく新しい学問の体系を構築する梵暦の営みは、近代仏教学の言説に、むしろ共通した側面を持っている。

たとえば、近代日本における仏教美術研究の先駆者である小野玄妙は、大正一五年から『現代仏教』誌上に連載した「仏教天文学」のなかで、須弥山を中心にした世界像を仏典中の記述をもとにして図解し、仏教世界像をイメージ化する説明技法を採用している。これらの図解やイメージは、須弥山をめぐる世界の説明と表象の様式において、しばしば梵暦理論の説明に使用された――あるいは、梵暦理論の説明のために創られた――「須弥界」のイメージに酷似したものになっている。[9] 実際に比較してみれば、小野が描く須弥山を中心とした世界のイメージが、円通や彼の門弟たちが描き出す「須弥界」のイメージと極めて多くの共通点を有することに気がつくだろう。

この共通性は、彼が梵暦から影響を受けたかどうかといった、系列的な影響関係よりは、両者が仏教の世界像をイメージ化する際に使用している表現技法の共通性にもとづくものである。

仏典を通じて「知っている世界」をそのまま「実在する世界」として認知する素朴な意識は、梵暦の段階ですでに失われている。さらには、仏典から抽出した数値を正確に反映させたモデルを作り、仏教の世界像としてイメージ化するという梵暦以来のスタイルは、近代仏教学の研究者たちにとってもごく普通の表現技法であった。仏典中の記述を近代的な思考の枠組みを通して概念化することは、近代の仏教研究にとっては自明のことだったからである。

「伝統と近代」といったステレオタイプを離れて、この連続性に目を向けるなら、西洋近代との出会いの時期に「仏教天文学」を構想し、科学的知識と宗教的命題との接点を追求した「梵暦」は、「近代仏教」の成立とその前提にあるものを問い直すうえでも極めて重要なのである。

梵暦研究の可能性と方法

近代思想史の方法論について、刺激的な論考を発表し続けている思想史研究者、歴史理論研究者の一人であるヘイドン・ホワイトは、「テクストの中のコンテクスト――思想史の方法とイデオロギー」と題する論文の中で、次のように述べている。

今日、我々は思想史の叙述における根本問題を再考し、解釈の支配的な概念や戦略を再検討する希望を見いだしつつあるが、それは反感の感情からではなく、むしろ哲学や文芸批評、言語学などの領域に登場し、歴史解釈学の課題に新たな認識の手法を提供するような、新しい方法論への応答から生じるのだ。ヘーゲル、マルクス、ニーチェ、ディルタイ、フロイトといったこの分野における旧来の権威たちは、いまだに現代の思想史家たちの意識の内に存在しているが、それはもはや先祖の影や威厳のある祖父たちのようなものであって、個別の研究のモデルや手引きとなるものではない。新しいモデル――ベンヤミン、ガダマー、リクール、さらにはハーバーマス、フーコー、デリダ、バルト、多分オースティンも含めた人々に代表される――が、舞台の中心に移りつつあるように見える。彼らは「言説」（ディスクール・思想史家たちにとっての新しい用語）の内にテクストを刻印するという新しいテクストへの眼差しを権威づけて、テクストとディスクールの双方をコンテクストに結び付けようとする。(10)

ここで強調されているような、「言説」を重視する〈テクスト〉読解の新たなモデルの登場は、思想史の方向性を変えるばかりでなく、これまでは研究対象として注目されてこなかった〈テクスト〉に、新たな光をあてることにもつながるだろう。なぜなら、言説分析に焦点を置く〈テクスト〉の読解にとっては、〈テクスト〉において語られた内容よりも語りの様式、すなわち「何が」語られているかではなく、「どのように」語られているかが重要になるからである。

このような〈テクスト〉読解の手法にもとづく、新たな思想史の方法論は、排仏論と護法論、伝統主義と近代主義、儒学や国学と仏教といった知的伝統の対立関係を離れて、多彩な思想の産出過程に介在する、共通の思考の枠組みについて論じることを可能にしてくれる。(11)

たとえば、梵暦理論と同時代の西洋天文学に共通する天文・地理上の知見の一つは、一年のうちの半分は昼であり、残りの半年は夜ばかりの「夜国（やこく）」と呼ばれる地域の存在であった。円盤状の世界像ではこの地域の存在を説明することはできないと考えられたが、円通は、むしろこの問題を理論的に解決することによって、独自の天文学理論を体系化している。[12]

つまり、西洋の天文学説が平らな世界像を否定し、地球説を論証するための事実として紹介している事象を否定するのではなく、同じ事象を平らな世界像に当てはめて、仏典中の天文説の正しさを論証しようとしたのである。梵暦理論の内容ではなく、その理論がどのように論証されているのか、といった言説の様式に注目するとき、梵暦運動は西洋近代の自然観を教条主義的に拒絶する、単純に伝統主義的な反動ではないことに気がつく。円通は、近代科学の知見にもとづいて仏説を批判した、当時の人々にも共有されていた知の枠組みのもとで、須弥山を中心にした世界の実在を証明しようとしたのである。

また、西洋で地動説を普及するために作られたオーラリー（太陽系儀）に類する「須弥山儀」や「縮象儀」を開発する過程において、円通は仏典に散見する天文説や世界像に関する記述を集約し、近代自然科学の説明モデルと同じように〈現実〉を表象する、独自の説明モデルを構築しようとした。このことが、仏典中の天文説を紹介する従来の営みとは質的に異なる、ユニークな「仏教天文学」を構想することにつながっている。円通の梵暦理論は、仏教思想の優位を教条的に主張するのではなく、近代自然科学の世界像に対抗できる実用的な天文学理論として、「梵暦／仏教天文学」を体系化する営みであった。思想史の「新しいモデル」の登場は、これまで対象化することが困難であった、このような〈反近代主義的言説〉の〈近代性〉について、議論するための新たな眼差しを提供してくれるのである。

本書の冒頭に引用した一文のなかで、鷲尾順敬（わしおじゅんきょう）が「我国の歴史的文化の思想的方面の尖端をなしてゐる」と評価した、「江戸時代三百余年に亘る神儒仏耶の四教の思想の関係交渉」については、これまでそれぞれの思想内容の相違や相互の対抗関係ばかりが強調されてきた。とくに、西洋近代の自然科学や歴史意識が一般にも広く紹介されはじめた一九世紀以後は、「伝統と近代」といった区分けが新たに導入され、各思想伝統の〈関係交渉〉よりは、〈対抗関係〉がクローズアップされるようになる。しかし、スポーツの試合やカードゲームにおける対抗関係が、共通のルールの存在によってはじめて可能になるように、同時代の思想論争は、つねに互いの主張の正当性あるいは妥当性を支える基幹的な言説を共有することによって、はじめて可能になるのである。

円通の梵暦理論が、ある時期には一般的な天文学理論として広く浸透しながら、昭和の初期には変人の奇説として扱われたことの背景にも、「何がリアルであって、何がリアルではないか」を決定する、人々に共有された意識の変化があった。本書の第一章及び第五章では、多様な言説の同時代性に注目しながら、梵暦理論の再評価を試みている。
また、歴史研究の対象として、最も早い時期に梵暦運動を紹介した研究者の一人である伊東多三郎（たさぶろう）は、一九三四年に発表した論文のなかで、次のように梵暦運動を評価している。

古来東洋の哲学の出発点は、敬天の思想にあつた。我が国に行なはれた儒教、仏教、神道もこの例に洩れず、近世の思想は、特に儒教の発達によつて、明確な目的論的宇宙観に拠つてゐた。然るに西洋自然科学の輸入は、この旧来の思想を根本から動揺せしめるものであつた為めに、此処に旧思想の反動が惹起されたのである。神聖なる天、陰陽五行の理、日月星宿の人間に及ぼす宿命的な支配力、神意に充ちてゐる自然の驚畏、地上の社会と同じく階級関係を持つ整然たる諸天体の階列、是等を科学のメスから護らんが為めに、熱心なる活動が続けられたのである。この反動に、僧侶が須弥山説を担ぎ出して、主要な立役者を演じていることは注意に値する。(13)

梵暦運動を日本の近代思想史に位置づけた議論としては、極めて示唆に富む見解である。しかし、円通や彼の門弟たちが須弥山儀や縮象儀を用いて説明しようとした世界像は、〈目的論的宇宙観〉というよりは、むしろ〈機械論的宇宙観〉に近いものであった。西洋の自然科学的な世界像に対抗して、仏教を擁護しようとした円通たちにとって、須弥山を中心とする平らな世界像に説得力を持たすためには、仏教世界像を機械論的イメージとして再構築する必要があったのである。平らな世界像を擁護する〈反近代主義的言説〉のこうした〈近代性〉については、本書の第二章、第三章、第四章のなかで詳しく論じている。梵暦運動が擁護しようとした世界像をその内容——すなわち、須弥山を中心にした平らな世界像——から見るとき、円通や門弟たちの理論は、近代化に対抗する伝統主義的な反動としてしか捉えられないであろう。しかし、実際に彼らの著作に目を通し、緻密に組み立てられた理論や説明モデルを詳しく学ぶとき、それらを啓蒙以前の無知の産物として、一笑に付すことはできないような不思議な感覚が残る。

本書は、「地形円平」を主張する老人の熱意とその理論の緻密さに感心した、帝国学士院の職員と同じように、図書館の片隅ではじめて『仏国暦象編』を手にしたときに、著者が感じた違和感の意味を探究し続けた軌跡である。この違和感自体が、「伝統と近代」とか「排仏論と護法論」といった、従来のステレオタイプにもとづく意識から生じたものだとすれば、梵暦運動を再考することは、こうしたステレオタイプ自体を問い直すことにもつながるのではないだろうか。

註

(1) 佐竹淳如『勤王護法信暁学頭』(大行寺史刊行後援会、一九三六年)一一九〜一二〇頁。

(2) 古くは、伊東多三郎「近世に於ける科学的宇宙観の発達に対する反動に就いて」(『宗教研究』一一―二、一九三四年、六七〜九二頁)のなかで、江戸中期の音韻学者、無相文雄の地球説批判を本居宣長が批判したといった事例が梵暦運動の前史に位置づけられている。しかし、こうした論争の系譜をより明確に論じているのは、吉田忠であろう。吉田は、吉田忠「近世における仏教と西洋自然観との出会い」(『大系仏教と日本人　第十一巻　近代化と伝統』春秋社、一九八六年、一〇一〜一三九頁)のなかで、一六世紀以来の「須弥山説論争」の系譜を詳しく論じているが、これは柏原祐泉に代表される、護法・排仏論争の研究者たちの見解と一致するものである。なお、ここで紹介している文献の詳しい書誌情報については、巻末の参考文献目録を参照のこと。

(3) 木村泰賢「佐田介石氏の視実等象論」(『宗教研究』新第一巻第二号、一九二三年)八四頁。

(4) 円通『仏国暦象編』巻一、一八一〇年刊、序・一丁表(カタカナは原文の送り仮名。句読点は筆者が付した)。

(5) 円通述『須弥界約法暦規』(国立天文台図書室蔵)嘉永三年序、一丁表。

(6) 河野通礼は、後に円通の『仏国暦象編』を批判し、『仏国暦象編弁妄』(一八一八)を著した小島好謙の同僚であった。円通が、河野通礼の門弟であったことについては、円通のもとで梵暦を学んだ後で土御門家の准学頭になった、天文学者の小出長十郎が土御門家へ提出した書状のなかで、次のように述べている（小出植男編『小出長十郎先生伝』国立国会図書館蔵版、一九一七年）。

夫より、京都にて、河野主計助へ入門致し、天文を知り、夫より、仏法の天文を、八宗の書より出して、仏国暦象論と申五冊物、又、外にも品々天文書印彫に相成、江戸え参り、上野に在て、上野宮様の御取持にて、仏国書を御免に相成候。其学問の中に、高野山経書宿曜経と申す二冊物御座候。此書を見開き候て、四十五六年已前、高野山え登り、席学を始め、山中入門仕、宿曜経を相伝、又、其外に天文を相伝申候（一六頁）。

蘭語の習得については、工藤康海がまとめた円通の略伝（工藤康海「普門律師の梵暦運動と師の略伝」『明治聖徳記念学会紀要　五六』、一九四一年）に、「洛陽司天都講、河野通礼の門に入る傍ら、天文暦学を悉くし、其堂奥を極め、又蘭語を修し」（三九頁）とある。東北大学図書館には、釈円通著とされる、文化元年（一八〇四）の暦表をまとめた『応天暦』が所蔵されている。同図書館には、河野通礼著『応元暦』二巻（文化二年）も所蔵されているが、その内容は「応天暦」の前年にあたる享和三年（一八〇三）の暦表となっており、記載内容もかなり似通っている。本書は、師である河野通礼の暦法にならって、円通がまとめた暦書ではないだろうか。同書の存在は、円通が天文・暦学を本格的に学んだことを裏づける貴重な史料と言えるだろう。

（7）工藤康海「護法梵暦運動史上に於ける信暁学頭の芳躅」（『勤皇護法信暁学頭』大行寺史刊行会、一九三六年）一一一〜一七一頁。

（8）円通は、梵暦以前の須弥山説擁護論について、自著の『梵暦策進』（一八一六）のなかで「近世　俯仰審問（一七五三）　天文弁惑（一七七六）　鮮嘲論（原文ママ・九山八海解嘲論・一七五四）等ノ書アリトイヘトモ　外説ノ天文ヲ知ラザルノミナラズ　大蔵中ニ明ス所ノ暦理天文ヲカツテ検セス」（一四丁裏）、と厳しく批判している。また、円通から数えて四世代目の弟子にあたる、普光融満は、明治期に梵暦運動の系譜をまとめた自著『本朝梵暦師資系譜』（一八八三）のなかで、梵暦運動について「本朝梵暦ノ起源ヲ勘ルニ文化イゼンハ之レヲ云フ者ナカリキ　或ハ之レヲ云フモ一箇ノ弘見ヲ以テスルノミニテ　吾仏ノ須弥説ニヨリテ之レカ確論ヲ立テザルユヘニ別ニ一家ヲナスモノナシトス」（二丁表）と述べている。

（9）小野玄妙「仏教天文学一〜六」（『現代仏教』、一九二六年）四月〜一〇月号。

（10）Hayden White, *The Content of the Form* (Baltimore: Johns Hopkins University Press, 1987), p. 185. 訳語は著者による。

（11）また、ホワイトはいかなる記録・史料も、何らかの読解（あるいは翻訳）を経なくては意味のある歴史文献にはならないとし、歴史文献を読み込むために歴史家が採用している言語モデルに注目しながら、一般的な思想史の手法を次の四種に分類している。

言語と事物の世界との関係を分析するのには、少なくとも四つの手法がある。言語はまず、①指標（index）のモードにおいて事象がそこに立ち現れてくる、事象を支配する因果関係の「現れ（manifestation）」であり、②アイコン（icon）あるいはミメーシス（mimesis）のモードにおける、世界の「表象（representation）」、あるいは③場合に応じて自然であったり、文化的に限定されたものであったりする、類似（analogue）のモードにおける世界の「象徴（symbol）」でもある。さらには、④簡単に言えば、人間世界を満たしているそれらの事柄のなかのもう一つ、より限定的には「記号体系（sign system）」、すなわち、それが意味するところのものと必然的な、あるいは「動機づけられた」関係を帯びていないところのコードでもある（Hayden White, *The Content of the Form* (Baltimore: Johns Hopkins University Press, 1987), p. 189）

①はマルクシズムや一般的な社会決定論の立場であり、②は文献学的手法を用いた旧来の思想史研究、③はいわゆる精神史（Geistesgeschichte）の基本的な立場であり、④は言語を記号の体系と見なす、ソシュールの言語理論に代表される立場であるとする。ホワイトの基本的な考え方は、言葉と意味の直接的な関係を前提としてきた従来の思想史の対象（①～③）を離れて、④を研究対象とする「思想史への記号論的アプローチ」を企て、当事者自身には明確に意識されていない「形式のイデオロギー」を可視化することである。

こうした視座に立てば、一次的な記録史料ばかりでなく、記録史料にもとづいて編まれたあらゆる言説が、思想史の研究対象となる。いかなる記述・表現にも成形のプロセスがあり、それ自体に歴史性があるとすれば、あまりにも自明であるが故に普段は意識されない、意味の生成のプロセスと記述者の想像力を思想史の対象とするアプローチが可能になるだろう。

(12) 前掲、円通『仏国暦象編』巻三、一三丁裏～一八丁裏。

(13) 前掲、伊東多三郎「近世に於ける科学的宇宙観の発達に対する反動に就いて」八八頁。

第一章　震撼する世界——一九世紀の日本における世界記述をめぐる言説

地獄なし極楽もなし我もなし
たゞ有ものは人と万物

——山片蟠桃『夢ノ代』

はじめに

近代科学が伝統的な価値観に対してもたらしたさまざまなインパクトのなかでも、天文学上の新しい発見や理論の展開は、しばしば「コペルニクス的転回」という言葉が用いられるように、とくに衝撃的なものであった。近世の日本においては、江戸幕府の鎖国政策によって西洋近代科学の成果が流入することは妨げられていたが、享保の禁書緩和令によって、実学に関する書籍が一般に流通し始めるに及んで、新しい科学理論に関する知見が広く紹介されるようになる。とくに地球説と地動説に関する理論は、固定した平らな世界像に慣れ親しんできた人々の間で物議を醸すことになった。

こうした状況のもとで、近代自然科学の世界像に触発された議論が広く展開されるようになる。とくに一九世紀の初頭にかけては、山片蟠桃の『夢ノ代』、平田篤胤の『霊能真柱』及び佐藤信淵の『天柱記』、司馬江漢の『和蘭天説』、普門円通の『仏国暦象編』といった、多様な思想伝統を背景としながらも、従来とは異なる世界像を描き出す新しい言説が、儒学・国学・洋学・仏教など、さまざまな分野において登場してくる。世界観の内容を重視する従来の思想史では、これらのテキストに見られる言説の共通性よりも、それぞれの思想伝統を背景とした内容の相違が強調されがちであった。

とくに、普門円通の梵暦理論は、須弥山を中心にした平らな世界の実在を独自の天文学理論によって論証するという性格から、近代化に対する伝統主義の抵抗といった側面が強調され、近世思想史の一般的な捉え方である、排仏論と護法論の対立関係のもとで論じられることが多い。たしかに、個々のテキストが描き出す世界像の背景にある世界観は、丸い地球と平らな世界との差異に代表されるように、まったく個別のものである。しかし、それぞれの世界像を描き出すために使用されている説明手法や表現のスタイルなどは、実際には多くの共通点を持っている。このため、作者の意図の所在とは別に、それぞれの世界像の正当性を主張する説明手法や表現技法——このような世界像の説明や表現の様式について、ここでは一般的な「世界観」や「世界像」ではなく、「世界記述」(cosmography)という概念を用いて言及する——は、互いに極めて似通ったものになっているのである。(1)

また、それぞれのテキストにおいて、先行する世界記述と自己の世界記述の断絶が強調され、自らの世界記述の新しさが強調されている点も興味深い。

丸い地球の概念と地動説の受容を近代的思考の指標とすれば、平らな世界の実在を主張する世界記述は、反近代的な伝統主義とも見なし得るであろう。しかし、近代的世界記述が人々の意識にもたらしたものは、概念化された世界の見かけ上の変化だけではない。重

要なのはむしろ、新しい世界記述の様式によってもたらされた、眼差しの転換と記述された世界の性質上の変化なのである。(2)

たとえば、近代性及び資本主義の空間的編成を指摘し、地理学上の視点を導入しながら「ポスト・モダニティの条件」を論じたデヴィッド・ハーヴェイは、地誌学（chorography）から地理学（geography）へという地図表記の様式の変化が、ヨーロッパの人々の意識にもたらした変化について次のように論じている。

〔プトレマイオスの地図と〕遠近法主義とのつながりは以下の点にある。プトレマイオスは、それぞれの場所が位置づけられる格子をつくりだすことによって、地球全体を外から眺める人間の眼にはどのように映るかを想像した。〔そのつながりの〕第一のものは、地球を認識可能な全体として見る能力である。プトレマイオス自身が述べているように、「全体の中の部分を切り離して扱うことを地誌学」は目指す一方で、「地理学の課題は、全体をその正しい比例関係に置いて調べることにある」。地誌学よりもむしろ地理学がルネサンスにおける使命になった。第二の含意は、数学の原理を光学においてのように、地球を平面上に表象することについてのすべての問題に応用することができるということである。この結果、空間は無限のものではあるが、人間

の占有と活動の目的のために征服可能で、囲み込むことができるようになったかのように思われたのである。(3)

地誌学と地理学の地図表記は、両者とも概念化された空間の視覚的な表象である点は共通している。しかし、地理学が天文観測や地理学上の知識にもとづいて、世界の全体とその部分としての各地域を表象するのに対して、地誌学は測量上の正確さとは無関係に、所定の地域の図形的な印象を描く。こうした表記上の様式の変化にともなって、日常的な空間の意識にも変化が現れる。新しい地図表記のもとでは、それ自体で完結した小宇宙としての「場所（place）」は、世界の全体的なシステム（たとえば世界地図）として表記され、部分だけでは独立の存在意味を持たない——全体の部分としての——「空間（space）」に置き換えられることになる。こうした空間の記述においては、空間の持つ宗教的要素や、主観的に決定される価値的要素は自然に排除されることになる。(4)

地理上の発見にともなう、世界地図の内容の書き換え——たとえば新大陸の発見——以上に、新しい表現様式を採択したことによる地理的空間の性質の変化は、「近代とは何か」といった問いかけにとって重要なのである。

一九世紀の日本における世界像をめぐる言説を考える場合にも、太陽が中心か地球が中心か、あるいは平らな世界か丸い地球かといった議論の内容（何が表象されているのか）以上に、これらの世界像が「どのように表象されているのか」といった、表現様式の問題を無視することはできない。

ここでは、一九世紀初頭の日本において、さまざまな思想伝統のなかから登場した世界記述をめぐる新しい言説について、その内容ではなくそれらの記述様式に焦点を置きながら比較検討し、西洋天文学の流入とともに一般化してきた新しい世界記述の様式の拡がりと連動した、人々に認識される世界の性質上の変化、あるいは世界感覚・世界意識の変化について考えていきたい。世界観の内容ではなく、世界記述の様式を論じることによって、従来の思想史においては問題化されてこなかった、当時の人々に共有されていた感覚上の変化について考察することが可能になるのではないだろうか。

このため、ここでは当時の日本に紹介されていた西洋の天文学や地理学の知識の検証ではなく、これらを吸収すること——あるいは拒絶すること——を通して成立してきた同時代の「世界記述」の様式を取り上げ、それぞれの思想伝統間の軋轢や各伝統におけるテキストの通時的な影響関係ではなく、これらのテキストに採用されている世界記述の様式の共時的な比較を重視している。ある種の思惟様式や思想伝統の連続性にではなく、言説の新しさ（断絶性）に焦点を置きながら、それぞれのテキストを読み直してみたい。(5)

地動説の導入――司馬江漢『和蘭天説』

徳川吉宗による禁書の緩和令によって、これまで禁書の対象となっていた西洋の科学技術の書物が広く一般に紹介され、一八世紀の後半には、さまざまな分野において西洋の科学思想が受容されるようになる。なかでも天文学に関する理論は、すでに幕府天文方による改暦が、中国経由で紹介されていた西洋天文学にもとづく実証的な方法によって成されていたこともあり、西洋の新しい理論が活発に紹介されることになった。長崎通詞であった本木良永が、多数のオランダ書を翻訳し、地動説を紹介したのは一七七〇年代から九〇年代にかけてのことである。また、同じく長崎通詞であった志筑忠雄（しづきただお）は、『暦象新書』を著し、ニュートン力学を独自の視点で解説するなど、一九世紀の初頭にかけて、西洋天文学は、たんに造暦のために必要な知識であるにとどまらず、世界のシステムを理解するための知識として、「窮理学」とも関連づけて論じられるようになる。

地動説の一般への紹介者であり、また、日本における洋画の先駆者としても有名な司馬江漢（一七四七～一八一八）は、こうした蘭学の展開に影響を受けながら、寛政八年（一七九六）に『和蘭天説』を刊行した。西洋画の技術を習得することから洋学を学びはじめた江漢は、世界地図や天球図などにも関心を持ち、それらの解説書として、天文学や地理学に関する著作を次々に著した。寛政四年には、「銅版輿地全図」及び『同略説』、さらに翌年には、「銅版地球全図」及び『同略説』を著すなど、西洋の地理や文化を広く紹介している。これらの世界図と同じように、「銅版天球図」の解説書として刊行されたのが『和蘭天説』であった。

『和蘭天説』は、西洋の新しい天文学説、とくに地動説を一般に紹介したものとして良く知られている。江漢自身は、専門の天文学者でもオランダ書の翻訳者でもなかったが、翻訳された書物や、招来された世界図や天球図をもとに、天文・地理・気象などに関する基本的な理論について、多くの図版を用いてわかりやすく説明している。『和蘭天説』は、オランダ書の翻訳を通じて知られるようになった新知識をわかりやすく解説し、人々に紹介するものであった。こうした概論的な天文学書によって、西洋の天文学説は造暦のための特殊な知識ではなく、世界のシステムを説明するための理論として、広く一般に普及していくようになる。『和蘭天説』に代表される洋学系の啓蒙書は、この時代の人々に理解しやすい様式を採用しながら新しい世界像を表象したものであり、西洋の理論を直接に紹介した翻訳書以上に、どのような世界記述の様式が、当時の人々にとって説得力のある議論であったかを教えてくれる。

『和蘭天説』の冒頭において、江漢はかなり詳細な「凡例」を加えて自らの問題意識を披瀝し、西洋の学問の優越性を論じている。とくに西洋の天文学説に関しては、これを次のように評している。

遠西ノ諸州ハ、格物・窮理ヲ学デ、天性空言・虚談・妄説ヲナサズ、近キヲ取ラズ、必ズ遠キヲ慮テ、目前ノ利ヲ言ズ、且ハ万巧精妙ニシテ、他州之ニ及ズ(6)

さらには、こうした洋学の優越性を前提としながら、従来の中国や日本の学問伝統と西洋の学問を比較し、洋学の優越性をさまざまな角度から説明する。とくに、漢字を用いるのは日本・高麗(こうらい)・琉球島のみであり、その他の万国には文字(表意文字)はなく、訓(表音文字)をもって字としていることを紹介し、音を表す文字が持つ媒体としての直接性を紹介して、これを西洋文化の優れた特徴であると指摘していることは興味深い。

また、江漢は「彼国ノ書物ハ、文字ヲ以テ謂尽サザル者、画図ヲ作テ暁シム。予之ニ倣フ」とし、西洋画は日本画と違って筆を使わず、遠近法にもとづく「写真法」を使用することを強調して、西洋画の表象としての直接性を重視する。漢字や筆に代表される従来の知識の象徴性は、より直接的な媒体によって記述された現実的な知識に置き換えられるべきであり、この点における洋学の先進性こそが、旧来の学問に対する洋学の強みなのである。

さらには、洋学の新たな手法によって描かれた世界記述の現実の表象としての正確さを強調し、これに旧来の漢学や日本の学問が使用する媒体の象徴性と、古い表現様式によって描かれたイメージの曖昧さを対比している。洋学の世界記述は、直接的な意味を伝える表音文字と象徴性の少ない写真法を使用することによって、世界を象徴的なイメージとして描くのではなく、あるがままの現実を直接に表象することができるのである。こうした新しい表現様式の登場は、描き出された表象の性質にも影響を及ぼすだろう。(7)

また、この「凡例」のなかで江漢は、天文学を星(せい)学・暦算学・窮理学の三部門に分類しているが、本文では主に星学と窮理学が紹介されている。江漢が暦算学よりも窮理学を重んじていることは、この頃すでに天体の見かけの運動を計算し、正確な暦を作成することだけではなく、天体の運動や気候の変化を支えている世界のシステムを解明することが、天文学の主要な関心になっていたことを示すものだろう。

続く本文の最初では、まず地球の形態と重力の関係を論じている。丸い地球に人々が直立して生活し、地球を取り巻く大気が存在する事実――たとえ、それが日常的な経験にそぐわないものだとしても――を説明するためには、誰もが納得できるような「理」を究明しなくてはならない。これに続く天体の運行システムの説明は、すべてこうした視座から展開されている。

まず江漢は、太陽・月・地球の関係を日食・月食のメカニズムを通して説明し、続いて惑星の見かけの運動を天体の全体的なシステム（宗道天）と関連づけながら説明する。しかし、ここで図示されている天体のシステム（九天の図）は、大地を中心にした天動説である。後の方で江漢は、チコ・ブラエの説とコペルニクスの地動説を紹介して太陽の運行を説明しているが、『和蘭天説』の段階では、どちらの説を採るのかは明示されていない。こうした細部における混乱は、中国経由の翻訳書と原書からの翻訳が入り交じっていた当時の洋学にとっては、むしろ一般的な事態であった。新しい理論の重要性は理論の正確さにではなく、全体の法則を追求する世界の把握の仕方――「近きを取らず、必ず遠きを慮る」――にあるのであり、この新しい眼差しを採択することによって、世界はすべて説明可能な原理から成り立つシステムとして、新たに把握されることになるのである。

『和蘭天説』の後半部において、江漢は季節の移り変わりから降雨のメカニズムまで、さまざまな気象現象を紹介しているが、怪火や蜃気楼といった怪異現象にいたるまで、すべてを説明可能な自然現象として論じている。これらの説明に一貫している姿勢は、怪火の説明のところで狐狸の怪は存在しないとしているように、自然現象がそこに組み込まれているシステムの存在を強調することによって、自然のシステムに外在する要因を否定することである。[8]『和蘭天説』において展開されている自然現象の説明のなかには、現在の水準からすれば、必ずしも正しいとは言えない議論もかなり含まれている。しかし、本人は科学者ではなかった江漢の著作を、その内容の正確さから評価してみても、あまり有益ではないだろう。[9]

それよりはむしろ、「世界」を人間の主観的行為や何らかの人格的意思（たとえば神の意志）とは無関係なシステムとして説明する記述様式の導入と、それによってもたらされた視座の転換こそが重要だ。説明可能なシステムとしての「世界」には、もはや神秘はなく、人間の行為や運命と宇宙のシステムは、決して相互に関わりを持たない。世界は、それ自体の意思を持たない無機質なシステムなのである。

正確な暦算によって、より精度の高い暦を作成するために、中国経由の西洋の天文学理論は、かなり早い時期から日本に紹介されてきた。しかし、代表的な暦学者であり、西洋の天文学説にも詳しかった渋川春海（しぶかわはるみ）が、そのほとんどが天文占から成る『天文瓊統（てんもんけいとう）』（一六九八）を天文学の理論書として著しているように、合理的な暦算を行う知識を有していることは、そのまま世界を機械論的なシステムと見なす意識の転換にはつながらない。

世界のシステムは、常に不変の法則によって維持されていると考え、その法則を究める

（「格物・窮理ヲ学ブ」）という眼差しを介して、はじめて「世界」は、人間の運命や精神活動とは無関係なシステムとして把握されるようになるのである。『和蘭天説』の「跋」のなかで、江漢は洋学の新しさについて次のように表現している。

凡そ人の幼時の好楽する所、嬉戯する所、長年に至りては一切変易す。小子市井に少より長なり、幼時父母と郊野に適く、螽斯の躍ぶを見、その喜びに堪へず、左右捉り去る。（中略）今にしてこれを意へば、喜楽すべき事に非ず。ここにおいて乃ち少壮の人を観るに、学ぶべからざるを学び、習ふべからざるを習ひ、役々として止まず、徒らに走趨するのみ。また螽斯を捉るの類なり[10]。

ここで新しく「学ぶべきこと」とされているのは、地球が動くか、太陽が動くかといった問題ではなく、世界を無機質なシステムとして把握する新しい世界記述のことであろう。この新しい意識を受け入れられない人は、いまだに野原でバッタを追い続けていることにさえ気がつかないのである。

江漢は、『和蘭天説』の時点では地動説を完全に受容していないが、その後の『刻白爾（こっぺる）天文図解』（一八〇八）においては、地動説を全面的に受け入れている[11]。とはいえ、この理論的な転向によって、世界を客観的な法則によって支配されたシステムとして、記述するスタイル自体が変わることはない。「新しい世界」としてもたらされたのは、内容としての世界観ではなくて、むしろ世界を記述する様式なのである。

神秘なき世界――山片蟠桃『夢ノ代』

新たに紹介された西洋の近代科学に呼応して、一九世紀の初頭には、これを吸収した新しい理論がさまざまな分野において登場してくる。なかでも山片蟠桃（一七四八～一八二一）の『夢ノ代』は、良く知られているテキストの一つであろう。しばしば、日本における近代合理主義の嚆矢と見なされるこの著作のなかで、山片蟠桃は、地動説にもとづく天文学理論を紹介し、詳細に解説している。懐徳堂の代表的な思想家である一方で、有能な商人でもあった蟠桃は、新しい理論の実益性を強調しながら、合理的な歴史観や宇宙論を展開している。

司馬江漢の『和蘭天説』とは違って、『夢ノ代』は一般に公開することを目的とした著作ではなく、生前に出版されることはなかった[12]。亨和二年（一八〇二）頃に書き始められたこのテキストは、蟠桃の死の半年前まで加筆されている。全一二巻から成る膨大なテキストのなかで蟠桃は、天文・地理・歴史・経済・政治・形而上学・医学といったさまざまな分野において、合理主義的な観点から革新的な議論を展開している。ここでは「天文」を論じた第一巻を中心に、『夢ノ代』における世界記述の様式を分析したい。

山片蟠桃は、しばしば近世末期の先駆的な合理主義者として紹介され、『夢ノ代』の記述についても、主に迷信を排した「無鬼論」や地動説を採用した天文学説、さらには神代を否定した合理的な歴史観などが紹介され、時代を先取りした思想家として論じられることが多い。しかし、合理的に解明できるシステムとして世界を表象し、システムを支える「理」を究明する世界記述の様式自体は、決して孤高のものではなく、むしろこの時代に一般化しつつあった新たな思考法に即したものでもあった。

冒頭の「凡例」において、蟠桃は『夢ノ代』の基本的な視座について、次のように述べている。

コノ書、古ヘヨリ有リフレタル議論ハ、ソレ〴〵ニユヅリテ挙ルコトナシ。タヾソノ新説発明ノコトヲ挙ゲ、マタ世間ノ謬リ来リタルヲ改正スルモノナレバ、ミナソノ古ク伝ヘタルヲ用ヒザルナリ。コレ又奇ヲ好ムニアラザルナリ(13)。

『夢ノ代』は、さまざまな方面における当時の「新説発明」を紹介する書物であった。その凡例において、「天文・地理ノ部ニヲイテハ、初ニハ謹シミテ古法ヲ述ブトイヘドモ、ツイニハ当時制禁ノ地動ノ説ヲ主張シ、又ツイニ存分ノ億説ヲ発シ、視ル人ヲシテ迷謬セシム」と述べるように、旧来の天文学説と新たに学んだ理論を対比しながら、『暦象新書』などの翻訳書から学んだ地動説をより説得力のある理論として採用している[14]。古説の誤謬を指摘し、新しい説を展開するという姿勢は、天文学に関する議論だけではなく、『夢ノ代』全体の記述に一貫している。なかでも、仏教に対して厳しい態度が取られているが、古説として誤りを指摘されているのは特定の思想伝統ではなく、古い考え方の枠組みのほうであった。

「天文」に関して論じている第一巻には、はじめに、『天経或問』の暦法をもとに蟠桃が作成した「亨和二年暦」が載せられている。この暦は、蟠桃の師である中井履軒（りけん）の「華胥暦（かしょれき）」に倣った太陽暦である。太陽暦を採用する理由については、次のように説明している。

此暦は、天経或問の天暦の法なり。官暦に背くと雖も、一世徒に月日に拠り、復節気を問はず、以て農期を愆つものあり。故に此暦日を作りて、官暦に雑へ用ひ、農期をして乖異する所なからしめんと欲す[15]

蟠桃が太陽暦を採用した理由は、毎年農期を一定に保つことができるその実用性であった。こうした実用性の追求が、このテキストの基本的な視座であり、このため、古来の天文学説もその実用性をもとに評価されることになる。

孔子を含む先人の知識について、『夢ノ代』は「今人ノスル処多クハ孔子ノ時ニセザルコトナリ。シカレバソレヲ一々ニクリ出シミレバ、ミナ孔子ニマサルモノナリ。ナンゾコレヲイマン」[16]とし、新しく紹介された西洋の暦の先進性を賞賛している。天文学のような学問にとって重要なのは、慣習や権威ではなく、理論の正確さと実用性である。蟠桃は、「天文ノコトハトリワケ年々歳々ニ発明スルモノナレバ、古法ニ泥ムベカラザルモノナリ」[17]として、より正確な西洋の天文学を高く評価している。

また、暦法の実用性を探求することは、暦法の非合理的（非実用的）要素を排除することにもつながる。たとえば、暦を占いのために使用することに関しては、次のような批判がなされている。

世俗暦家の吉凶を用ひ、宅を徙し、昏を結ぶ。其害甚だし。故に吉凶を記さず、人心をして惑う所なからしむ[18]

暦の実用性（とくに農事）にとっては、季節の移り変わりを把握する暦算の正確さが最も重要なのであり、日の吉凶を判断することに意味はない。それぞれの日は皆同質であり、特別な日はないのである。さらに『夢ノ代』は、「十方暮・八専の如きは、皆無稽の談なり。天は唯運動するのみ」[19]として、天体の運行は機械的なシステムであることを強調している。

また、暦に関する迷信についても、かなり厳しい批判がなされている。天候の変化は、気象上のシステムによって決定されるのであり、暦のシステムが気象を左右するわけではない。太陽や月を含む天体は、人間の精神活動や運命に外在する宇宙全体のシステムの一部であり、その運動に個人の人生や歴史を左右するような、特別な意味を付与することはできない[20]。『夢ノ代』では、このような実用的・合理的な眼差しを通して把握され、「省くべきは省」いた合理的なシステムとして、地動説にもとづく宇宙論が展開されている。

太陽や月をはじめとする「明界」の星々の概要とその運動の説明から始めて、蟠桃は日食・月食のメカニズムや天体の運行を詳しく説明する。季節の移り変わりといったさまざまな自然現象は、こうした機械的な世界のシステムから生じる結果なのである。このような自然現象の解釈のもとでは、神秘的な要素が説明に入り込む余地はない。落雷が人を直撃するのは、その人の行いや犯した罪のせいではない。聖人であろうが凡人であろうが、すべての人は等しく落雷を受ける可能性を持っているのである。

山片蟠桃は、自ら観測や計算を行い、理論を構築した天文学者ではなかった。また、この時代の天文学説を学び、自らの摂るところを紹介している『夢ノ代』の天文学説は、今日の水準からすれば誤った記述も含んでいる。[21] しかし、『夢ノ代』で紹介されている理論の正確さを検証することは、本書の意図するところではない。誤りを含んでいるかどうかを基準とすれば、『夢ノ代』の天文学説もそれ以前の理論と大きな違いはないだろう。

重要なのは、理論の正確さよりも『夢ノ代』の世界記述に使用されている言説の様式とその新しさである。『夢ノ代』においては、気候の違いや降雨、季節の変化や潮の干満など、あらゆる気象上の現象が、天体の運行（地球の自転を含む）とそのシステムに関連づけて説明されている。世界は合理的に――あるいは合理的にのみ――説明できる無機質なシステムであり、暦の役割は、このシステムを正確に読み解くことなのである。このことを明示するために蟠桃は、地方に伝わる民俗的な暦を例示し、その後進性を指摘している。[22] より実用的な暦を作成するためには、世界のシステムとそのメカニズムをより正確に把握したうえで、つねにより合理的な暦法を考える必要がある。季節の変化は、システムとしての世界の運動の帰結にすぎないのであって、あらゆる自然現象は、「ミナコレ偶然」なのである。[23]

さらに蟠桃は、自らの考える——あるいは学んだ——宇宙のシステムを図示するに先立って、服部中庸(なかつね)の「三大考」を図解とともに紹介し、天を太陽とし、地を地球とし、黄泉を月とするこの説を「珍説古今ニ類ナシ。其知及ブベシ、其愚及ブベカラザルナリ」と酷評している。[24] また、仏教の説として、無相文雄の『九山八海解嘲論』から「三界九山八海図」を紹介し、須弥山を中心とした平らな仏教世界像を厳しく批判している。仏教の教理をもとにして、リアリスティックな世界像を構築しようとする営みに対しては、「ミナ出次第ノ方便ナレバ、真顔ヲ以テ弁ズルニ足ザレドモ」と、これもかなり厳しく評価している。[25] 蟠桃は、「右神仏ノ二説、ソノ古昔ハ天学ヒロカラズシテ、人ミナ渾天・地球ノ実ヲシラザレバ、左モアルベシ」として、古代の天文学の未熟さが、このように荒唐無稽な世界像が描かれる原因であるとする。[26]

同じように、中国や日本の古説も批判され、古くから暦学の基本的文献とされてきた『周髀算経(しゅうひさんけい)』の蓋天説(がいてんせつ)も否定されている。『夢ノ代』の基本的な考え方は、「スベテ天文地理ノコトハ一日一日ニ開ケテ、古ヘノ足ラザルヲ知ルハ、今ノ発明ニアルナリ。シカレバ則、天竺ノ須弥山ノ説、日本ノ神代ノ巻ノ説ヨリ漢土ノ諸説ハ、ミナ天文ノヒラケザル前ニシテ、居ナガラ天地ヲ測ルモノナリ」というものであった。[27]

誤謬や虚言を含むこれらの古説に対して、西洋の天文学は「ソノ実地ヲ蹈ザレバ、図セズイハズ。海外諸国ニ往来シ測量試識シテコレヲ云」のであり、「ユヘニ梵・漢・我邦ノゴトキ虚妄ノ説ハアルコトナキ」とされている。[28]こうした西洋天文学への信頼にもとづいて、『夢ノ代』では、地動説を採用した宇宙論が豊富な図解とともに展開されている。

地動説の受容は、『夢ノ代』の合理的精神と先見性を示すものの一つであるが、最初から蟠桃は、地動説を採っていたわけではなかった。暦法の基準として使われているテキストは、天動説を採用している『天経或問』である。有坂隆道によれば、蟠桃が地動説に関する理解を深め、これを採用するようになったのは、一八一〇年頃のことであるらしい。[29]この時期は、司馬江漢が地動説の理解を深め、これを採用するようになった時期と符合している。

『夢ノ代』の宇宙論は、太陽を中心に水・金・地（月）・火・木・土の惑星を配し、土星天までを「明界」として、天体の運行を図解したものである。それぞれの惑星に衛星があることも明示されている。これらの説明は、蟠桃の学んだ西洋天文学の知識を披瀝したものであろう。さらに蟠桃は、「明界」の外部を「暗界」とし、この広い暗界に、太陽系と同じような「明界」が無数に存在しているとする「太陽明界ノ説」を展開している。こうした宇宙論にもとづいて、地球ばかりでなく、木星や土星、さらには月から見た天体の運行を図解し、ここで紹介している天体の運行のシステムの正しさを強調している。

『夢ノ代』に描かれた合理的な宇宙像は、近世における近代合理主義の萌芽を示すものとして、これまでも高く評価されてきた。もちろん、そこには極めてユニークな宇宙論が展開されている。しかし、機械論的なシステムとして世界を記述するスタイルや、システムを支える「理」の探求、さらには図解――あるいはモデル――を駆使して、宇宙のシステムとその法則の関係を説明し、現実の直接的な表象として世界を描くスタイル自体は、決して孤高のものではない。ここではさらに、山片蟠桃が厳しく批判した、国学と仏教における同時代の世界像について、それぞれの世界記述の様式に注目しながら考えてみたい。

世界の中心としての日本――佐藤信淵『天柱記』

幕末の国学者・経世論者として多くの著作を著した佐藤信淵（一七六九～一八五〇）は、しばしば「剽窃」とも評される網羅的な理論を展開しながら、経済や農政、農業技術、土木治水、鉱山学、冶金学など、あらゆる分野の課題に言及した思想家であった。信淵が、平田篤胤の影響と西洋の天文学説から学んだ知識をもとに、この世界の成り立ちと宇宙のシステムについて論じた『天柱記』は、その著作活動の最盛期である文政期（一八一八～二九）に著された代表的な著作の一つである。このテキストのなかで、信淵は平田篤胤の『霊能真柱（たまのみはしら）』や古伝に関する研究、さらには本居宣長や服部中庸などの著作を通じて学んだ国学的世界像について、独自の視座から解説している。『天柱記』のなかで信淵が、自らの家学にもとづく独自性と称するものは、ほとんどが当時の洋学の知識そのままであり、実際には、西洋天文学から学んだ知識をもとに国学的世界像が再構成されているにすぎない。しかし、ここで採用されている宇宙論が地動説にもとづく最新の天文学説であり、その理論にもとづいて、神代以来の宇宙の生成と維持のシステムが説明されていることは、少なくとも本書の関心からすれば、注目に値するものである。

『天柱記』は、天地開闢から世界の生成までを論じた「開闢編」と、現在の世界のシステムを説明する「元運編」から成っている。この構成は、『天柱記』自体が参考にしたと明記している平田篤胤の『霊能真柱』が、上巻で世界の生成を論じ下巻で世界の在り方を説明していることに対応している。しかし、古伝の記述を忠実に踏襲しながら、世界の生成とその在り方をイメージ化している『霊能真柱』に比べて、『天柱記』では西洋天文学の理論と世界像が古伝に先行し、先に紹介した西洋の天文学説を古伝の内容を使って説明するという手法が採られている。平田篤胤らの書物を学び、「天地生成の理」を探求するうちに「心内自ラ別ニ一箇ノ神代紀有ルヲ覚ユ」と自ら告白しているように、その世界像は――もとになる古伝の世界観は共通しているのであろうが――、ある意味で信淵に独自のイメージであった。

『天柱記』の序説のなかで信淵は、天地の運動の起源とその法則を探求するうちに、古伝の新たな理解に至り、「天地鎔造ノ規則」を見出したと述べている。さまざまな学問を学ぶことで、天地の運動と自然現象の関わりを理解することは可能である。しかし、その運動と宇宙のシステムの「基原」を明らかにすることはできない。そこで信淵は、中国や印度、さらには西洋の創世説を研究したが、最終的に「皇国ノ神代諸紀ヲ読ムニ及ビテ、始めテ知ル、天地ヲ旋転シ万物ヲ発育シて造化ノ首ヲ為セル者ハ、皆我ガ皇祖産霊神攪回ノ神機ニ係レルコトヲ」と結論している[30]。

『天柱記』によれば、世界の生成とその維持は、すべて高御産巣日神（たかみむすび）と神産巣日神（かみむすび）による原初の運動（天の瓊矛（ぬほこ）による攪回）に始まる。この原初の運動によって形成され、維持されている世界は、最も根本的な法則である「一大綱」と、そこから派生する「四定例」にもとづいて活動するシステムとして描かれ、この生成と運動の法則が、二編に分割された本文のなかで詳しく検討されている。

まず、この世界の成り立ちを論じている「開闢編」において、中国、印度、ペルシャ、ギリシア、ローマ、エジプトなど世界のさまざまな創世説を紹介し、これらを厳しく批判している。ただ一つ、世界を卵形とするエジプトの説は評価に値するとしているが、その評価は「凡ソ六合ノ全形ハ、万星運回ノ行環ヲ始メ大地ノ行環ニ至ル迄、皆悉ク卵円ナルヲ以テナリ[31]」という、当時の天文学説との符合をもとにしている。最新の西洋の天文学説との符合が、多彩な創世説の評価の基準なのである。さらに信淵は、西洋天文学の理論と最も正確に適合する創世説は「神代諸紀」であるとし、その内容を詳しく紹介する。信淵が『天柱記』を著した目的は、「而シテ此書ヲ名テ天柱記ト曰フ者ハ、畢竟ハ瓊戈ノ神理ヲ講究スルガ故ナリ。所謂ル天柱ハ即チ天瓊戈ナリ。若夫レ天柱ノ玄機ヲ会得スルトキハ、即チ産霊ノ神意ヲ知ル[32]」とされているが、実際の中身は、ほとんどが洋学から学んだ天文学説の紹介になっている。

『天柱記』によれば、世界の生成のはじめには、「虚中」に渾沌とした「一箇の物」があるのみであった。これを産霊(むすび)大神が天の瓊矛によって攪回（かきまわ）すという最初の運動によって、すべてが西から東へ旋回しはじめ、その旋回する力によって重いものがまず分かれ出て遠くを旋回し、軽いものはあとから出て、太陽を中心にした太陽系の惑星の公転が始まったとされている。この生成のプロセスは、原初の状態を示した図と現在のシステムを表した図解によって説明されているが、現在のシステムを表した「十重天図」は、地動説にもとづく洋学系の天文学説をそのまま図解したものである。おそらくは、信淵が学んだ天文学の知識をそのまま図示したものであろう。

『天柱記』は、この原初の運動を「産霊ノ元運」とし、この運動の法則が宇宙全体の運動を支配しているとする。そして、この宇宙全体を支配する基本的な法則を「一大綱」と呼ぶ。この基本的法則から派生した四つの運動の法則を信淵は、「四定例」と名づけている。その一つ目は、「凡ソ分生スル者ハ必ズ其本物ノ外囲ヲ旋ル」という「旋回」の法則。二つ目は、「凡ソ分生スル者ハ必ズ其本物ヲ中心トシテ恒ニ西ヨリ東ニ運歩ス」という「運動」の法則。三つ目は、「凡ソ本物距ルコト遠キ者ハ其行クコト遅ク、近者ハ行クコト速ナリ」という「遅速」の法則。そして最後は、「凡ソ分生スル者ハ必ズ其本物ノ正体ニ从フ」という「形体」の法則である。この四つの法則は、「天地鎔造ノ妙機ニシテ、即チ天文・暦術ノ本根、万物化育ノ基原」とされている。[33]

ここで信淵が、「天地鎔造一大綱、産霊元運四定例、皆予ガ近来発明スル所ニシテ、悉ク先人未発ノ新説ナリ」として、自説の独自性と新しさを強調していることは極めて興味深い。[34] 神代紀そのものは古くから存在していたが、これを近代の天文学説——信淵は洋学ではなく家学(かがく)と言うかもしれないが——に呼応する創世説として再構成したのは、『天柱記』が初めてであった。

平田篤胤の『霊能真柱』も、古伝の世界像をイメージ化するために地球の概念を採用している。しかし、近代科学の理論自体を古伝によって意味づけする——あるいは古伝の意味を近代科学理論によって説明する——という意図は明確ではない。信淵が「近来発明スル所」としているのは、近代科学の理論を国学的に意味づけるという、世界を記述するための新しい様式のことであろう。こうした様式を採用することで、『霊能真柱』においては重視されていた「幽世」は、『天柱記』の表象する世界のシステムからは除外されることになる。

こうした世界のシステムを論じた「元運篇」は、分量的には「開闢篇」をはるかに陵駕しているが、内容的には、ほとんど信淵が学んだ天文学説をそのまま紹介した内容になっている。最初に、望遠鏡と望日鏡（ソンガラス）を通して見た太陽が図示され、その運動や大きさ、形状などが詳しく説明されている。これは、それぞれの惑星は日輪と同じ形体をとり、その運動に従って西から東へ運行するという、四定例の原則を説明するためであろう。

続いて、太陽系の天体が順番に紹介されている。まず、水星と金星の形体と運動、さらにその地上からの見かけの運動を説明する。その説明のほとんどは、司馬江漢や山片蟠桃も紹介していた洋学系の天文学説をそのまま引用したものである。ただ、金星に関しては、平田篤胤が「天津甕星トハ太白星（金星）ノコトナルベシ」としていることに注目し、神代紀のなかでこの星を異名とする神が反逆的であったことと、金星の見かけの運行が定例に背くことを結びつけている。しかし、『天柱記』の基本的立場は、「此等ノ事ニ至リテハ、予ガ究理学ヲ以テスト雖ドモ、天地懸絶、其理ヲ弁析スルニ由ナキノミ」というものであり、宇宙のシステムと歴史的出来事との関連は、ほとんど論じられていない。[35]

信淵の究理学――実際には、洋学から学んだ究理学――の研究領域は、宇宙のシステムとそれを支える法則を明らかにすることなのである。この宇宙のシステムと法則に信淵は、一大綱・四定例といった独自の命名をしているが、このような眼差しを通して表象された世界には、システムを支配する法則に対して、人間の意思や行動、さらにはそれに呼応した霊的な存在の意志が影響を及ぼす余地はない。水星・金星の見かけの運動が不安定であることについても、その運行のシステムを詳細に図解し、「然レドモ其実元運ニ逆ラフニ非ズ。唯其運行大地ノ運動ニ反対スルト同行スルトノ両時ニ、進行・退行ノ異ヲ現スノミ」としている。[36]

同じように、地球と月との関係、火星、木星、土星、彗星などの形状と運行が、それぞれ詳細な図解を用いて説明されている。地球と月との関係については、汐の満ち引きや日食・月食のシステム、さらには太陽や月の運行などの説明を含めて、かなり詳しく紹介されている。

暦法に関してはあまり詳しい記述はないが、これらの運動のシステムが暦法と分かちがたく結びついていることについては、しばしば言及されている。また、木星と土星に関しては、それぞれの形状と運行ばかりではなく、衛星とその見かけの運動についても詳細に図解している。

それぞれの惑星には、原初の宇宙が攪回されたときと同じような回転運動がある。これを『天柱記』は、国生みの神話に言寄せて「伊弉諾ノ私運」と呼んでいる。「産霊ノ元運」は太陽を中心にした惑星の公転、「伊弉諾ノ私運」は、それぞれの惑星の自転を信淵独自の言葉で言い換えたものである。『天柱記』には、極めて多くの図解が使用されているが、とくに地球の自転を図解した「大地旋回図」は興味深い。地球の自転の速さを、臨場感のある筆致で描こうとしているこの図には、宇宙のシステムをできるだけ具体的に記述しようとする信淵の気概が見て取れる。

『天柱記』の基本的な視座は、当時の天文学説から学んだ新たな宇宙論について、信淵の主張する一大綱・四定例の法則やその背景にある古伝の記述に則して説明するというものである。このため、豊富な図解を駆使して天体の運行を詳しく説明しているが、使用されている図解やその説明自体は、司馬江漢や山片蟠桃が、西洋の新説として紹介しているものと大差はない。むしろ、より新しい理論が紹介されている場合もある。また、それ自体が運動因を持つシステムとして世界を把握する意識、そのシステムを支える法則の探求、そして、具体的なモデルを駆使してシステムと法則の関係を明示するといった、ここで採用されている世界記述の様式は、基本的に『和蘭天説』や『夢ノ代』に共通するものである。この新しい世界記述の様式を使って、神代紀を再構成することを信淵は、「予ガ近来発明スル所」と自負しているのである。

この新しい眼差しによってもたらされた、新しい世界感覚をもとにして、『天柱記』は国学的世界像を再構成したのであった。こうした傾向は、平田篤胤の『霊能真柱』にも見られる。しかし、それ自体が運動因を持つシステムとして世界を表象し、その法則を究明する『天柱記』においては、新しい世界記述の様式を駆使して、旧来の宗教的世界観を再構成するという方向性がより顕著になっている。

幻想の実体化——普門円通『仏国暦象編』

普門円通（一七五四〜一八三四）は、司馬江漢、山片蟠桃、佐藤信淵らとほぼ同時代を生きた仏教僧である。ここで取り上げてきたようなテキストが群出する知的状況のもとで、円通は、須弥山を中心とする平らな仏教世界像を近代自然科学の宇宙像に対抗できるシステムとしてイメージ化し、そのシステムを支える原理として、独自の仏教天文学を体系化した。

このため、円通は通仏教的な視点から膨大な仏典を猟歩し、中国思想や西洋の天文学説なども学んで、文化七年（一八一〇）に主著である『仏国暦象編』を刊行し、自ら研究した仏教天文学（梵暦）の学的組織を大成した。近代科学の手法を援用しながら、須弥山を中心とする平らな世界の実在を証明しようとしたこのテキストは、西洋近代との出会いの時期における仏教側の反動として、あるいは、排仏思想に対抗する護法論の一種として紹介されることはあるが、本格的な研究はあまりなされていない[37]。しかし、テキストの内容を詳細に検討すれば、「伝統と近代」という対立図式、あるいは排仏・護法論といった枠組みからこのテキストを読解するには、多くの矛盾があることがわかる。

全五巻からなる『仏国暦象編』は、まずインド、中国、日本、回国（ウイグル及びペルシャ）、西洋の暦法について、多彩な文献を駆使して比較検討し、古代インドの暦法――狭義の梵暦あるいは仏暦――の基本的な観測法や計算法が、あらゆる暦法に共通するものであることが指摘されている。そして、主に中国の歴史書からインドと中国、あるいは他の地域との交渉の記述を引用しながら、歴史的に見ても、梵暦はあらゆる暦法の起源であると主張する[38]。

さらに第二章では、最新の理論である地動説を含む、古今東西の天文学理論が紹介され、それぞれの宇宙論が比較検討されている。このなかで円通は、西洋天文学の地球球体説と地動説を批判し、平らな世界像の正しさを強調しているが——地球が球体であれば、海水は滝のように落下するとか、地球が高速で回転しているのであれば、反対方向へ飛ばした矢は的に届かないなど——かなり極端な議論も少なくない。従来の研究では、こうした非論理的な反論の内容ばかりが取り沙汰されてきた。しかし、こうした西洋天文学の批判が、つねにより信憑性の高い世界像の実在性を理論的に証明するという意識に支えられていることを見逃してはならないだろう。ここで試みられているのは、近代の天文学に共通する手法を使って仏教の世界像を実在する世界のイメージとして再構成することであり、円盤状の宇宙の実在性は、仏教天文学の理論上の信憑性によって支えられているのである。こうした姿勢は、続く「地形」と「暦法」の説明において、より明確にされている。

「地形」と題する第三章のなかで、円通は、仏典から抽出した数値をもとにして、須弥山を中心にした平らな仏教世界像（須弥界）をモデル化し、「須弥界」は実在する世界であることを豊富な図解を駆使して論じている。世界の中心には巨大な須弥山があり、その周囲を八つの海と八つの山脈（須弥山を加えて九山）が取り巻いている。その最も外側の大海中に人間の暮らす閻浮提洲がある。天空に輝く天体は、須弥山の中腹を横廻する。仏教の世界観によれば、この須弥界は無数に存在する同様のユニットの一つにすぎない。

『仏国暦象編』は、この一ユニットの世界の実在を証明するために著された。のちに円通は、このモデルにもとづいて、西洋で地動説を普及するために作られたオーラリー（太陽系儀）に類する「須弥山儀」や「縮象儀」を構想し、須弥界の実在性をより具体的に論証しようとした。さらには、多様な仏典に散見している距離の単位を比較検討し、須弥界の各部の大きさを測る基準として「由旬」という単位を定める。由旬は、仏典に見られる距離の単位であるが、円通は、当時の天文観測による赤道の南北の緯度からその距離を算出し、その数値を「立世阿毘曇論」に説明されている太陽の運行路とその南北の格差に換算して、一由旬を四〇里とする。そしてこの換算率を基準として、人間の住居である閻浮提洲をモデルにした世界図を作成した。この世界図には、ヨーロッパ、アジア、アフリカ、アメリカ大陸、南極大陸などが、当時の世界地図に即応した形で描かれ、日本列島は東の海上に描かれている[39]。

円通は、須弥界の実在を近代的な世界記述の様式を使って証明するために、標準化した測定単位を設定し、それをもとに須弥界の構成要素の縮尺を計算して、部分を全体のシステムに関連づけて表象する、新しい仏教世界像の描き方を創り出した。

須弥山を中心にした世界像をイメージ化した図像は、円通の仏教世界像以前にも――あまり多くはないが――存在する。しかし、計算された縮尺を使って理論とモデルを相関させ、部分を全体のシステムに正確に関連づけながら、須弥山を中心にした世界を描いたイメージは見当たらない。東大寺大仏の蓮弁の世界図や円通以前に西洋天文学を批判した無相文雄の「三界九山八海図」などは、代表的な例である。しかし、これらの図像は縮尺の正確さを重視し、経験世界の延長として、須弥山を中心とした世界像の実在性を主張したものではない。この点においては、仏教の世界像を表象する円通の手法は、それまでとは違うまったく新しい手法であった。この新しい世界記述の様式を採用することで、本来は多義的で象徴的であった仏教の世界像は、単義的で現実的な世界のイメージに転換されることになる。[40]

しかし、平らな世界の実在性を証明するためには――少なくとも『仏国暦象編』を取り巻く知的状況のもとでは――、世界像をイメージ化するだけではなく、世界のイメージと実在する世界の整合性を合理的に説明しなくてはならない。このためには、何らかの究理学が必要である。そこで円通は、須弥界のモデルの現実性を支える理論として、仏教天文学を体系化しようとしたのである。

まず、円通は膨大な仏典中から一二通りの暦法を抽出し、それぞれの内容を比較検討して、仏説にも多様な天文説が存在することを指摘する。そのうえで、こうした多義性を克服するために、円通は印度の土地の広大さを指摘し、隔絶した観測点においては、天体の見かけの運行にも差異が生じるのは当然であるとして、基本的にはすべて同一の理論であるとする。また、星座の形状の差異についても詳細に検討し、これらの差異は、観測上の誤差によるものと結論づけている。そして、「宿曜経」を中心にして最大公約数的な仏暦を作成し、太陰・太陽年である梵暦の一年間の周期と、その間における天体の運行と季節の推移を詳細に計算した。

そのうえで、円通は「立世阿毘曇論」から太陽と月の運行路など、暦数を計算するうえで必要なデータを抽出し、須弥界のモデルと暦法が一致するように天体の運行を計算している。この計算にもとづいて、一年の周期や日食・月食、閏月や昼夜の長さなどを定めて、仏典の記述にもとづいた梵暦法を体系化した。ここに、須弥界のモデルの実在性と正当性は、観測可能な現象と暦数の計算の一致によって証明できるとされたのである(41)。

また、須弥界の地形と天文観測上の現象の整合性を求めることも、『仏国暦象編』の重要なテーマの一つであった。とくに太陽の運行のメカニズムには、詳細な説明が加えられている。夏に夜が短く、冬に夜が長いのは、須弥山が逆ピラミッドのような形をしているからであり、これに季節による黄道(こうどう)の推移が加わり、日照時間の変化が生じる。同じように、一年のうち半年が夜で半年が昼である「夜国」の存在についても、太陽の運行路の推移と大地の形状をもとにして説明している。このように、実在する世界のシステムとして、須弥山を中心にする世界を表象することによって、須弥界は観測可能な世界になる。円通に先立って須弥界をイメージ化しようとした文雄の「三界九山八海図」が、須弥山の山頂の上方に、色界と無色界を図示しているのに対して、円通の須弥山儀では、須弥山の山頂には三十三天の住居はなく、欲界とは次元の異なる天界は描かれていない。もちろん、閻浮提洲の地下に広がる地獄の領域もイメージ化されることはない。円通にとって、須弥界のモデルは観察可能な現実世界を表象するイメージなのである。

　密教系の経典に含まれる、占星術的な要素の強い天文説も含めて、暦法と天体の運行に関する記述は膨大な仏典のなかに散見している。円通は、「倶舎論」や「立世阿毘曇論」に説かれる世界像を中心にしながら、最大公約数的な仏教世界像を抽出し、これも仏典から抽出した暦法と天体の運動のシステムにもとづいて、須弥山を中心とする世界の実在を証明しようとした。

　このため、仏説にもとづく世界儀や天球儀、世界図なども作成したのである。洋学系の天文学の理論を学び、その基本的な手法——とくに、世界記述の様式——を援用しながら、仏教の世界像の実在を証明しようとした梵暦理論は、たんなる伝統的・宗教的世界観の近代的・科学的自然観への反動ではない。『仏国暦象編』において企てられているのは、むしろ近代的な世界記述の様式を駆使した仏教世界像の再構成なのである。

実際、『仏国暦象編』に描かれた仏教世界像は、たとえその形体は須弥山を中心にした平らな宇宙であっても、仏教の世界像が本来有する象徴性や神秘性を喪失している。こうした世界記述の手法こそが、円通自身も「梵暦吾国伝ラズヲ以テ、瑜伽者ノ之闕典ト為ヲ補ント欲スル」と述べているような「梵暦」の新しさなのである。[42] 世界を機械的なシステムとして表象するこの様式は、『天柱記』の場合と同じように、同時代の多彩な思想伝統に属する人々の宇宙論に共通している。

これまで円通の「梵暦」は、近代科学の自然観に対抗する伝統主義的な反動として捉えられ、ここで紹介してきた新しい世界像を描くテキストとは、むしろ相反するテキストと見なされてきた。とくに、排仏論と護法論の対抗図式を重視する立場からは、円通の宇宙論と同時期の宇宙論との相違が強調されがちである。

たしかに、司馬江漢、山片蟠桃、佐藤信淵等の宇宙論は、すべて地球球体説と地動説を採用したうえで構成された宇宙のモデルであった。この点では、平らな仏教世界像にもとづく円通の梵暦理論とは異なっている。しかし、機械的なシステムとして世界を記述するスタイルやシステムを支える法則の探求、さらには図解（あるいはモデル）を駆使して世界のシステムとその法則の関係を説明し、現実の直接的な表象として宇宙をイメージ化する世界記述の様式は、円盤状の仏教世界像の実在を証明しようとする円通の梵暦理論にも共有されている。共時的に共有された世界記述の様式の枠内で『仏国暦象編』は、仏教の世界像を再構成しようとしたのである。

結論

本章では、一九世紀の初頭に登場したさまざまな分野における世界記述について、その言説上の共通点に注目しながら比較検討してきた。このため、これらのテキストに採用されている理論の正確さや近代的な天文学理論の理解の深さ、作者の個人的な経験とテキストとの関係、それぞれのテキストがそれぞれの思想伝統のなかに占める位置、といったテーマを扱うのではなく、それぞれのテキストが世界をイメージ化するために採用した言説の様式に焦点を絞りながら、個々の立論の形式や表象の手法などを考察してきた。

結果として、これらのテキストの背景となる知的伝統の多様性にもかかわらず、それぞれのテキストに採用された世界記述の様式には、次のような共通性を見出すことができたと思う。

（1）機械論的なシステムとして世界を把握し、部分を全体のシステムとの関わりにおいて説明すること。
（２）このシステムを支える合理的に説明可能な法則の探求。
（３）システムとしての世界とその法則の関係を視覚的なモデルを使って説明し、このモデルにもとづくイメージ（世界像）の実在性を証明すること。

こうした、「印象」よりも「説明」を重視する世界記述の様式は、それぞれのテキストが属する思想伝統の先行する記述様式には見られないものであり、それぞれのテキストにおいても、作者は随所に自説の「新しさ」を強調している。しかし、その「新しさ」は、地球球体説や地動説の採否とは直接には関わらない。それぞれのテキストにおいて強調されている自説の新しさは、太陽が動くか地球が動くか、あるいは丸い地球か平らな大地かといった世界観の新しさではなくて、世界を表象する記述様式の新しさなのである。

記号論的な分析枠を援用してこの変化を論じるなら、これを隠喩から換喩へ、あるいは象徴的記号から指標的記号へという支配的な表現様式の変化と考えることも可能であろう。こうしたスタイルによって記述される世界は、それが球状であっても平面であっても、合理的な法則に支配されたシステムの一部として説明できる領域を強調せざるをえなくなる。ここで表象される「空間」は、つねに全体のシステムとの関わりのもとで説明されなくてはならないからである。

また、機械論的なシステムとしての世界は、人間の意思や運命と感応することはないし、このシステムが、つねに一貫した法則にもとづいて維持されているのであれば、システムの運動に何らかの外在的意思が関与することもありえないだろう。ここにおいて、「説明できる世界」と「説明できない世界」を分断する世界感覚が生じてくることになる。

システム全体との合理的な連関において説明される空間としての世界は、説明できない領域をそこに含むことはできない。また説明される空間は、直感的把握を超えた過剰に満たされるようになるだろう。[43] ここに所謂「迷信（説明できないことに信を置くこと）」や迷信にもとづく世界の把握は、基本的な世界感覚から排除されることになる。世界を記述する様式の変化は、記述された世界観の内容以上に、感覚的に把握される世界の性質に影響を及ぼすことになるのである。

「近代」とか「近代以後」といった課題を論じるためには、表面的に議論されている内容以上に、明確に意識化されてはいないが言説の方向性を規定している、こうした思考の枠組み（深層的な認知構造）についても考える必要があるであろう。一見、反近代的な主張とも思える『天柱記』や『仏国暦象編』の世界記述が、『和蘭天説』や『夢ノ代』に共通する世界記述の様式を使いながら、それぞれの宗教的世界観を意味づけしていたように、前近代的な価値観は、こうした思考の枠組みのもとで新たに再構成されてきたのである。

ここでは、天文学上の問題を扱ったテキストの宇宙論を取り上げたにすぎないが、歴史、民俗誌、地理、哲学、宗教といった、さまざまな領域において生起したテキストの言説分析を進めることで、歴史意識、民族、国家といった領域を含む、より広い範囲の思考の枠組みを主題化し、近代的思考の歴史化を図っていくことも可能ではなかろうか[44]。

本章では、さまざまなテキストに採用されている共通の言説を抽出することによって、作者自身の意図としては明確にされていないが、テキストの記述の基調となっている共時的な思考の枠組みについて考えてきた。このため、どのような世界観が時代のヘゲモニーとして作用してきたかではなく、どのような世界記述の様式が、これらの人々にとっての世界の性質を形作ってきたかを重視してきたのである。こうした横断的な比較によって、神道、儒教、仏教、洋学といった系列的な枠組みにもとづく思想史の在り方を問い直し、思考横断的な思想史の方法について考えていくことも可能だろう。

テキストの内容に注目する読解に従えば、個々のテキストにおいて論じられている世界観は、それぞれに異なる思想伝統に属するものと考えざるをえない。本章では、世界観の連続的・系列的継承ではなくて、世界記述の様式の断絶を横断的に捉えることで、従来の近代思想史研究ではあまり問題にされてこなかった、識域下の「近代」について考察しようとしたのである。[45]

また、世界記述の様式とその様式に左右される世界感覚は、特定の時代における言説の信憑性を決定し、それを支える広い意味での「イデオロギー」と深く関わっている。本章では、ある種の思惟様式や思想の連続性ではなく、言説の新しさ（断絶性）に注目しながら、それぞれのテキストの分析を試みてきた。しかし、こうした表象の様式を歴史的コンテクストから引き離し、テキストの枠内のみで論じることには問題がある。

ある対象をイメージ化する表象の様式を決定するのは、発信者と受信者のコミュニケーションによって形成される、歴史的で具体的なコンテクストであるからである。ここでの主題に沿って言えば、普門円通（あるいは他の作者たち）とその弟子たちによって形成された具体的な言説の場や、共時的な世界感覚自体がそこで醸成される歴史的コンテクストとその諸要素――印刷・出版技術、交通システム、交換のシステム、教育制度、時法や測量法とその制度化など――について、より詳細な検討がなされなくてはならないだろう。[46]

次章からは、ここで論じてきたような、円通の梵暦理論と同時代の思想家たちの宇宙論の共時性を念頭に置いたうえで、円通の思想とその弟子たちの活動、さらには彼らの活動と近代仏教思想との関わりについて、より詳細に検討していきたい。

註

（1）ここで世界記述（cosmography）という表現を用いているのは、「どのような世界観が人々に意味を与えてきたか」ではなく、「いかにして世界が記述されてきたか」を問い、その記述を支えている識域下の想像力を問う問題意識からである。記述（writing）に注目しながら、客観性を標榜する研究成果の物語性や政治性を指摘する研究は、歴史記述（historiography）、民族誌（ethnography）、地理学（geography）など、さまざまな分野で活発に行われている。これらの研究のなかで、しばしば理論的に重要な役割を果たしているのは、文学理論に端を発し、意味の生成の過程を問題化する〈テクスト読解〉の理論である。これは非常に多岐にわたっているが、総称して「物語の理論」あるいは「詩学」と呼ぶことも可能であろう。

ヒリス・ミラーは、こうした新理論としてロシアフォルマリズムの物語理論、バフチン系の対話理論、ニュークリティシズムの理論、シカゴ学派（新アリストテレス学派）の理論、精神分析理論、解釈学的・現象学的理論、構造主義的・記号論的・文彩重視的理論、マルクス主義的・社会学的理論、読者反応理論、ポスト構造主義的・脱構築的理論を挙げ、それぞれを特定の理論家に結び付けて解説している（フランク・レントリッキア『現代批評理論：二二の基本概念』平凡社、一九九四年）。しかし、いくら細分化してもこの膨大な研究領域をカバーするのは難しいであろう。

ただ、本来は美学的な問題意識であった〈テクスト〉への注目が、構造主義、フーコーやデリダの理論、哲学的解釈学、社会科学や心理学などの議論を受けて、より精緻な理論に転換されてきていることは指摘できると思う。また、実体論から関係論へという思考のモデルの転換は、ソシュール以来、人文科学のさまざまな分野において顕在化してきた。生成され現前する意味よりも、識閾下における意味の生成のプロセスを問題化するこうした言説が、文芸批評の領域においては、作者の意図と〈テクスト〉を切り離し、〈テクスト〉の形式に注目する研究を生み出し、これが文学批評の枠組みを超えて、さまざまな分野に影響を及ぼしている現状がある。ここでは、こうした〈テクスト読解〉の新たな手法を意識しながら、それぞれの文献を読み解いていきたい。

(2) たとえば柄谷行人は、「コペルニクス革命」の意義を論じて「重要なのは、地動説か天動説かではなく、コペルニクスが、地球や太陽を、経験的に観察される物とは別に、或る関係構造の項としてとらえたことである」(『群像』一九九八年九月号、一九〇頁)としている。ここで言う眼差しの転換は、これに近い。

(3) David Harvey, *The Condition of Postmodernity* (London: Blackwell, 1990), pp. 240-284. もちろん、この本におけるハーヴェイの主題は、地図表記の様式といった問題をはるかに超えている。彼は知の生産様式の背景にある現実的・物質的な要因として、歴史的に形成された時間と空間のシステム(時間と空間の概念ではない)を検証し、これが社会的・文化的生産様式を決定していく過程を詳細に検討している。こうした表象の物理的な基礎条件を考察することは、メディアの問題を含めて、「近代」を問い直すための要件のひとつであろう。近世・近代日本文化史・思想史の分野においても、人々の世界感覚の変化を対象化する視座は、とくに古地図や世界地図の普及の歴史的な研究などに生かされている。古くは、鮎沢信太郎『新井白石の世界地理研究』（京成社、一九四三年）、鮎沢信太郎『鎖国時代の世界地理学』（日大堂書店、一九四三年）などを参照のこと。

（4）このことをハーヴェイは、「あらゆる想像や信仰上の要素ばかりでなく、その生産に含まれている如何なる経験の刻印も剝奪された「地図」は、空間における事象の秩序を表記するための、抽象的で、厳密に機能的なシステムになった」（*The Condition of Post-modernity*, P. 249）と表現している。

（5）もちろん、言説や表象を歴史的コンテクストから引き離し、テキストの枠内のみで論じることには問題がある。ある対象を表す表象の様式を決定するのは、発信者と受信者のコミュニケーションによって形成される、歴史的で具体的なコンテクストであるからである。

また、思想の内容よりも用いられている言説を共時的に分析し、思想の連続性よりも断絶性を取り上げる思想史の方法は、フーコーの『言葉と物』以来、さまざまなかたちで展開されてきた。特定の時代の「思考の台座」や「知の生産様式」、さらにはここで取り上げている世界感覚など、歴史上の絶対時間を確定することができない主題について考察するためには、このような方法も有効であろう。さらには、作者の主観的な意図ではなく、より深いレベルにある匿名の認知構造（ここでは世界感覚）を論じるためには、明確に意図されたテクストの内容（ここでは世界の形体）以外のものにも目を向けなくてはならない。たとえば、ヘイドン・ホワイトは主著である『メタ・ヒストリー――一九世紀ヨーロッパにおける歴史想像力』(一九七三)のなかで、一九世紀の歴史記述者の想像力を代表的な歴史家や歴史哲学者たちが用いる言説の様式を通じて分析し、それによって、作者自身には明確に意識されてはいないが、歴史記述そのものを規定している認知上の深層構造を思想史の対象とする「歴史の詩学」を提唱している。共時的に共有された、識域下の認知構造としての世界感覚について論じるためには、記述された世界の形体よりも、いかなる様式を用いた世界の記述が当時の人々にリアリティを提供してきたのか、といった問題が問われなくてはならないだろう。

ここでは、「叙述された内容」ではなく「叙述形式の内容」を主題化し、「形式のイデオロギー」を問うヘイドン・ホワイトの思想史の方法論を援用しながら、どのような世界観が時代のヘゲモニーとして作用してきたかではなく、どのような世界記述のスタイルが、世界の性質を形作ってきたかを考えてみたい。ホワイトの「歴史の詩学」については、拙稿「ヘイドン・ホワイトの歴史の詩学と宗教研究」(『天理大学　おやさと研究所年報』第五号、一九九九年)を参照のこと。

(6)　松村明編『洋学　上(日本思想体系64)』(岩波書店、一九七六年)四四七頁。

(7)　ここで言う写真法は、光画法とも訳される写真技術のことではない。遠近法への注目に見られるように、真実を模写することの基準が諸要素のシステマティックな関係性のうちにあり、個々の要素の印象よりも全体的なシステムのなかでの位置づけが、重視されていることに目を向けるべきであろう。「印象」よりも「説明」を重視する表象のスタイルは、ここで論じている近代的世界記述の基本的なスタイルでもある。

(8) 松村明編『洋学　上（日本思想体系64）』四七九～四八〇頁。

(9) たとえば地震については、「地震ハ地中ノ気常ニ上升スルト雖、時アリテ地中ノ気鬱滞シテ、一概ニ発ル者地ヲ震ウナリ」（松村明編『洋学　上（日本思想体系64）』四七五頁）としている。

(10) 松村明編『洋学　上（日本思想体系64）』四八五頁。

(11) 中井宗太郎『司馬江漢』（アトリエ社、一九四二年）一六七頁。

(12) しかし多くの写本が存在しており、幕末から明治にかけて多くの人がこれを目にしていたことは、良く知られている（有坂隆道『富永仲基・山片蟠桃（日本思想体系43）』岩波書店、一九七三年、七二五～七二六頁）。

(13) 有坂隆道『富永仲基・山片蟠桃（日本思想体系43）』一四七頁。

(14) 有坂隆道『富永仲基・山片蟠桃』一四六頁。

(15) 有坂隆道『富永仲基・山片蟠桃』一五四頁。

(16) 有坂隆道『富永仲基・山片蟠桃』一五七頁。

(17) 有坂隆道『富永仲基・山片蟠桃』一六八頁。

(18) 有坂隆道『富永仲基・山片蟠桃』一五四頁。

(19) 有坂隆道『富永仲基・山片蟠桃』一五四頁。

(20) たとえば天体については、「日・月・星ノアル天ハ、幾億万里ヲシルベカラズ。霧雲ハ地上（中略）タトヒ三千世界一時ニ風雨震動ストモ、日・月・星ノ天ヨリコレヲミレバ、九牛ガ一毛トモミルベカラズ」としている（有坂隆道『富永仲基・山片蟠桃（日本思想体系43）』一七〇頁）。

(21) たとえば潮の満ち引きについては、月の圧力が「海水ヲ推ス」として、現在とは反対の説明が成されている（有坂隆道『富永仲基・山片蟠桃』一八一頁）。

(22) 有坂隆道『富永仲基・山片蟠桃』一九〇～一九一頁。

(23) 有坂隆道『富永仲基・山片蟠桃』一九二頁。

(24) 有坂隆道『富永仲基・山片蟠桃』一九六頁。

(25) 有坂隆道『富永仲基・山片蟠桃』一九七頁。

(26) 有坂隆道『富永仲基・山片蟠桃』一九七～一九八頁。

(27) 有坂隆道『富永仲基・山片蟠桃』一九八頁。

(28) 有坂隆道『富永仲基・山片蟠桃』一九八頁。

(29) 有坂隆道「山片蟠桃の大宇宙論について」（『日本洋学史の研究6』創元社、一九八二年）。

(30) 尾藤正英・島崎隆夫『安藤昌益・佐藤信淵（日本思想体系45）』（岩波書店、一九七七年）三六二頁。

(31) 尾藤正英・島崎隆夫『安藤昌益・佐藤信淵』三七二頁。

(32)尾藤正英・島崎隆夫『安藤昌益・佐藤信淵』三七三頁。
(33)尾藤正英・島崎隆夫『安藤昌益・佐藤信淵』三七七頁。
(34)尾藤正英・島崎隆夫『安藤昌益・佐藤信淵』三七九頁。
(35)尾藤正英・島崎隆夫『安藤昌益・佐藤信淵』三八八頁。
(36)尾藤正英・島崎隆夫『安藤昌益・佐藤信淵』三九〇頁。
(37)円通には、『羽翼原人論略解』(一八二四)などの仏典を解説した著作もあるが、梵暦関係の主な著作としては、『仏国暦象編』(一八一〇)、『須弥山儀銘並序和解』(一八一三)、『梵暦策進』(一八一六)、『立世阿毘曇暦書』(一八一九)、『実験須弥界説』(一八二一)などがある。このうち『立世阿毘曇暦書』は、暦算のための覚書といった性格が強いが、他の著作はそれぞれ出版されている。円通と梵暦に関しては、近世史の研究者によってしばしば取り上げられてきた。しかし、円通の著作と思想に正面から取り組んだ研究は少ない。工藤康海「普門律師の梵暦運動と師の略伝」(一九四二)は労作であるが、梵暦運動を勤王攘夷運動と見なす工藤の見解は、工藤が梵暦運動を研究した当時の状況には即していたかもしれないが、客観的な分析には乏しい。この論文の最後に工藤が、ある人が梵暦に関する資料を盗用したと非難しているように、珍しい逸話を紹介することが、これまでの梵暦研究の一般的な姿勢であった。しかし、江戸時代末期における最も活発な仏教思想運動の一つとして、梵暦運動は再評価すべき意義を持っている。なお、円通の『仏国暦象編』の内容については、本書の第二章において詳しく説明している。詳細については、そちらを参照していただきたい。

(38) 円通『仏国暦象編』巻一（大正大学図書館蔵）一八一〇年、三丁表〜三六丁裏。詳細については、本書九八〜一〇二頁を参照のこと。「梵暦」という言葉は、円通の著作自体においても、カレンダーを意味する場合と、天体の運行のシステムや自然現象の説明を含む広い範囲の学問体系を意味する場合がある。ここでは、より広い意味でこの言葉を使っている。

(39) 円通『仏国暦象編』巻三、二九丁裏。これより以前の同様の世界図としては、「五天竺図」（一三六〇頃）や「南瞻部洲万国掌菓之図」（一七一〇）などがある。しかし、これらが主に伝聞を図示した絵地図であるのに対して、円通の「南閻浮洲図」においては、太陽の運航路が描かれ、この世界図の実在性を理論的に証明しようとする努力が見られる。

(40) 「由旬」については、円通『仏国暦象編』巻二、二五〜二六丁を参照のこと。基本単位としての「由旬」は、須弥界全体のモデルを作成する際にも、縮尺の基準になっている。また、この数値は「長阿含経」などの初期の仏典における数値と一致することを円通は強調し、自己の計算を正当化した。さらには、距離を換算した時の端数に関しては、これを観測上の誤差として処理していることも興味深い。円通の「須弥界」の概念や、これにもとづく「須弥山儀」、「縮象儀」などの特質については、本書の第三章を参照のこと。

(41) 円通『仏国暦象編』巻四、四丁〜一五丁には、「日蔵経」の「星宿品」をもとにした、一年の基本的な暦が詳しく紹介されている。円通の暦法の詳細については、本書一一七〜

一二四頁を参照のこと。

(42) 円通『仏国暦象編』巻一、序・一丁表。また、円通は梵暦以前の須弥山説擁護論について、自著の『梵暦策進』(一八一六)のなかで「近世　俯仰審問(一七五三)　天文弁惑(一七七六)　鮮嘲論(原文ママ・九山八海解嘲論・一七五四)等ノ書アリトイヘトモ　外説ノ天文ヲ知ラザルノミナラズ　大蔵中ニ明ス所ノ暦理天文ヲカツテ検セス」(円通『梵暦策進』大正大学図書館蔵版、一八一六年、一四丁裏)、と厳しく批判している。

(43) ベンヤミンは、近代の新しい経験世界に直面したカフカの身ぶりを明示するものとして、エディングトンの『物理学の世界像』から次のような一文を引用している。

私はドアの敷居の上に立ち、私の部屋に足を踏み入れようとする。これはややこしい企てだ。第一に私は、大気の抵抗にたいして闘わねばならない。大気は一平方センチメートルあたり一キログラムの力をもって、私の肉体を圧迫している。ついで私は、秒速三〇キロメートルの速度で太陽の周囲を飛び廻っている一枚の床板に、着地することを試みなくてはならぬ。もし一秒の何分の一かでも遅れるならば、すでにその板切れは、数マイルも遠ざかってしまっている。……じっさい、物理学者がドアの敷居をまたぐことよりは、駱駝が針の穴を通り抜けることのほうが、やさしい(ヴァルター・ベンヤミン『ボードレール』岩波文庫、一九九四年、一二六〜一二七頁)。

近代的な世界記述にもとづく世界像においては、世界は空気の成分の詳細な説明や肉眼では捉えられない光などの過剰な説明に満たされ、直感的な把握においては共存できた、感覚的に与えられた世界のイメージと説明される世界は、同時に存在する可能性を失ってゆく。ここに世界の「印象」と「説明」を分断し、「説明」を重視する世界感覚が生じてくる。

(44) ここでの「歴史化」は、通常歴史性を持つことが意識されていない空間や時間(あるいは「宗教」や「信仰」など)といった認識の枠組みに歴史性を付与することである。これらに歴史性を付与するためには、時間や空間などを概念としてではなく、物質性を持ったものと考え、その編成規則や定着過程を歴史的に跡づけることが必要になる。ここでは、近代的世界記述の歴史的起源を問いながら、この問題を考えてみた。近代人が「近代」において自明なものを対象化するためには、こうした営みも必要だろう。

(45) ここで取り上げた、『和蘭天説』、『夢ノ代』、『天柱記』、『仏国暦象編』というテキストは、「近代主義(『和蘭天説』・『夢ノ代』)」に対置される「伝統主義(『天柱記』・『仏国暦象編』)」というように、対立図式を使って分類することも可能だろう。しかし、その一方でこれらのテキストに採用されている世界記述の様式は、むしろ多くの共通点を持っていることについて、この章では論じてきた。こうした考察は、「伝統と近代」といったステレオタイプの対立図式を問い直すことにもつながるのではないだろうか。テキストの内容を中心にした読解にこだわれば、近代主義と伝統主義は相容れない思想となり、両者に共通する課題を論じることは難しい。しかし、両者の共通点に目を向ける視座も必要である。近代において「創られた伝統」についての議論が広く展開されるなど、「伝統と近代」あるいは「近代化と伝統」といった枠組みは、すでに必ずしも自明の前提ではなくなっている。伝統と近代を対立させるばかりでなく、同じ時代に生まれた「伝統」と「近代」を、共通の基盤のうえで考察する営みも必要ではなかろうか。梵暦以前には存在せず、その後は一般化している「須弥界」の図解などは、「創られた伝統」の顕著な事例の一つである。

(46) これには、ニューヒストリシズムや、カルチュラル・スタディーズが提言するような、〈テクスト〉の構成を取り巻くコンテクストの「厚い記述」やメディアの分析が必要になる。新しい言説のモードが「近代」において具体的に定着していく過程を明らかにすることは、自明であるが故に意識されない識域下の「近代」を対象化し、その歴史性を浮き彫りにすることもつながるだろう。

第二章　「起源／本質」の探究と普遍主義のディスクール

——普門円通『仏国暦象編』を読む

重要なのは、地動説か天動説かではなく、コペルニクスが、地球や太陽を、経験的に観察される物とは別に、或る関係構造の項としてとらえたことである。だが、そのことのみが地動説への「転回」をもたらすのだ。

——柄谷行人『トランスクリティーク』

普門円通と『仏国暦象編』

普門円通（一七五四～一八三四）は、江戸時代末期の宝暦から天保年間の人。字は珂月、号は無外子、懸象院、東森隠士、または普門という。工藤康海のまとめた円通の『略伝』や「梵暦開祖之碑」の碑文によれば、俗姓は山田氏。円通は、宝暦四年（一七五四）に鳥取藩の医官であった山田玄通の子として生まれた。七歳の時に、母方の菩提寺である日蓮宗の寺院（妙要寺）で出家している。のちに同志とともに宗弊の改革を企てるが、事が露見するに及んで排斥され、天台宗に転じた。比叡山に登り安楽院に住したあと智積院で学び、豪潮律師に戒を受け、師に従って山城の積善院に移り住んだ。この頃に、仏説の天文暦学研究に力を注いだとされている。

円通は一五歳の時、当時西洋の天文学理論の紹介書として広く普及していた『天経或問』を読み、仏典に説かれる平らな世界像に疑問を持つようになった。西洋近代の天文学に見られる地球説や地動説は、六道輪廻を説く仏教思想の背景にある世界像とは、対照的なものであったからである。地球説や地動説が暦数の計算や実際の観測によって証明された理論だとすれば、巨大な須弥山を中心として同心円状に拡がる仏教の円盤状の世界像は、現実には存在しない虚構に過ぎないことになる。

この疑問を解消するために、円通は各地を渡り歩きながら、仏教の天文・暦法ばかりでなく古今東西の天文暦学を広く学んだ。インドの暦数に始まる研究は、経論から百家の書に至り、地動説を含む西洋の天文学にも及んでいる[1]。

その後、独自の仏教天文学を体系化した円通は、文化七年（一八一〇）に『仏国暦象編』を刊行し、自説の普及と西洋の天文学説の批判に力を尽くした。円通の薫陶を受けた人々は、「梵暦社」というネットワークをつくり、師の理論をさまざまな形で展開しながら、しばしば「梵暦運動」と呼ばれる思想運動を展開した。円通とその弟子たちの活動は、近世末期における仏教思想の展開では最も規模が大きく、広範囲に影響を及ぼした運動の一つであり、この時期の宗教思想史を考えるうえで、その活動は無視できない。晩年は、江戸増上寺内の恵照院に住し、天保五年（一八三四）九月四日、八一歳で世を去った。主な著作には、『仏国暦象編』（全五巻）・『須弥山儀銘並序和解』（上・下）・『梵暦策進』・『実験須弥界説』（全三巻）などがある[2]。

円通の梵暦研究は、これまで近代天文学の発達段階における特異なエピソードの一つとして、しばしば歴史研究者たちの関心を引いてきた。また、仏教史研究においては、科学的な立場からの仏教批判に対する護法論として紹介されている。しかし、総合的な仏教天文学を体系化し、近代科学の知の枠組みを使って仏教思想の意義をとらえ直した円通の梵暦研究は、その後の近代仏教学の展開、あるいは近代宗教思想史を考えるうえでも重要なものである。とくに、主著である『仏国暦象編』は、当時のさまざまな分野の思想家たちに取り上げられ、物議を醸したばかりでなく、後の仏教思想への影響も少なくない。

平らな世界像を擁護する議論は、前近代的な伝統主義であり、近代的な学問の枠組みのもとで「仏教」を再構成しようとした「近代仏教」の立場とは相容れないものと考えられやすい。しかし、仏教天文学の構築を目指した円通の梵暦理論には、「梵」を起源とした「仏教」という発想、科学的知識と宗教的真理の二元化、通仏教的な「仏教天文学」の抽出など、明治期の「近代仏教」の言説に共通する側面が少なくない。

西洋の天文学や地理学の方法論を取り入れながら、円通は仏教の世界像をどのように再構築していったのか。本章では、主著である『仏国暦象編』の内容を詳細に検討し、テーマ別に五巻本としてまとめられたテキストの構成に即して円通の議論を紹介しながら、いかなる構想のもとに仏教天文学（梵暦）が体系化され、その天文学理論としての妥当性が論証されたのかを検証したい。そして、この特異な天文学理論の宗教思想史上の意義について、あらためて問い直していきたい。

暦原（第一）——暦法の起源

全五巻からなる『仏国暦象編』は、まず「暦学」の起源を明らかにする歴史的な探求からはじまる。

全巻を通じて円通は、梵暦の天文学としての妥当性を証明するためにさまざまな手法を用いているが、その一つは、インド起源の天文学理論が、世界中のあらゆる天文学理論の起源（「暦原」）であると主張することであった。このため円通は、インド、中国、日本、回国（ウイグル及びペルシャ）、西洋の暦法を多彩な文献を駆使して比較し、古代インドの暦法——狭義の梵暦あるいは仏暦——の基本的な観測法や計算法が、あらゆる暦法に共通する手法であることを指摘する。そして、主に中国の歴史書にあるインドと中国、あるいは他の地域との交渉の記述を引用しながら、歴史的に見ても、梵暦はあらゆる暦法の起源であることを証明しようとする。

最初に取り上げられているのは、中国の暦法とインドの暦法との関係である。漢から明にかけての中国天文学の発達を歴史的に跡づけながら、円通は、「支那暦」は「印度暦」が取り入れられたあとで発達したものであると主張する。

円通によれば、漢代以前の中国には、月の満ち欠けを説明する理論は存在していなかった。中国における暦学の発達は、仏教僧を通じたインドの暦学との交渉に影響を受けたものである。このことを円通は、漢代以後の文献を引用しながら論証しようとする。インド起源の暦法は、次第に中国に浸透し、唐時代には造暦のためにインドから公式に暦学者が招かれた。この時期になって、はじめて中国の暦学者たちは日月食や閏月を採用したが、これはインドの暦法では、すでに良く知られた理論であった。唐時代に作成された一行の「大衍暦(たいえんれき)」を紹介しながら、円通は、この時代の「支那暦」はすべて「印度暦」の模倣にすぎないとする(3)。

こうした「印度暦」の影響は、宋に続く元・明の時代にはさらに顕著になる。太陽の光が作る影の高さを測定することで、冬至と夏至を知る方法(「測影之法」)がはじめて取り入れられたのは、中国では宋代のことであった。しかし、この方法は早くから仏典に記述されていたものである。中国天文学の発達史は、完全な印度の暦学が、次第に受け入れられてきた過程の歴史にすぎない。インドの暦法を中国に紹介した文献を歴史的に辿りながら、円通は、次のように結論づけている。

是ヲ以テ之ヲ観ハ、梵暦ノ支那ニ入ルコト也。謂フ可シ。東漢ニ淵源シ、晋魏ニ濫觴シ、唐宋ニ流漫シ、元明ニ匯沢スト（『仏国暦象編』巻之一、一〇丁裏。以下、カタカナは原文の送り仮名。句読点は、筆者が付した）

続いて円通は、インドの暦法と「回暦」（ウイグルあるいはイスラムの暦法）の関係をもとに、「西暦」（西洋の暦法）の起源を考えている。円通によれば、回暦は梵暦のイミテーションにすぎない。回暦が用いる「十二宮」の星座は、梵暦の概念とまったく同じである。「宿曜経」や「日蔵経」といった仏典の記述を丹念に引用しながら、春分を新年のはじまりとする回暦の考え方は、もとは梵暦からきた理論であること。さらには、回暦や中国暦が「羅睺」や「計都」といったインド起源の星名を採用していると指摘し、これらが、梵暦は諸暦の起源であることの証拠であるとする。

「回国」は印度に隣接するばかりでなく、政治的・文化的な影響を印度から受けてきた。このため仏教と梵暦は、古くからこの地域で広く知られてきたのである。『唐書』の記述をもとに、後漢時代に仏典を翻訳した一二人の著名な学僧のうち、六人は「回境」の出身者であり、残りの六人は「回境」を経て中国に入ったことを円通は強調し、次のように結論づけている。

回回ノ諸国、印度ノ経典律暦ヲ受用ルコト最モ久シ。況ヤ回回ノ諸国、多ク皆釈氏ノ裔ナル者ヲヤ。然ルトキハ則、回暦即梵暦ナルコト、復奚ソ疑ヲ容ン（『仏国暦象編』巻之一、二二丁表）

「回暦」は、「西暦」のシステムと内容的にはほとんど変わらない[4]。西暦が用いる十二宮や星名などは、回暦のものとほぼ同じである。「回暦」はインド暦法をもとにした暦法であるから、「西暦」を含む世界の主な暦法は、結果的にすべて「梵暦（印度暦）」を歴史的な起源とすることになる。しかし、この事実はこれまであまり知られていなかったとして、円通は「明史及ヒ暦算全書等、西暦元ト回暦ニ出ルト称シテ、其ノ原ト印度ニ出ルコトヲ知不」（『仏国暦象編』巻之一、二二丁表）と嘆いている。

「七曜」の動きを重視する西暦と回暦は、古代から七曜の動きを研究してきた梵暦の模倣にすぎない。円通によれば、西暦は蠍座が黄道にかかる時期を新年としているが、これは回暦とは異なる。しかし、西暦における新年の設定は、仏典の記述に見られるものと同じである。「宿曜経」や「日蔵経」に記述された暦法を引用しながら、円通は「回西二暦、本ト梵暦ヨリ出」（『仏国暦象編』巻之一、二二丁表）と結論づけている。また、西暦は閏月のシステムを採用していないが、こちらは回暦と同じである。

こうしたシステムの類似は、西暦が回暦から派生した事実を示している。回暦や中国暦は梵暦を起源とする暦法であるから、西暦を含む世界中の暦法の歴史的な起源（暦原）は梵暦である、と円通は主張するのである[5]。

膨大な典籍からの引用を多用して、「暦原」を探求する円通の論証は極めて緻密なものである。しかし、出典の信憑性や相互の影響関係については、ほとんど考慮されていない。また、自説を裏づけるために、かなり強引に文献を引用する論証の内容は、現在の感覚からすれば、むしろ滑稽な印象さえ受ける。しかし、『仏国暦象編』というテキストを読み解くうえでは、歴史研究としての内容の妥当性よりも、暦法の起源を探求し、あらゆる暦法の起源は印度暦（梵暦・仏暦）であるとする、円通の主張の方が興味深い。

円通にとって、あらゆる暦法の起源である梵暦は、その後の天文学理論の発達の可能性を内包する根源的な理論なのである。ここに、あらゆる暦法の歴史的起源であり、すべての暦法を包括する理論として梵暦が措定され、仏典の記述をあまねく渉猟しながら、仏教天文学を体系的に構築する手法が正当化されることになる。

天体（第二）――仏教の宇宙論

最初の「暦原」において、梵暦は暦の制定や天体観測の手法として紹介されているが、『仏国暦象編』全体においては、「梵暦」は宇宙論や地理学を含む総合的な理論として提唱されている。「天体」と題するこの章では、当時としては最新の天文学の知識をもとにして、西洋や中国の宇宙論と仏典の天文説を比較し、そのうえで地球説と地動説を厳しく批判している。

まず、中国の天文説や宇宙論を批判的に紹介し、仏教の宇宙論との比較がなされている。円通によれば、中国の天文説には三つの旧説（三家）と四つの新説（四説）があり、それぞれが多彩な学説を唱えている。円通は、これらの理論を「蓋天説（がいてん）」と「渾天説（こんてん）」という二つのカテゴリーに分類し、両者を比較検討している。「蓋天説」は、日本でも良く知られていた『周髀算経（しゅうひさんけい）』に採用された宇宙論である。円通の解説を紹介しておこう。

> 其言（周髀）ニ曰、天ハ蓋笠ニ似、地ハ覆槃ニ法ル。天地ハ中高シテ、外下シ。北極之下ヲ天地之中ト為（『仏国暦象編』巻之二、一丁裏）

蓋天説は、宇宙を平らな世界を覆う天蓋と見なして、天体の運行を説明する。昼夜の交代を中央部の隆起した大地の形態にもとづく現象として説明し、大地に平行した太陽と月の円形軌道を想定する蓋天説は、仏教の宇宙論とよく似ている。円通は『周髀算経』の権威を称えながら、「印度支那ノ聖説暗ニ符シ、大体既ニ合ス」(『仏国暦象編』巻之二、三丁表)と述べている。

渾天説は、球形の大地と全方向を覆う宇宙の存在を想定する天文説である。円通は、渾天説を「天ハ鶏子ノ如、地ハ中黄ノ如ク」であり、大地から見た天空は、「半ハ地上ヲ覆ヒ、半ハ地下ヲ繞ル」(『仏国暦象編』巻之二、八丁裏~九丁表)と説明している。蓋天説とは違って、渾天説は太陽と月の運行を大地に平行した運動とは考えない。

中国では、渾天説にもとづく「渾天儀」が作成され、天文観測が行われてきた。こうした考え方は、地球球体説を前提にした西洋の天文説に近いものである。当然のことながら、円通は渾天説には批判的な態度をとり、「渾天儀ハ測量ニ於テ最モ便スト雖、ソノ天説ヲ立ルニ及テハ、一モ聖典ノ徴ス可キ無」(『仏国暦象編』巻之二、一九丁表)と結論している。

さらに円通は、蓋天説と渾天説という二項対立を、人間によって造られた天文説(人説)と神聖な宇宙論(聖説)の相違に転化する。人間の観察を重視する「渾天説」には、さまざまな異説が生じる一方で、聖人の理論である「蓋天説」には、ほとんど変化が見られない。円通の説明を図式化すれば、次のようなものなるだろう。

【渾天説】　球形の大地と天――人説――可変
【蓋天説】　平らな大地と蓋天――聖説――不変

この二項対立的なプロットの構造は、テキスト全体の議論に一貫しているものであり、最終的に西洋の天文学理論の批判に適用されている。仏典の天文説は、『周髀算経』と同じように聖人の「天眼」によって感得されたものであり、不変の基準（定準）を持った根源的で包括的な理論である。このため梵暦には、中国の三家・四説のような多様化は見られない。蓋天説は、梵暦に近い理論ではあるが、仏教の天文説ほど真理に迫った理論ではないのである。(6)

こうした二項対立図式を用いながら、さらに円通は、西洋の天文説を批判的に紹介している。西洋の天文説は、渾天説の極端な発展形態であり、蓋天説の真髄を説く梵暦の対極に位置する理論である。西洋の天文説には統一性がなく、「旧説」と「新説」ともいうべき根本的に対立する理論の系統が存在する。「旧説」とは、天動説にもとづく理論のことであり、次のように説明されている。

普門円通肖像（部分）（川畑直毅氏蔵）

天体渾円恆ニ運旋シテ、以テ地ヲ裏ミ、地ハ弾丸ノ如ク永静不動ニシテ、天中ニ適シテ四面ニ人居セリ（『仏国暦象編』巻之二、二三丁裏）

この旧説は、中国の渾天説によく似ている。渾天説が多くの異説を生み出したように、西洋の天文説にも絶対的なスタンダードは存在しない。元や明の時代には優れた学者も現れたが、それぞれが異説を生じ、決して統一されることはなかった[7]。

さらに円通は、西洋の「新説」を批判する。『暦象新書』（志筑忠雄が翻訳したオランダ語のテキスト）や梅文鼎（ばいぶんてい）の『暦算全書』などを引用しながら、当時最新の天文学理論が紹介されている。とくに「古伯爾喜須（コペルニクス）」と「得逸骨（チコ・ブラエ）」の二説については、詳細に検討されている。

まず、「古伯爾」の理論によれば、「日ハ天ノ中心ニ在テ運旋シ、月ハ則地ヲ心ト為シテ旋リ、地ト之月ト一タビ太陽ヲ旋ル、之ヲ一昼夜ト為」（『仏国暦象編』巻之二、二三丁裏～二四丁表）としている。しかし、「得逸骨」の説では、「月ハ則地ヲ心ト為シテ之ヲ旋リ、日ハ則地ト月トヲ心ト為シテ之ヲ旋ル」（『仏国暦象編』巻之二、二四丁表）とされている。前者は地動説を採用しているが、後者は天動説を採っている。西洋の最も有名な天文学者の二説が、このようにまったく相反する理論を展開しているように、西洋の天文説は互い

に一致するということがないのである。(8)

西洋の天文説は、望遠鏡などの精密な観測機器を使用し、科学的な観測・調査をもとに議論を展開しているが、結果として生じた理論は統一を欠いている。もし、本当に正確な観測や調査にもとづく理論なのであれば、このように多様な見解が生じることはありえない。地球や太陽の大きさを論じた西洋の理論に、数値の上での統一が欠けていることを指摘しながら、人間の造った観測機器では、絶対的なスタンダードを測定することはできない、と円通は主張している。円通にとって、西洋の天文説は「人説」の極端なケースであり、梵暦に代表される「聖説」の対極に位置づけられる理論なのである。

梵暦の天文説は、聖人が「深禅」の境位において、その「天眼」を通じて明らかにした知見である。したがって、「印度所説ノ天ハ、是ノ果報ノ依ル処ニテ、卵殻碧瓈ノ如ナル者ヲ謂ニ非」(『仏国暦象編』巻之二、二九丁表）ざるのであり、「聖説」と「人説」の内容が齟齬をきたすのは、むしろ当然のことであった。「聖説」の宇宙論は、絶対的で不変の「定準」であり、あらゆる天文説を超越した理論なのである。

こうした立場にもとづいて、円通は西洋の天文説を批判している。とはいえ、地球が回転しているのであれば地球の自転と同じ方向へ飛ばした矢は的に届かないといった、かなり極端な説も少なくない。従来は、こうした奇妙な反論の内容ばかりが取り沙汰されてきた。しかし、テキスト全体の構成からすれば、円通の西洋天文学批判の主眼は、「聖説」と「人説」の二元化であり、聖説としての仏教天文学の至上性を強調することにあったといえるだろう（ここでの二項対立図式は、『仏国暦象編』の第五章において認識論上の問題に昇華されている）。

地形（第三）――須弥界の地形

この章では、地球球体説を中心にした西洋の天文説が厳しく批判され、須弥山を中心にした平らな世界像の正当性が強調されている。前章で強調された二項対立は引き続き重視されてはいるが、ここでは地球球体説と須弥山説の論理的な有効性を比較検討することに、議論の中心が移っていることに注目すべきだろう。このため、聖説と人説（絶対的理論と相対的理論）といった二元論の強調ではなく、まず地球球体説や地動説の論理的な弱点が指摘されている。

中国の渾天説の批判に続いて、西洋の地球球体説を詳しく紹介しながら、円通はその問題点を指摘する。

其説ニ謂ク、水地合一円球ニシテ、天之最中ニ在（中略）四面窪ナル者ヲ河海ト為。突ル者ヲ山岳ト為。平ナル者ヲ原田ト為シテ、地球之量ハ周囲九万里直径二万八千六百四十七里一百五九丈七尺一寸（『仏国暦象編』巻之二、三二丁裏）

西洋の天文説は、「地之正円」を証明するために、北極星の見かけの高さを利用する。円通の説明によれば、地球の円周は九〇、〇〇〇里であり、これを三六〇で割った二五〇里が、一緯度ごとの距離になる。つまり、南北へ二五〇里ずつ移動した際に変化する、北極星の高度の差異を地球が円形であることの証明としているのである。これは、天の赤道を零度として直角に計り、天の北極または南極を九〇度とする「赤緯」のことを述べているのであろう。

この説に対して、円通は一つの実験を提唱している。南北に一八里（一八里は一八〇度を意味する）離れた地点に、それぞれ「大炬火」を立てる。それぞれの高さは三丈六尺である。北へ近寄れば北の炬火（きょか）は少し高く見えるであろうし、南へ行けば北の炬火は低く見えるであろう。しかし、遠くのものは低く（小さく）見えるし、近くのものは高く（大きく）見える。緯度の差異に思える見かけの変化は、実際には遠く離れたことによる見かけの変化なのである。したがって、「二極ニ高低有ハ　其遠近ニ由カ故ノミ　地円ニ由テ高低有ニハ非サル也」（『仏国暦象編』巻之二、三三丁裏）と結論している。さらには、西洋や中国の天文書を引用しながら、北極星を天の中央に位置づけることや地球の大きさを測定する方法などを批判の対象としている(9)。

また、丸い地球が回転している、という考え方へのより直接的な批判も見られる。西洋の地球説では、地球の周囲の距離を九〇、〇〇〇里としているが、こうした「地球之説」は、「甚現量ニ合不」（『仏国暦象編』巻之二、三六丁裏）と評価する。円通は、地球を中央から輪切りにした図を用意し、もし地球の大きさが西説（西洋説）の通りであれば、地球の中心から外縁に向かって引かれた垂直線の頂点と水平に引かれた線の頂点の間は、四五度を越えるスロープになると説明している（『仏国暦象編』巻之二、三八丁裏）。もし、これが事実であるとすれば、海の水は滝のように流れ落ちるであろう。西洋の理論は説得力があるように見えるが、実際に存在する世界の「現量」には合致しない架空の理論なのである。

地球の自転については、「地転スルコト一昼夜ニ一周スト曰。然レハ則一周九万里。疾キコト電光ニ過タリ」（『仏国暦象編』巻之二、四〇丁表）という問題点が指摘されている。当時、最新の天文学を学んでいた円通は、「引力」を知らなかったわけではない。しかし、それでも周囲九〇、〇〇〇里におよぶ巨大な地球が、一日で回転することを認めることはできなかった。また、日の出の時刻は高地の方が早くなるという自然現象を紹介し、多くの図解を駆使しながら、この現象を説明するには、地球球体説よりも平らな大地を想定する方が理にかなっているとする。

こうした地球球体説や地動説の批判は、今日の基準からすれば無意味な妄説かもしれない。しかし、本書の主題は、円通の説明を現代の知識を基準にして批判することではない。『仏国暦象編』を読み解くうえでは、地球の概念や地動説といった理論（世界のイメージ）と「現量」（世界の実体）の相違を強調する円通の説明手法の方が、大きな意味を持っている。『仏国暦象編』のなかでは、梵暦理論と当時の最新の知識にもとづく「現量」の一致（あるいは不一致）を一つの基準としながら、仏教の世界像のモデル化がなされているのである。

円通によれば、地球の概念や地動説の登場は、すでに仏陀によって予見されたものであった。このため、仏典中には仏教の世界像の有効性を補強するために準備された多くの知見が散りばめられており、これらの記述にもとづいて、真に「現量」に一致した世界のモデルを描き出すことが可能なのである[10]。

円通が主に引用しているのは、「倶舎論」や「立世阿毘曇論」といった仏典の記述である。これらの記述によれば、「九山八海」からなる円盤状の世界（須弥界）は、風輪と水輪と金輪という三層に積み重ねられた円盤の上に位置している。

この世界の中心には巨大な須弥山が聳え立ち、その周囲を八つの大海と八つの山脈が交互に同心円状に取り囲んでいる。一番外側の「鉄囲山（てっちせん）」は、金輪の周囲と重なる円形をしており、この山脈の内側に位置する一番外側の海は、最も広い大海になっている。この大海には、東西南北に四つの「大洲」があり、それぞれの大洲は二つの「中洲」と五つの「小洲」をともないながら、独自の世界をかたちづくっている。我々が住む世界は、これら四大洲のなかで、南に位置する「閻浮提洲（南贍浮洲）」である。閻浮提洲には、「遮末羅洲（しゃまら）」と「筏羅遮末羅洲（ばつらしゃまら）」という中洲があり、周囲を無数の小洲が取り巻いている。

円通は、西洋の世界図（地球図・万国図・輿地図）との比較をもとに閻浮提洲の地形を説明し、次のように述べている。[11]

西人齎チ来ル地球図ヲ按ニ、亜細亜（アシア）、欧羅巴（エウロウハ）、亜弗利加（アフリカ）ノ三洲ハ、乃印度ニ言所ノ贍浮洲是也（『仏国暦象編』巻之三、六丁裏）

閻浮提洲は、逆三角形に近い逆台形のかたちをしている。その北辺と西辺、東辺の長さは二、〇〇〇由旬であるが、南辺はわずかに三・五由旬である。円通によれば、「彼之地球ニ図スル所、亜細亜等之三大洲、元ト一壌地」（『仏国暦象編』巻之三、七丁表）であり、全体のかたちは逆台形に近い。したがって、西洋の世界図は仏典に描かれる閻浮提洲の地形とは矛盾しない。アメリカや南極といった大陸は、近年になって西洋の人々に発見されたが、これらは閻浮提洲の二つの中洲である。西洋の人々は、大航海によって新大陸を発見し、新たな知識にもとづいて世界図を描き足したが、これは仏陀の天眼によって見通された広大な世界の一部にすぎないとされている。

しかし、詳細に検討すれば、この理論にも地球球体説と同じように解決すべき問題が少なくない。とくに円通を悩ませたのは、「夜国」の存在であった。「夜国」は、一年のうち半年は昼ばかりであり、残りの半年は夜だけという地域のことである。円盤状の世界の外界に浮かぶ四大洲の上空を、須弥山の周囲を巡る太陽と月が通過するという仏教の世界像は、この地域の存在と矛盾しているし、季節によって日照時間が変化するという一般的な現象も説明することはできない。円通もこの矛盾は了解していて、「有ル人疑テ曰、若実ニ須弥山有、日月其半腰ヲ繞ハ、則万国ノ昼夜、自ラ斉同ニシテ、甚シキ長短ノ差ヒ無ル当」（『仏国暦象編』巻之三、九丁表）と述べている。

仏教天文学の正当性を主張するためには、暦の計算ばかりでなく、こうした自然現象についても論理的な説明ができなくてはならないだろう。そこで円通は、逆台形のような須弥山の形状に注目し、さらに太陽と月の軌道に高低差をつけることで問題を解決しようとする。

南洲において太陽が高くなる夏は、太陽が北洲の上空を通過するときに軌道が低くなるため、逆台形のかたちをした須弥山の「中腰」から光がもれて、夕方遅くまで南洲に光がとどく。南洲の冬には太陽の軌道が低くなり、北洲側の軌道は高くなるので、幅広い須弥山の山頂に阻まれて、北洲の上空にある太陽の光がとどく時間は短くなる。北極近くに「夜国」と呼ばれる地域が存在する理由は、閻浮提洲の極地の手前にある「崑崙山」が、冬は軌道が低くなった太陽の光を遮り、ほとんど太陽光がとどかないためである。

円通の目的は、須弥山を中心にした世界（須弥界）の実在を、西洋の自然科学と同じレベルにおいて証明することであった。「夜国」や季節による日照時間の変化についての理論的な説明は、「須弥界」のモデルの有効性を実証するための理論であり、これは仏教天文学として構想された梵暦自体の存在理由でもある。このため、円通は「須弥界」のモデルを視覚化し、西洋の地球儀や天球儀に対抗するものとして、「須弥山儀」や「縮象儀」を製作して、須弥界の実在性を証明しようとした[12]。

さらに円通は、仏典のなかから抽出してきた数値をもとに、須弥山を中心にした仏教の世界像をモデル化し、現実に存在する世界として「須弥界」を描き出している。このため、さまざまな仏典に散見している距離の単位を比較検討し、須弥界の各部の大きさを測る基準として「由旬（ゆじゅん）」という単位を定めた。

「由旬」は仏典に見られる距離の単位であるが、その具体的な距離に関する仏典中の記述は、必ずしも一定していない。そこで円通は、まず当時の天文観測に用いられていた太陽の運行路を紹介し、その南北の緯度の差異と距離を算出する。

南緯と北緯の差異は四七度であり、一度は距離に換算すれば二五〇里であるから、南緯と北緯の距離は四七×二五〇、すなわち一一、七五〇里となる。円通が、頻繁に引用する仏典の一つである「立世阿毘曇論」では、太陽の運行路の南北差は二九〇由旬とされている。現実の観測にもとづく南北の緯度の差と「立世阿毘曇論」における太陽の運行路の南北差は、基本的に同じ自然現象を数値化したもの——少なくとも、円通にとっては——であるから、二九〇由旬＝一一、七五〇里となる。したがって、一一、七五〇里を二九〇由旬によって除すれば、一由旬の距離が求められることになり、結果は四〇・一八六里となる。〇・一八六由旬の端数については、これを観測上の誤差として処理し、一由旬＝四〇里という数値を確定して、これを須弥界の寸法を計算する基準とするのである。[13]

この基準値をもとにして、円通は閻浮提洲をモデルにした世界地図（南閻浮洲図（なんえんぶしゅうず））を作成した。[14] この世界地図には、ヨーロッパ、アジア、アフリカ、アメリカ大陸、南極大陸などが、当時の世界地図の知識に即応した形で描かれ、日本列島は東の海上に描かれている。円通は、須弥界の実在を自然科学と同じ枠組みのもとで証明するために、標準化された距離の測定単位を設定し、これをもとに須弥界の構成要素の縮尺を計算して、部分を全体のシステムに関係づけて記述する、新しい仏教世界像の描き方を作りだした。縮尺の基準を設定することで、視覚化された「須弥界」は想像上のモデルではなく、実在する世界の正確な縮小モデルとなるのである。

こうしたモデルを採用することで、仏教世界像の神秘的な要素は排除され、世界のあらゆる領域が、技術さえあれば探索可能な実在の世界となる。この新しい記述様式のもとで、多義的で感覚上の世界であった仏教の世界像は、単義的で理論上の世界像に転換され、この世界像の実在性を証明するために、仏教天文学の体系が構築されるのである(15)。

暦法(第四)——仏教天文学

この章では、須弥界のモデルに即応する仏教天文学の体系化と暦の作成が図られている。「暦法」の章は、全五巻の『仏国暦象編』のうち二巻分ほどを占めており、狭い意味での「梵暦」に相当する中心部分である。

最初に円通は、仏典のなかの暦法を紹介し、これを「梵暦」と名づけている。「梵暦」は、単一の暦法を指す概念ではない。「漢暦」や「西暦」、「回暦」などと同じように、「梵暦」は仏説やインドという地域に由来するあらゆる暦法を総称した包括的な概念である。したがって、ヴァリエーションに富んだ理論を「梵暦」（仏教天文学）として、一つに集約していく営みが必要になる。

円通によれば、「大蔵」中の暦法は、その時法の違いによって一二通りに区別することができる。たとえば、「立世阿毘曇論」では、一日の時間区分は三〇牟休多（むきゅうた）とされている。一牟休多＝三〇羅婆（らば）であり、昼夜の長さは季節によって一日に一羅婆ずつ変化し、夏至には昼は一八牟休多、夜は一二牟休多となる。インドの一般的な理論（印度之俗）では、一日を六時に分ける時法や三〇時に分ける時法がある。「日蔵経」では、一、六〇〇刹那＝一迦羅、六〇迦羅＝一模呼律多（むこりつた）とされている。一日は、三〇模呼律多からなる。これはインドの一般的な時間区分に近い。「摩登伽経（まとがきょう）」は、六〇刹那＝一羅婆とし、三〇羅婆＝一時とする。一時は、一日を三〇分割した際の時間単位である。[16]

これらの暦法は、それぞれよく似た時間の単位を使用しているが、言葉は似ていても内容は同じではない。仏典中の暦法とそれぞれの差異を詳細に説明したうえで、円通は次のように述べている。

印度之境野ヲ画テ、区分スルコト七千余国而、歴世最久シ。故ニ暦法改易スルコト、豈什佰ノミナランヤ（『仏国暦象編』巻之三、三六丁裏）

仏教天文学の基本的な原理は不変であるが、暦法はつくられた地域によって多様化する。この実例として、円通は中国の暦法とインドの暦法の相違を挙げている。インドと中国は、五八、〇〇〇里も離れている。中国の暦とインドの暦には数日間のズレが見られるが、これは須弥界の実在をむしろ証明する事実である。須弥界では、南洲の夏は北洲の冬というように、須弥界内の位置によって暦も変わる。暦の地域差は、平らな世界像の正しさを証明しているのである。

また、「啓閉（けいへい）（立春・立夏／立秋・立冬）」や「十二支」、「歳徳八勝神（さいとくはっしょうじん）」といった、中国や日本の暦における季節の区分は、元はインドに由来するとし、インドには「三時」と「四時」と「六時」という三種の季節の区分があるとする。天体の運行といった基本的な原理は不変のものであったとしても、暦法は地域によってさまざまな理論が展開しえる。そこで円通は、梵暦の原理にしたがって、日本の現状に即した暦を造るべきであると主張する。円通とその弟子たちは、実際に梵暦法にもとづく暦を作成して広く頒布していた。『仏国暦象編』では、具体的な造暦はなされていないが、暦法の基本的な説明はなされている。円通によれば、西洋の暦法は「恒星年」を採用しており、一年の長さは、定められた星の位置を太陽が通過する周期によって決定される。一年は三六五日であり、誤差を修正するため、四年に一度、二月に一日が加えられる。回暦の「太陽年」では、十二宮が一二ヶ月に配されており、一年は冬至にはじまって冬至に終わる。一年は三六五日である。もう一つの一般的な暦法は「太陰年」であり、この場合は月の満ち欠けの周期で暦が決まる。一年は三五四日で、太陽暦のように、毎年の月日と季節は一致しない。

梵暦が採用する暦法は、「陰陽合暦」であり、「節気」は太陽の運行にしたがって決定されるが、各年と各月の期間（紀年・紀月）は、月の満ち欠けの周期にもとづいて定められる。このため「節気」と「紀年・紀月」の格差を調整するために、定期的に閏月を設ける必要がある。『仏国暦象編』では、まず、日月の運行路の距離や運行周期といった「造暦」に必要な「用数」が、さまざまな仏典の記述をもとに確定されている。さらには、月の運行路にある星の周期的な移動を詳細な表にまとめて、暦の基礎的なデータを示すとともに、「日蔵経」の「星宿品」をもとにして、一年の基本的な暦表を詳しく説明している（『仏国暦象編』巻四、四丁〜一五丁）。

しかし、円通の暦法では密教の占星術的な要素は極力排除されて、暦法の客観性と暦の実用性が重視されている。このため、仏典における「二十八宿」や「十二宮」の記述について詳細な検討を加えたうえで、仏典によって異なる内容を統合し、基準となる理論を構築する努力がなされている。たとえば、二十八宿の一つである「鬼（熾盛）」宿については、次のように述べている。

鬼ヲ漢ニ四星ト為。梵ハ三星ト為（中略）曜経（宿曜経）ニ曰ク、鬼四星形瓶ノ如ト。迦経（摩登迦経）ニ曰、鬼三星形画瓶ノ如シト。諫経（舎頭諫経）ニ曰ク、形鉤尺ヲ像レリト（『仏国暦象編』巻四、一七丁表）

このような仏典中の記述の多様性について、円通は三星を四星と見なす、あるいは四星を三星と見なす誤謬であると説明し、本来の星座の姿を特定する努力をしている。こうした検証は、「二十八宿」と「十二宮」のすべての星宿に加えられ、二十丁もの長さにわたって、延々と続いている。

このような比較検討を通じて、まず基礎的データの平準化を行い、そのうえで円通は、「仏教天文学」を体系化しようとしたのである。円通の梵暦研究は、ある意味で科学的な手法を用いた仏典の再解釈と言えるものであった。仏典の記述を実用的な暦法として再構成していくなかで、もとは多義的で隠喩的な表現であったものが、単義的で科学的――あるいは擬似科学的――な説明に転換されていく。こうして再構成した暦法の実用性を証明するために、さらに円通は、暦法を支える仏教の宇宙論と天体の運行のシステムを詳しく論じている。

「立世阿毘曇論」によれば、太陽と月の運行路はほとんど同じであるが、「日宮（太陽）」の運行路は一八〇種あり、「月宮（月）」の運行路には一五種ある（須弥界では、太陽と月は双方とも須弥山の周囲を平行に廻っている）。太陽が十二の運行路を移る間に、月は一つの運行路を移動する。つまり、月は太陽よりも早く（大きく）運行路をスライドさせるのである。太陽は一年（三六〇日）で一八〇種の運行路を往復するが、月は一五種の運行路を一月（三〇日）で往復する。一番内側の運行路を「内路」とし、外側を「外路」とする。「立世阿毘曇論」には、これら二つの運行路についての記述しか見られないが、円通は他の仏典から両者の中間に位置する「日月廻照輪」を導入している。

日月の運行路が季節に応じて内外に移行することを「傍行」と呼び、日月の運行を「周行」という。月の傍行は太陽よりも早く、月の周行は太陽よりも遅い。したがって、日月はまれに接近することもあるが、基本的には離れている。太陽は月よりも、一日につき四八、〇八〇由旬はやく周行する。この距離の差は、三〇日間で一、四四一、二〇〇由旬となる。[17]これは日月の「内路」の数値と同じであり、ほぼ三〇日の周期で太陽と月は接近する。

月の満ち欠けが生じるのは、こうした日月の周行の速度の違いのためである。太陽が月に接近すると、月は自ら弱い光を発しているが、太陽の強い光に照らされて、少しずつ影をつくる（一日に三・三三三…由旬）。大きさ五〇由旬の「月宮」は、一五日間で影に覆われてしまう（黒半）が、太陽から離れるにつれて、次の一五日の間にもとの光を取り戻す（白半）。

日照時間と季節の変化については、太陽の運行路をもとに説明している。須弥界の外海にある四大洲では、一日の時間と季節は違っている。南洲の正午は北洲の真夜中、西洲の夕暮れであり、東洲の明け方である。季節も同じように変化する。こうした季節の変化のメカニズムを、円通は図解を使って説明している（『仏国暦象編』巻之五、一九〜二〇丁）。

太陽の運行路は、一年間に二九〇由旬の距離を往復移動する（南北之緯度）。夏至から冬至にかけて、太陽の運行路は北から南へ一八〇日間で移動する。冬至から夏至にかけては、反対側へ一八〇日間かけて移動する。これらの周期は不変のものであり、こうした天体の運行のシステムを把握すれば、時間や季節の変化を正確に知り、予測することが可能である。したがって、梵暦にもとづく暦の実用性が証明されれば、その背景にある天体の運行のシステム（日月横旋）や平らな世界像（須弥界）の実在も証明されることになるだろう。

このため、円通は「立世阿毘曇論」や「宿曜経」などから抽出したデータをもとに、一年の周期や日食・月食の周期、閏月や昼夜の長さなどを定め、仏典の記述と自らの観測にもとづく暦を作成した。このようにして、「須弥界」のモデルの実在性と正当性は、観測可能な事象と暦数の計算にもとづいて証明できると考えられたのである。(18)

眼智(第五)——慮知と実智

「眼智」と題する短い最終章において、円通は『仏国暦象編』全体に言及しながら、「天眼」によって感得された梵暦と「肉眼」にもとづく西暦との認識論上の相違を論じている。円通によれば、印度は世界で唯一「眼智之法」が発達した地域である。仏典に見られる「神通力(じんずうりき)」についての記述をまとめながら、円通は通常の人間の能力を超えた力としての「六神通」について、さらに細分化しながら詳しく説明している。

なかでも、仏陀の「天眼」の能力は、西暦と梵暦の質的な差異を論じるうえで重要である。人間の「肉眼」は、障害物に遮られた対象を見ることはできないが、仏陀の「天眼」は、あらゆる障害物を超えて、すべてを見通すことができる。闇のなかの事物を見るときは光を照らすように、智慧の「光明」に照らされることで、すべての事物はその姿を現す。仏陀の「天眼」に映る世界は、人間の「肉眼」に映る世界とはレベルが違うのである。したがって、「肉眼」によって得られた相対的な知は、「天眼」を通して得られた絶対的な知には遠く及ばない。

さまざまな仏典のなかで論じられている、認識論をめぐる議論を紹介しながら、円通は知を「真俗二智」に分ける二分法を展開し、人間の知には「実智」と「慮知」の二種類があるとする。「肉眼」による科学的な観測をベースにした西洋の天文説は、「慮知」に属する知識であり、「天眼」を通して得られた「実智」とは違い、限定された不完全な知にすぎない。しかし、人々はしばしばこの二つを混同し、有限な「慮知」にもとづいて、無限の「実智」を批判する過ちをおかす。

世人但慮知ヲ以、智ト為コトヲ知テ、念ヲ離テ別ニ智有コトヲ知不。是亦惟肉眼有コトヲ知テ、別ニ天眼及五眼有コトヲ知不カ如（『仏国暦象編』巻之五、五一丁裏〜五二丁表）

こうした「実智」と「慮知」（天眼と肉眼）の二分法は、「天体」の章で明確にされた、二分法的な議論の構造に対応するものである。この二分法をテキストの全体に当てはめて、

『仏国暦象編』の基本的なプロットの構造を抽出すれば、次のような図式化が可能になるだろう。

【西暦】新（派生）――地球と天球――人説――可変（定準なし）――不完全（部分的）――肉眼――慮知（推量）

【梵暦】旧（起源）――平地と蓋天――聖説――不可変（定準あり）――完全（包括的）――天眼――実智（現量）

科学的な知識と宗教的な真理を二元化し、前者の不完全性を後者の完全性に対比することで、円通は「須弥界」の実在と仏教世界像の正当性を示そうとした。ここにおいて、近代科学という技術的な知識は真理の一部を開示するものにすぎず、宗教的真理とは別次元の知見として論じられることになるのである。

『仏国暦象編』と近代仏教のディスクール

こうした意識は、世界を実測可能な存在とし、合理的に説明できるシステムとして描き出す近代科学の言説と無関係なものではない。円通がその存在を証明しようとする「須弥界」のイメージのなかには、「地獄」や「忉利天（とうりてん）」といった、経験的知識によってその実在性を検証できない領域は含まれていない。さらには、「仏教天文学」として抽出された暦法からは、占星術的な要素が排除され、むしろ暦としての実用性が重視されている。

仏陀の「天眼」が開示する宗教的真理は絶対的であるが、「仏教天文学」として体系化されたシステムの有効性は、実験や観測にもとづく「現量」との一致、さらには造暦された暦の実用性などを通して実証されなくてはならない。こうした思考の様式は、円通と同時代の人々やその後の人々の近代的思考に共通するものである。『仏国暦象編』は、平らな世界像の実在を主張するというアナクロニズムの一方で、時代に逆行する伝統主義というよりも、むしろ西洋近代との出会いの時点における日本の知的状況を色濃く反映するテキストなのである。(19)

また、『仏国暦象編』のなかで円通は、須弥山を中心とする世界像を近代科学の言説の枠内において再構成しようとする。こうした営みのなかで、部分が全体のシステムとの正確な関連のもとに描き出される、仏教世界像の新しい記述のスタイルが確立されてきた。

さらには、平らな「須弥界」のイメージにもとづく仏教天文学の理論を構築し、暦を作成することで、須弥界の実在と仏説の正しさを論証しようとしたのである。さまざまな仏典の記述からエッセンシャルな要素を抽出し、「仏教天文学」を体系化していくなかで、多義的な象徴的世界像であった須弥界のイメージは、新たに単義的なシステムとして再構築されることになる。

梵暦理論の体系化は、多彩な文化的背景のもとで展開してきた、仏典の記述の多様性を最大公約数的な本質的要素に還元する営みであった。そして、仏典から抽出されたこの「仏教天文学」の普遍性は、現実世界の「現量」との一致によって検証され（実験）、印度という起源を探求することによって権威づけられることになる。

『仏国暦象編』に見られる、科学的知識と宗教的真理の二元化、「梵」を起源とした「仏教」という発想、通仏教的で本質的な「仏教天文学」の抽出といった言説は、明治期の「近代仏教」や近代の仏教研究の言説にむしろ共通する側面を持っている。

近代科学の枠組みのもとで仏教の宇宙論を再構築し、仏教天文学として体系化された梵暦は、円通自身が意識していたか否かにかかわらず、近代仏教研究あるいは宗教研究に共通する問題を孕んでいたと言えるだろう。こうした意味においても、『仏国暦象編』というテキストは、その後の近代仏教の展開とは無関係ではなく、むしろ近代仏教の基幹的な言説の起源を問ううえで、重要な位置を占めていると言うべきなのである。[20]

註

（1）工藤康海の「略伝」については、工藤康海「普門律師の梵暦運動と師の略伝」（『明治聖徳記念学会紀要　五六』一九四一年）三九〜四一頁を参照のこと。鷲尾順敬編『日本仏家人名辞書』には、「円通は後に浄土宗増上寺中に住したるも、天台宗より転したるにあらさるか如し、故に今天台宗の下に掲ぐ」とあるが、その参考文献として挙げられている、竺道契撰・大内青巒編『続日本高僧伝』の目次には、「江戸三縁山沙門円通伝　浄土宗」とある。出家したのは日蓮宗の寺院であった。特定の宗派に属した僧侶というよりは、基本的には超宗派的な性格を持った学僧であった。この知的探求の期間に円通は、土御門家の都講であった河野通礼からも天文暦学を学んだ。その研究は経論から百家の書に至り、地動説を含む西洋の天文学にも及んでいる。さらに円通は、蘭学の知識を深めるためにオランダ語も学んだとされている。詳しくは、本書・序章の註(6)（三五頁）を参照のこと。

また、工藤康海は円通の生年を宝暦四年（一七五四）ではなく、一貫して宝暦五年（一七五五）としている。古いものから新しいものまで見比べてみても、仏教系の人名事典や一般的な仏教史関係の書籍においては、円通の生年は宝暦四年（一七五四）となっている。渡辺敏夫『日本天文学史（上）』（恒星社厚生閣、一九八六年、三〇九頁）では、工藤の記述に従って宝暦五年説を採っているが、その根拠は明らかではない。

工藤は信暁の伝記調査の過程で、大行寺に保管されていた円通の肖像画とその箱書に、「天保五甲午年九月四日」に八一歳で「遷化」したとあることに深い感銘を受けている。

ある時期まで工藤は、信暁の主著である『山海里』の記述に従って、円通の没年は天保四年（一八三三）であり、年齢も七九歳と考えていたようである。この箱書によって没年月日を確定し、生年の方はもとの没年からの逆算を維持したのであろうか。ちなみに、円通の墓所は特定されていない。円通の伝記等をまとめるうえで、現在最も重要な研究課題の一つだと言えるだろう。なお、この件に関しては林鶴一『本邦編暦史』（東京開成館、一九三五年、八八頁）に、興味深い記述がある。

（2）工藤康海の著した円通の伝記には、四〇点を超える円通の著作が挙げられている（前掲、工藤康海「普門律師の梵暦運動と師の略伝」四一頁）。詳しくは、本書巻末の「現代版梵暦蒐書目録」を参照のこと。円通の恵照院への入寺については、村上博了『増上寺史』（大本山増上寺、一九七四年）一二五〜一二九頁に詳しい記述がある。

（3）こうした議論を正当化するために、円通は多くの歴史書の記述を引用している。たとえば、『唐書暦志』からは、次のような一文が引用されている。「漢ノ太初ヨリ麟徳暦ニ至テ二十三家有リト雖モ密ナラズ　一行ニ至テ密ニテ候。後世改作スル者アリト雖モ　皆依倣スル而已ト」（『仏国暦象編』巻之一、五丁裏）。

（4）『仏国暦象編』のなかで円通は、しばしば「回国」をウイグルばかりではなく、ペルシヤとも同一視している。円通の「回国」のイメージには、地理的な混乱があったのではなかろうか。

（5）インド思想と仏教思想との関係を研究した木村泰賢などの研究者は、一般にインド古来の暦法や世界観と仏教の暦法や世界観とを厳密に区分している（木村泰賢『小乗仏教思想論（木村泰賢全集第五巻）』大法輪閣、一九六八年）。しかし、円通の著作では「梵暦・印度暦・仏暦」は、ほぼ同じ意味で用いられており、これらを区別する意識はあまり見られない。

（6）吉田忠は、円通の論敵であった仙葉への書簡をもとに、円通が『周髀算経』を重視しているのは、『周髀算経』の権威に頼るためであったとしている（吉田忠「近世における仏教と西洋自然観との出会い」『大系仏教と日本人第11巻　近代化と伝統』春秋社、一九八六年、一二七頁）。これは否定できない見解であると思う。実際、円通は文政六年に『孝子経註』を著し、仏教の五戒と五常（仁・義・礼・智・信）を対応させて、儒仏二教の教説を折衷する『仏説孝子経』を注解している。しかし、『仏国暦象編』全体の構成を考えるとき、『周髀算経』を取り上げているのは、聖説と人説という二項対立図式をより明確にするためだとも言えるだろう。

（7）円通が西洋の旧説を代表する人物として挙げているのは、マテオ・リッチ（利瑪竇）やアダム・シャル・フォン・ベル（湯若望）といった、中国で活躍した宣教師たちであり、中国での事例だけが取り上げられている。

（8）この二人の説については、図解を用いて詳細な説明がなされている（『仏国暦象編』巻之二、二四〜二五丁）。また、他にも「尼通（ニュートン）」などの名前も挙げられている。

（9）『仏国暦象編』巻二、三四〜三六丁。

(10)『仏国暦象編』巻三、一〜二丁。

(11)『仏国暦象編』のなかで円通は、マテオ・リッチの世界図（万国図）を図版入りで紹介している。また、当時西洋からもたらされたばかりの地球図も紹介している。

(12) 須弥山を中心にした世界像を視覚化したものとしては、東大寺大仏の蓮弁の世界図や、円通以前に西洋天文学批判を行った文雄の「三界九山八海図」などが代表的なものである。しかし、これらは縮尺の正確さを重視し、経験的世界の延長として、この世界像の実在性を主張したものではない。この点、仏教の世界像を記述する円通の方法は、まったく新しいものであったといえるだろう。詳しくは、本書第三章を参照のこと。

(13) 円通『仏国暦象編』巻三、二五〜二六丁。この単位は、須弥界全体のモデルを作成する際にも、縮尺の基準になっている。

(14) 円通『仏国暦象編』巻三、二九丁裏。これより以前の同様の地図としては、「五天竺図」（一三六〇頃）や「南瞻部洲万国掌菓之図」（一七一〇）などがある。しかし、これらが主に伝聞を図示した絵地図であるのに対して、円通の「南閻浮洲図」においては、太陽の運航路が描かれ、この世界図の実在性を理論的に証明しようとする努力が見られる。

(15) 言語論的な分析枠を援用してこの変化を論じるなら、これを隠喩から換喩へ、あるいは象徴的記号から指標的記号へという表現様式の変化と考えることも可能であろう。近代科学的な世界像が一般化するうちに、円通的なモデルは、現実を指し示す指標としての機能を失い、近代仏教学が展開するなかで、仏教世界像の内面化と再象徴化が進められてきた。

指標としての機能が無効になったことに対する反動として、再象徴化が行われたこのプロセスと近代仏教学の現実把握が、本来象徴的であり指標的でもある隠喩の力動性を失ったこととは、無関係ではないように思われる。

(16) 円通は、さらに一二通りの暦法をすべて詳しく説明している。ここで紹介されている仏典は、「立世阿毘曇論」「日蔵経」「摩登迦経」「大毘婆娑論」「舎頭諫経」「西域記」「摩迦僧祇律」「出曜経」「大方広文殊儀軌経」などである。円通『仏国暦象編』巻之三、三六〜四一丁を参照のこと。

(17) 『仏国暦象編』における記述は、「十四億四万二千四百由旬」となっている。現在の数値表現とは違って、仏典の数値の基準では、「億」は百万の単位を表すことが多い。

(18) この暦法にもとづいて、円通とその弟子たちは天文観測と暦数の計算を行い、毎年暦を作成し、しばしば幕府の暦の誤りを指摘したと言われている。詳しくは、円通の高弟であった信暁の『山海里』――たとえば、『山海里』初篇 中、一七丁〜一九丁に紹介されている円通からの書間(江戸状)などでは、官暦の誤りを指摘したことが、文政四年の梵暦頒布の官許に影響したと伝えられている――などの記述を参照のこと。

(19) 地球説と地平説の対立を強調する一般的な通念に反して、円通と同時代の山片蟠桃や司馬江漢、国学者たちの世界記述の言説は、円通の言説と非常に多くの共通点を持っている。詳しくは、本書第一章を参照のこと。

(20) 具体的な例を挙げれば、木村泰賢や小野玄妙といった仏教学者たちは、円通の世界記述と酷似したスタイルで、仏教の宇宙論を描いているし、各種仏教事典の須弥山の項目には、同じような須弥界の図解が添えられている場合が多い。詳しくは、小野玄妙「仏教天文学一〜六」『現代仏教』一九二六年、四月〜一〇月号、及び木村泰賢『小乗仏教思想論（木村泰賢全集第五巻）』（大法輪閣、一九六八年）などを参照のこと。仏教辞典・事典類では、総合仏教大辞典編集委員会編『総合仏教大辞典』（法藏館、一九八七年）、古田紹欽他監修『仏教大事典』（小学館、一九八八年）などの「須弥山」の項目には、円通以後の「須弥界」のイメージと酷似した図解が載せられている。

第三章　創られた伝統としての「須弥界」

――近代的世界記述と「仏教」

「伝統」とは長い年月を経たものと思われ、そう言われているものであるが、その実往々にしてごく最近成立したり、また時には捏造されたりしたものもある。

——エリック・ホブズボウム『創られた伝統』

「須弥界」の成立と「近代」

明治一六年（一八八三）に『本朝梵暦師資系譜』を刊行し、円通とその弟子たちの活動の系譜をまとめた普光融満（ふこうゆうまん）は、日本における「梵暦」の「起源」について、次のように述べている。

本朝梵暦ノ起源ヲ勘ルニ、文化イゼンハ之レヲ云フ者ナカリキ。或ハ之レヲ云フモ一箇ノ弘見ヲ以テスルノミニシテ、吾仏ノ須弥説ニヨリテ之レカ確論ヲ立テザルユヘニ、別ニ一家ヲナスモノナシトス。然ルニ文化年間ニ至リ、普門律師ナルモノアリ。西洋天文地理ノ説ノ後来仏教ニ巨害ヲナサンコトヲ測リ、大蔵ヲ閲スルコト殆ンド卅年。是ニ於テ日月横旋四洲異四時ノ論ヲ立テ、数書ヲ著ハセリ。(1)

ここで普光融満が、「本朝梵暦」の創始時期としている「文化」年間に、普門円通は主著である『仏国暦象編』（一八一〇）を刊行して、須弥山を中心とする世界の実在を説明するモデルを表象し、このモデルの正当性を証明する理論として、狭義の「梵暦／仏教天文学」を体系化した。普光が「文化イゼンハ之レヲ云フ者ナカリキ」と述べているように、仏典中の多彩な天文説から共通項を抽出して、「仏教天文学」として体系化する梵暦は、従来の仏教系の思想伝統には見られない、新たな思想的営為であった。このため、円通はしばしば「梵暦開祖」と称されるのである。

平らな世界の実在性を証明しようとした円通たちの活動は、旧来の世界観を擁護する伝統主義的な思想運動として紹介されるのが一般的である。しかし、円通をはじめとする梵暦社中の人々は、しばしば「梵暦」の思想としての新しさ——「近代性」とも言えるだろうか——を強調している。

第一章と第二章では、円通の仏教天文学の「新しさ」について、同時代の思想家たちの「世界記述」の様式との比較や『仏国暦象編』の詳細な読解を通して詳しく考察してきた。しかし、円通が梵暦理論によってその実在を証明しようとした、須弥山を中心とする世界のモデル（須弥界）もまた、仏典中から抽出された天文説と同様に、新たに構築されたモデルなのである。

須弥山を中心とする世界をイメージ化した図像として、おそらく日本で最も古いイメージは、仏教美術史の研究者として名高い小野玄妙が指摘しているように、東大寺大仏蓮弁の線刻画の一部として描かれた須弥山世界の図であろう。[2] しかし、この図は大仏を中心にイメージ化された「蓮華台蔵世界（あるいは蓮華蔵世界）」の一部として描かれた無数の須弥山世界の一つであり、須弥山を中心とする世界像の独立したモデルではない[3]。

一六世紀のキリスト教の伝来にともない、西洋の地理的知識や天文学の理論が世界地図や地球儀とともに日本にもたらされるなかで、これらに対抗するために須弥山を中心にした仏教世界像をイメージ化する図像が多く描かれるようになった。しかし、それ以前の須弥山図は、たとえば巨木として描かれた、法隆寺の玉虫厨子の須弥山図のように抽象的な図像が一般的である。東大寺大仏蓮弁の須弥山図は、仏教美術の歴史から見ても極めてユニークな様式によって描かれた、特例的な図像なのである[4]。須弥山を中心とする一ユニットの世界のイメージが、独立の須弥山図として盛んに描かれるようになるのは、西洋の地球説が天文学や地理学の知識とともにイエズス会士によってもたらされ、平らな仏教世界像を批判的に検証する必要性が生じてからであった。

また、円通とその門弟たちが考案した須弥山世界のモデルは、仏教天文学としての梵暦理論に即応するモデルとして、各部の大きさや形状を全体のシステムと関連づけて表象し、須弥山を中心とする世界を実在する世界として、可能な限り厳密にイメージ化しようとしたものである。梵暦社中の人々は、この平らな世界のモデルを「須弥界」と呼んで、地球説及び地動説にもとづく世界のモデルに対抗しようとした。

このような表現様式にもとづいて形づくられた「須弥界」のモデルは、伝統的仏教世界像というよりは、むしろ近代自然科学の世界像に対抗するために、仏典中の現象世界（器世間）に関する記述を抽出して、新たに構築されたモデルであると考えるべきだろう。

近代における「伝統の創出」に言及した刺激的な論文のなかで、エリック・ホブズボウムは、次のように述べている。

> われわれの観点からさらに興味深いのは、まったく新たな目的のために、古い材料を用いて斬新な形式の創り出された伝統を構築することである。そうした材料はいかなる社会の過去にも蓄積され蓄えられており、象徴的慣行やコミュニケーションの精緻な言語が常時入手可能である(5)。

円通とその弟子たちにとっての「須弥界」も、これを古くから伝承されてきた伝統的な仏教世界像と見なすより、古い材料を用いて新たに創出された仏教世界像の説明モデルであると考える方が、実状に即している側面がある。

本章では、円通によって概念化された「須弥界」という仏教世界像を取り上げながら、この新たに創出された概念と近代的な「仏教」概念の関連性について考えていきたい。平らな世界像の正当性を主張した円通の「須弥山儀」は、近代科学的な宇宙像（とくに地球球体説と地動説）に対抗する伝統主義的な反動と見なされがちである。しかし、「須弥界」という概念自体が新たに創出されたモデルであるとすれば、それは新たに「創られた伝統」にもとづく伝統主義と言うべきであろう。

このような「反近代主義的言説」の「近代性」に言及することで、「近代仏教」のステレオタイプ化したイメージについても再考していきたい。

近代的世界記述と仏教の世界像――文雄と円通

一六世紀に来日したイエズス会士たちは、当時日本の人々が信奉していた仏教を論破し、伝道活動を推進する手段の一つとして、地球説にもとづく天文学理論を積極的に紹介した。フランシスコ・ザビエルは、ローマ法王庁に送った書簡のなかで、次のように述べている。

日本へ来る神父は、また、日本人のする無数の質問に答へるための学識を持つことも、必要なことである。神父等は、よき哲学者であることが望ましい。又、日本人との討論に於て、その矛盾を指摘するために、弁証学者であれば、なほ、結構である。それから、宇宙の現象のことも識って居ると、益々都合がよい。何故なら、日本人は、天体の運行や、日蝕や、月の盈欠の理由などを、熱心に聞くからである。又雨の水は、どこから生ずるかの解答を初め、雪や霰、彗星、雷鳴、稲妻など、万般の自然現象の説明は、民衆の心を大いに惹きつける。[6]

このため、しばしば仏教側からの応答も必要とされたが、徳川幕府の鎖国・キリシタン禁教政策によって、しばらく問題は沈静化することになった。西洋の天文暦学に関する書物も、寛永の禁書令（一六三〇）の対象になっている。

しかし、享保の禁書令緩和（一七二〇）によって、西洋の天文学理論が一般に流通するようになると、あらためて平らな仏教世界像と地球球体説の齟齬が問題になりはじめる。とくに、遊子六がイタリア人宣教師から学んだ知識と、中国古来の天文家の説を紹介した『天経或問』は広く普及し、多くの人々に影響を与えた。「須弥山儀」を製作した普門円通が、最初に西洋天文学の理論を学んだのも『天経或問』からである。[7]

『天経或問』に説かれている宇宙論は、天動説であって地動説は説かれていない。しかし、地球説を採用する世界像は、仏教の平らな世界像とは矛盾するものであった。図1は、こうした状況下で著された代表的な護法論である、無相文雄の『九山八海解嘲論』（一七

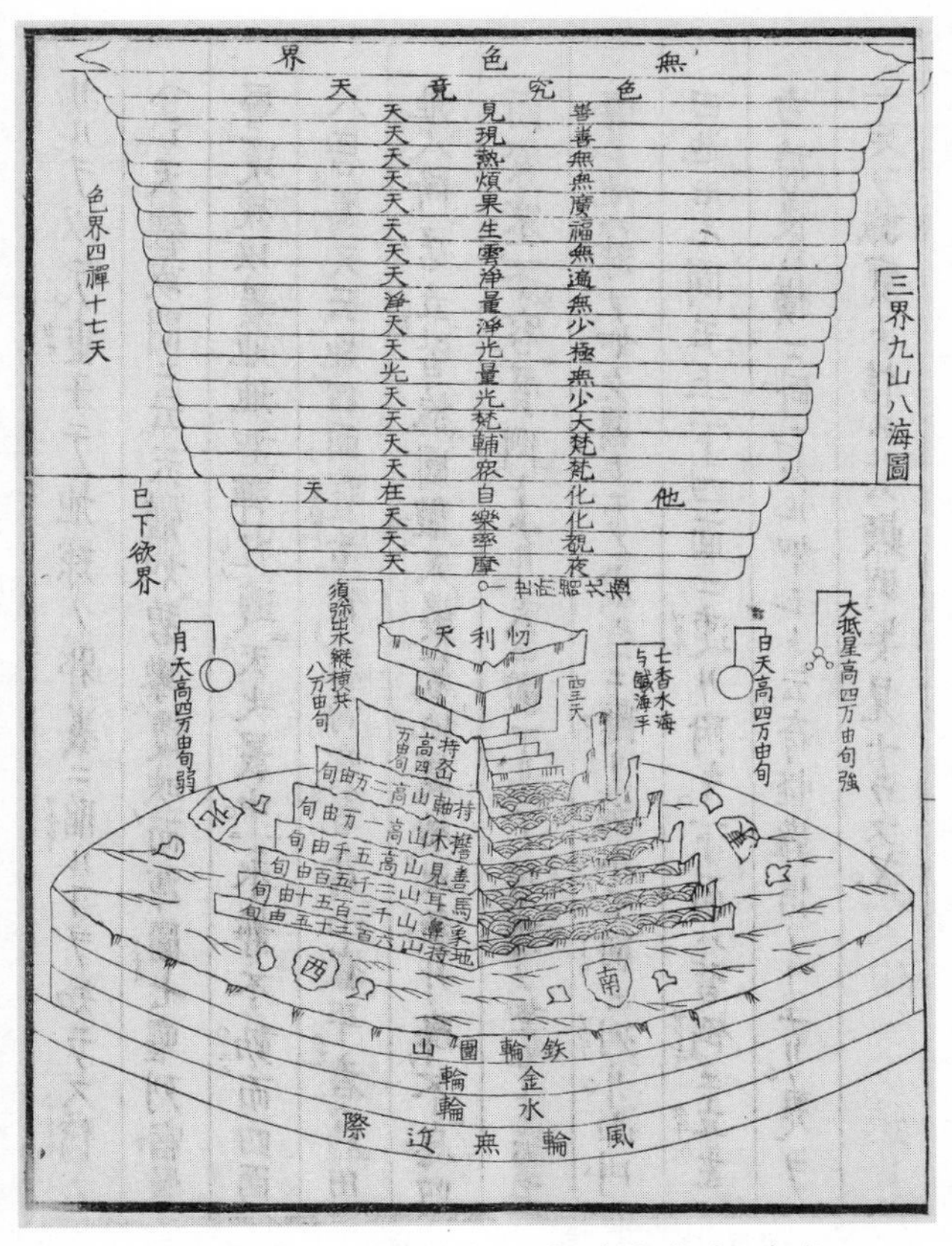

図１　文雄『九山八海解嘲論』七丁裏　宝暦４年（1754）序
（国立国会図書館デジタルコレクション）

五四）の挿絵である。

無相文雄（一七〇〇～六三）は、当時の著名な学僧であり、音韻学者としても活躍した。文雄は、『天経或問』を直接に批判した『非天経或問』（一七五四）も著している。また、宝暦九年（一七五九）には、富永仲基（なかもと）の『出定後語（しゅつじょうこうご）』を批判した『非出定（後語）』を著すなど、この時代に広がりつつあった、新たな現実意識に敏感に反応した仏教系の知識人の一人であった[8]。

「三界九山八界図」と題するこの図は、「起世経（きせきょう）」、「楼炭経（るたんきょう）」、「倶舎論」、「立世阿毘曇論」といった経典の内容をもとにして、文雄が須弥山を中心にする世界像をモデル化し、地球説に反駁するために描かれた図解である[9]。

その記述スタイルは、仏説の紹介に重きを置いており、添え書きされた各部の名称や大きさなども、作図されたイメージ自体には反映されていない。つまり、仏典から抽出された数値等は、図の各部に表記されているだけで、図像自体はそれらの数値とは無関係に描かれているのである。実際、図は全体にほぼフリーハンドで描かれており、かなり稚拙な印象を受ける。

文雄は、仏典に記述された世界像をこの図像とともに詳しく説明し、そのうえで地球説の矛盾について、問答形式を使って指摘している。たとえば、地球説については次のような問答がある。

問　天経或問ニハ。地ハ円球ノ如ク。上下四方皆人居アリ。各地ヲ踏ミテ立ツコト。足底ヲ合スルカ如シ。日月ハ上下ニ升降シ。夜分ハ地下ノ天ニアリト云。……云何ソ日月横ニ旋ルト云フヤ。

答　地ハ平カニテ円カナル物ニアラス。地上ニ海水ヲ湛ヘテ。千万里ノ間ヲ望ミ見ルトイフトモ。池水ヲ視ルト同シク。平カニテ高下アル事ナシ。天経ニ立ル地球トハ。甚タシキ邪説ニテ。天地ノ位ヲ失ヒ。上下ノ分別ナク。人ヲ倒ニ立リトシ……大道ニ戻ル。夷狄ノ惑説ナリ。(10)

大地が円球であれば、大海の水は止まっていることはできない、という地球説批判は、平らな世界像を支持する人々の典型的な反論の一つであった。後に円通も、文雄の説にかなり近いかたちで地球説を批判している。文雄は、さらに「水ノ高キニ升（ノボ）ラサル事。皆人ノ知ル所」として、地球説の異常さを強調している。こうした批判は、日常的な経験にもとづく感覚を重視する、感情的な批判に近いものであり、地球説を科学的あるいは実証的に論破する主張ではない。

さらに文雄は、北極や南極の存在、日食・月食のシステム、日月の運行、四季の変化といった広範囲の話題について問答を続けている。北極・南極については、次のように述べている。

問　天経ニ拠ルニ南極アリ。南極辺ノ星アリ。海外ノ人皆眼目スル所ナリ。何ソ南極ナシト云ハンヤ。

答　北極ト思ヘル物北方ニアルニハアラス。其実ハ中央ノ天頂ナリ。是ニ対衝スヘキ南極ハ。地底ノ中央ニシテ。風輪ノ裏面ノ最中ナリ。是姑ク上下ノ極トスヘシ。南北ニ極アルニアラス。(11)

文雄にとって、北極や南極に到達した人々が、これらを平らな世界の中心や円盤状の世界の裏側と理解できないのは、彼らが仏陀のように、広大な世界を一度に見渡す「眼」を持たないからである。文雄は、地球説を主張する人々が実測にもとづいて考察した理論的な説明は、本来は仏典に説明されている通りに存在する世界を誤解した結果であるとして、仏典中の世界像に関する記述と『天経或問』の所説をすり合わせながら、仏説の正しさを説明しようとする。とくに、「南洲（閻浮提洲）」に四季があり、昼夜が交代することの理由を仏典中の天文説を紹介しながら詳しく図解する問答は、後の梵暦理論にも少なからぬ影響を及ぼしているのではなかろうか[12]。

しかし、仏典の正当性を無条件に肯定する文雄の議論は、基本的には『天経或問』の記述に即してさまざまな問題を取り上げ、これに反論を加えたに過ぎない。仏教の世界像の妥当性は、聖典としての仏典の権威に支えられているのであり、自然科学的な世界像と同じレベルで仏説の正当性が議論されることはなかった。天文・暦学については、次のように述べている。

問　仏教ヲ用ヒテ暦数ヲ推サハ。迺チ暦算成スヘシ。何ソ暦法ヲ論セサルヤ。

答　暦算ヲ立ルコトハ。万国各其職ヲ掌トル人アリ。仏教ノ要ニアラス。斯ノ如キノ業ヲ成テ。食ヲ覔（モトム）ルヲ邪命ト称シテ。仏法ニ禁スル所ナリ[13]。

ここでは、僧侶が暦法を論じることを「邪命」と批判している。文雄にとって、地球説か須弥山説かの選択は、合理的な判断ではなかった。したがって、仏説の正当性を証明するために、暦数を計算して暦法を確立し、須弥山を中心とする世界の実在を合理的に説明する必要もなかったのである。

文雄の地球説批判については、少し後の時代の本居宣長（一七三〇〜一八〇一）が、「沙門文雄が九山八海解嘲論の弁」（一七九〇）を著し、文雄と良く似た問答形式を使って、『九山八海解嘲論』の西洋天文学批判に興味深い反論を行っている。このなかで宣長は、文雄の地球説批判を評して、次のように述べている。

> 須弥は元が虚妄之説故、終に其非を掩ふ事不レ能、地球之説は実なるか故に破することと不レ能候也、畢竟無相（文雄）の論も、たゝ一わたりそらに考へたるのみの大つもりの料簡なる故に、こまかなる実算に掛ては合ハぬ事のみに候[14]

ここで宣長が、「虚妄之説」と「実なる」地球説との判別基準を「実算」に求めていることは、極めて興味深い。

文雄より一世代後の宣長にとって、特定の世界像の妥当性は「一わたり空に考へたる」観念的な基準ではなくて、「こまかなる実算」にもとづいて判断すべき課題になっている。つまり、地球説か須弥山説かの選択は、合理性と実証性の問題とされているのである。須弥山を中心とする世界の実在を主張するためには、「知っている世界」を単純にイメージ化するだけではなく、イメージの実在性を実証的に説明する必要がある。このため、世界像の内容（平らな世界か丸い地球か）ではなく、イメージを形成する過程が重視され、世界像の実在性を説明する理論の妥当性が議論の焦点になっているのである。

世界の把握は、もはや見かけの印象や聖典の権威によって決定されるのではなく、世界記述の妥当性を証明する理論によって支えられなくてはならない。文雄の『三界九山八海図』は、地球説に対抗しうる世界像として、須弥山を中心にした世界をイメージ化した図解であった。しかし、基本的には仏典中の天文・地理説を紹介し、仏典の記述の正しさを盲目的に主張したにすぎない。文雄の反論が宣長の目に「虚妄之説」としか写らないのは、平らな円盤状の世界といった世界観が時代にそぐわないのではなく、当時の知的状況から要請された説明様式に、文雄の言説のスタイルが応えていないからであった。

文雄が、地球説を「甚タシキ邪説」と批判し、地下の人間が倒立していると主張する地球説をナンセンスと見なしているように、単純に現実経験を重視する意識にもとづけば、平らな世界像の方が、むしろ当時の人々の生活感覚には合っていた。ただ、イメージの実在性を証明するためには、「実算」にもとづく説明理論が必要とされる知的状況のもとで、はじめて「一わたりそらに考へたる」観念的世界像は、その実在性を「実算」にもとづいて証明しなくてはならなくなるのである。

しかし、仏教者が天文・暦学を論じることを「邪命」と見なす文雄の地球説批判は、この要請に応えるものではなかった。宣長に代表されるような、当時の人々の「生きられた経験の世界」の現実的要請に従って、仏教世界像の新たな表現様式を追求したのが、普門円通の「須弥山儀」なのである。

普門円通の梵暦研究と「須弥山儀」

普門円通は、江戸時代の宝暦から天保年間の人である。七歳で出家し、一五歳の時に『天経或問』を読んで、須弥山を中心とする仏典の世界像に疑念を抱いた。その後、仏典の天文・暦象に関する記述を渉猟し、さらには仏教の枠を超え、地動説を含む洋学の知識をはじめ、あらゆる分野の天文学説を学んだ。この数十年にわたる研究成果は、文化七年(一八一〇)に刊行された『仏国暦象編』(全五巻)に結実している。

円通が「梵暦」あるいは「仏暦」と呼ぶその「仏教天文学」は、古今東西の天文学理論(当時最新の地動説を含む)をもとに、仏典中の天文説を集約し、最大公約数的な仏教天文学の理論を体系化する営みであった。この過程で円通は、世界の中心に存在する巨大な須弥山を取り巻く円盤状の世界に、人間の住居である閻浮提洲を位置づける仏典の記述と、当時の地理学上の知識を融合した世界図(閻浮提洲図)をイメージ化し、現実に観測できる天体の動きをモデル化した「縮象儀説（図）」を作成している。また、天文学や窮理学の知識をもとに、須弥山を中心にした平らな世界を表象した「須弥山儀」を作成し、これを地球儀に代わる世界のモデルとした。

図2は、こうした活動の過程で刊行された、円通の「須弥山儀銘并序」（一八一三）である。掛け軸に描かれた「須弥山儀」には、「銘」と「序」が付記され、その意義と形状

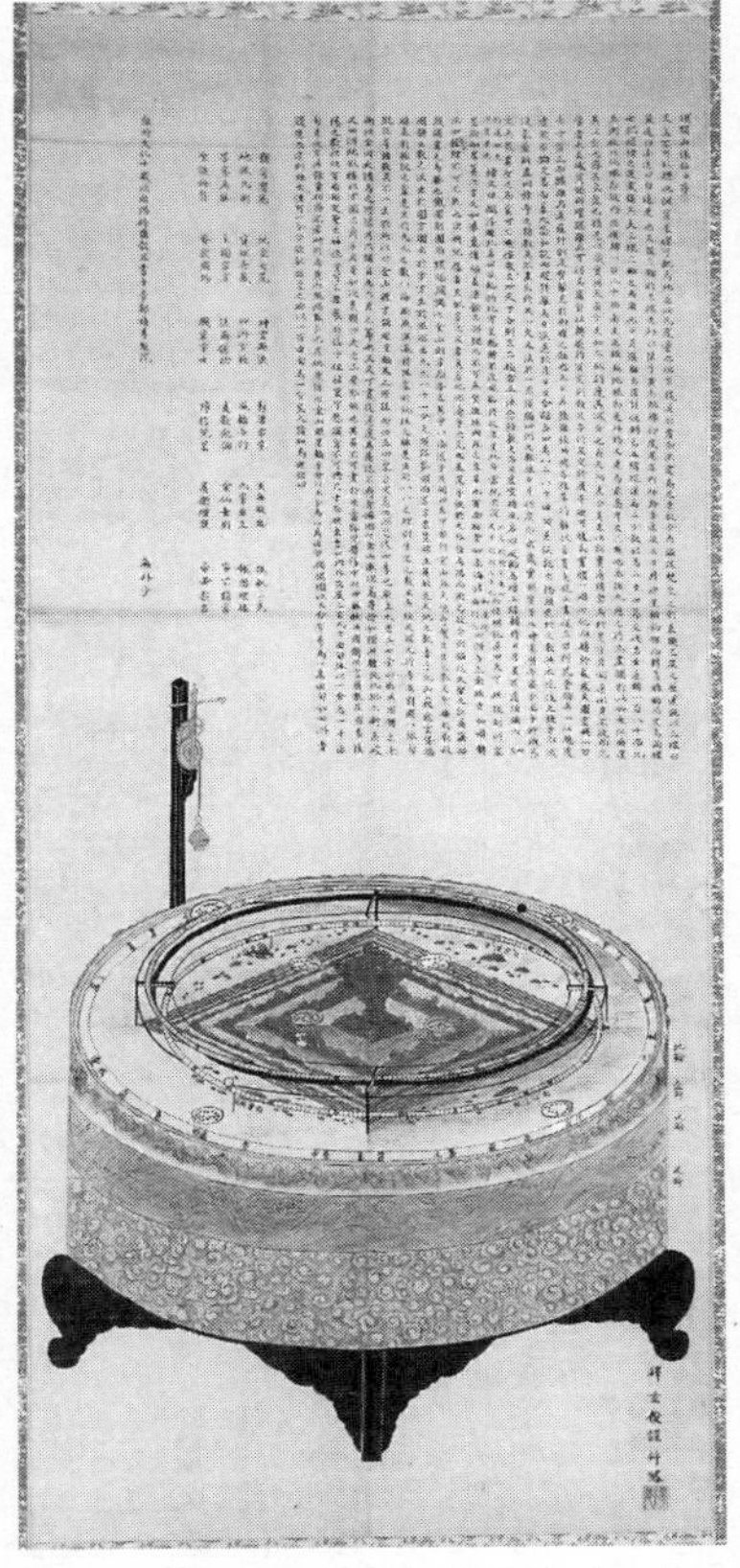

図2　『須弥山儀銘并序』文化10年（1813）（龍谷大学図書館蔵）

が説明されている。この冒頭で円通は、「天ハ蓋シ形体スベカラズ也」と述べ、「積気」としての天を形象することはできないと明言している[15]。

実際、大気のように形象を持たない事象をモデル化することはできない。このため、円通の「須弥山儀」では、文雄の「三界九山八界図」には描かれていた、色界と無色界（四禅天）の図解は省略されている。物質の形象を超越した神々の世界（天）を具象化することは——それが、仏陀の天眼によってのみ把束される無形象の世界であればなおさら——不可能であるからである。

しかし、それでも日月の運行や「地」の形状をモデル化することは可能である。須弥山儀は、こうした形象として把握できる世界のシステムをイメージ化するモデルであった。円通や門弟たちは、この仏教世界像のモデルを実際に作成し、自らの理論の正当性と実証性を証明しようとしたのである。現在においても、そのいくつかは現存している[16]。

さらに円通は、「須弥山儀」が実在する世界のモデルであることを証明するために、仏典から抽出した暦数・暦算をもとにした実験や観測を行い、「梵暦（仏教天文学）」の理論を体系化して、造暦も行った。「梵暦」研究の重要性について、円通自身は次のように述べている。

須弥界実ニ非ズバ、暦数天ニ合セス。暦数天ニ合セサレバ、日月食密合セス。若シ此事密合セハ、須弥界ノ数量是真実ナル事、誰カ疑難ヲ容ルヽヲ得ン[17]

地球説や地動説にもとづく自然科学の宇宙論に対抗して、仏典中から抽出した宇宙像を円通は「須弥界」と呼び、この「須弥界」の実在は、日食・月食の予測や暦の正確さによって証明することができるとする。仏典中の数値にもとづいて計算した暦法が、実際の天文観測や季節の変化、日食・月食の予測に適合していれば、仏典から抽出された「須弥界」のモデルの正当性も証明されることになるだろう。「須弥界」のモデルと「梵暦／仏教天文学」の整合性を眼に見えるかたちで示すことが、「須弥山儀」を製作する目的であった。

宣長に批判された文雄のモデルのように「一わたり空に考へたる」観念的な構築物ではなく、実在する世界のモデルを形象化しようとしたところに、仏典の記述をそのまま図解した円通以前の仏教世界図と、円通の「須弥山儀」の違いがある。しかし、仏教の世界観を当時の自然科学的な知識にもとづいてモデル化することだけが、円通の「須弥山儀」の目的ではなかった。新たな自然科学の知見を優先すれば、須弥山を中心とする平らな世界の実在は、もはや主張できないからである。

写真1は、一八世紀の初頭に久修園院（くしゅうおんいん）の宗覚（そうかく）（一六三九～一七二〇）が製作したと伝えられる地球儀である。これは、歴史的にも日本で製作された最も古い地球儀の一つに数えられる。一般には、渋川春海（一六三九～一七一五）の地球儀が広く知られているが、宗覚は著名な春海の天球儀を模作して、自ら天球儀も作成するほど天文・地理の知識に明るい学僧であった。

宗覚の地球儀の特徴は、やはり北極部分に須弥山に見立てた水晶を立てていることであろう。水晶（須弥山）の周囲は、黒く塗りつぶされた「夜国」に覆われている。地球儀に描かれているのは、ヨーロッパやアジア、アフリカの国々であり、当時の世界図の知識がそのまま地球のモデルに置き換えられている。ただ、新しい世界図の知見を仏教の世界観と融合し、閻浮提洲の地形に合わせて世界地図を描いた多くの「仏教系世界図」と同じように、宗覚の地球儀もアフリカなどの表記を変形させ、須弥山を取り巻く大海の南方に位置する「南瞻部州（閻浮提洲）」と地球あるいは世界図を融合する工夫をしている[18]。また、現在の地球儀の赤道付近に、針金で作られた環が二本設置されている。日本における地球説の受容を広く研究した海野（うんの）一隆（かずたか）は、これらの環を次のように説明している。

本来ならば正円となるべき子午環（真鍮製）の片側に二個の突出が設けられているの

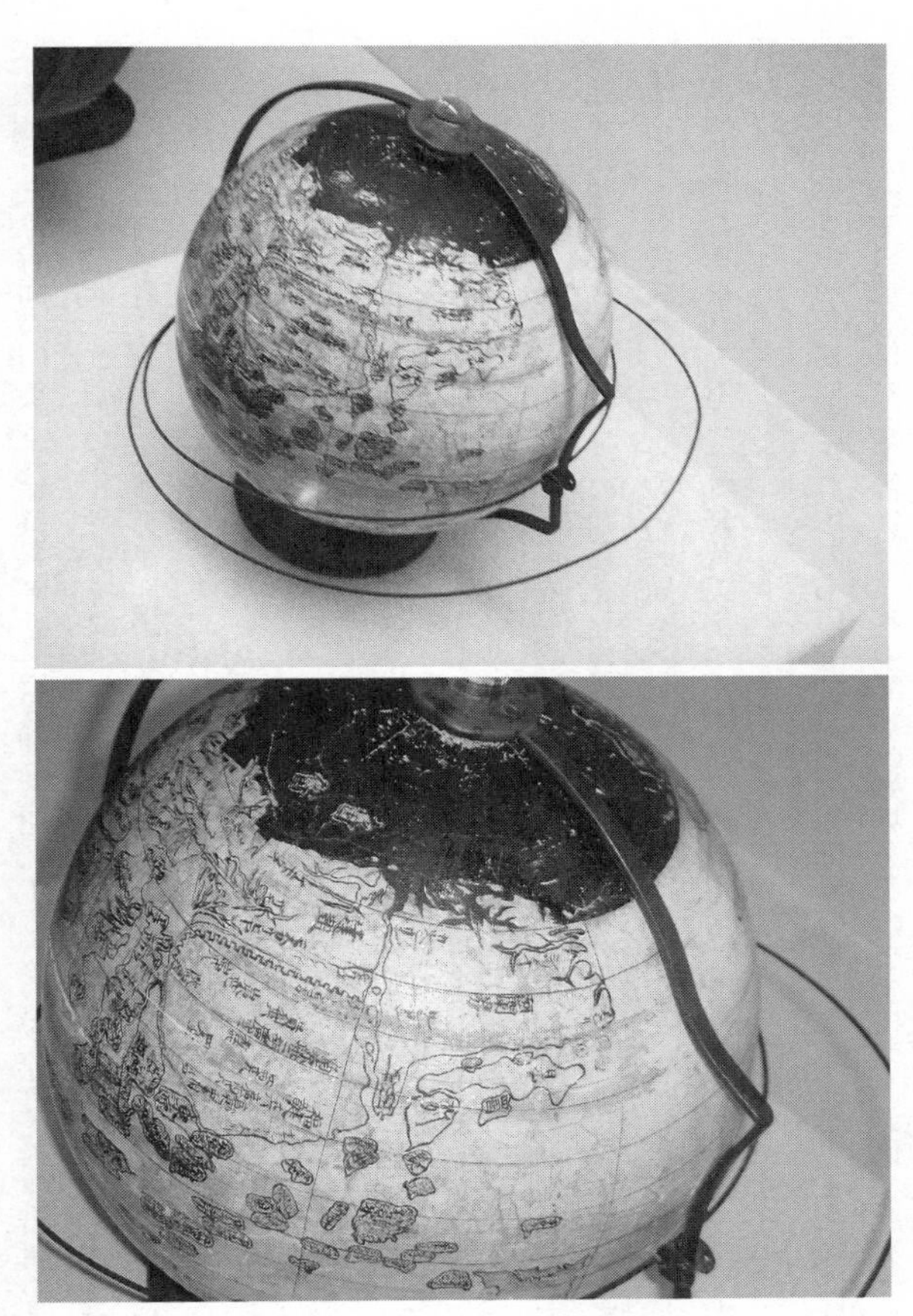

写真１　宗覚の地球儀　1702年頃（久修園院蔵・撮影著者）

は、水平方向の円環（真鍮製）を上下に移動可能にするためである。二突出間の子午環が内側に向って弧をなしているのは、水平環をどの位置にでも固定できるようにするための措置であり、その必要性は、太陽の春秋分・夏至・冬至の軌道を示すことにあったと考えられる。(19)

宗覚の地球儀に太陽（おそらくは月も）の運行路が付設されているのは、仏典中の須弥界の地形の説明には、しばしば須弥山の中腹を横旋する、日月の運行路の説明が付随していることと無関係ではないだろう。

宗覚の地球儀は、文雄の「三界九山八界図」とは反対に、自然科学の知見を優先しながら、仏典中の宇宙論と新しい宇宙論を融合する営みであった。宗覚は、地球説を含む天文や地理に関する近代自然科学の知見をそのまま受容したうえで、僧侶として仏典から学んだ宇宙論を再構成しようとしたのである。地球儀の真上に突き立てられた水晶（須弥山）は、科学的なセンスを有する知識人であった、宗覚の僧侶としてのアイデンティティを表すものであろうか。

ただ、宗覚の場合には、仏典中の宇宙論にもとづく世界のモデルを構築する意図は見られない。宗覚の地球儀と天球儀は、当時の実学の知見をそのままイメージ化したモデルであった。仏教の世界像は、新たな知見を補足する役割を与えられているにすぎない。地球説を優先する宗覚の融合論とも、須弥山説の絶対性を強調する文雄の宇宙論とも一線を画しながら、円通は新しい自然科学の知識をもとに仏典中の宇宙論を再解釈し、当時最新の天文学とも競合できる「仏教天文学」を仏典中から抽出して「須弥界」の実在を証明しようとする。このために構想されたのが、「須弥山儀」であった。

須弥山儀の構成――「須弥山儀」と「縮象儀」

文化一〇年（一八一三）、円通は「須弥山儀銘幷序」に続いて『須弥山儀銘幷序和解』を刊行し、「須弥山儀」の構造と様式を詳細に解説している。上・下二巻に分かれた著作のなかで、円通は「須弥山儀」に付記した漢文の「銘」と「序」を「和解」しながら、「須弥山儀」が実在する世界のモデルとして有効であることを詳しく論じている。

まず、自らの梵暦理論の概要を紹介したあとで、円通は次のように述べている。

○儀トハ、両儀ハ天地ヲ云ヒ、三儀ハ天地人ヲ云……又字典ニ容（カタチ）也。象（カタドル）也。法トル也ニ訓ズ。即チ須弥ヲ象ドリ、法トルノ義ナリ[20]

須弥山儀の「儀」は、仏典を解説するという意味ではなく、須弥山を中心とした世界を「象ドル（似せて形をつくる）」という意味であり、そのシステムを「法トル（手本とする）」モデルを意味しているとする。また、須弥山を中心にした世界を「須弥界」として概念化し、形のある「須弥界」のシステムを「模象（ウツシカタドル）」ことが、「須弥山儀」の目的であるとしている。

「須弥界」として描かれた世界像が、仏典の記述とその聖典としての権威にもとづいてイメージ化されたモデルであることは言うまでもない。しかし、ここでの「須弥界」は、実在する世界として想定されているのであり、「須弥界」を「模象」する「須弥山儀」は、細部に至るまで現実の「現量」に即応し、部分と全体の整合性がとれたモデルなのである。

こうしたモデルの整合性を保証するのが、「須弥界」の形状や天体の運行、昼夜の交代や四季の変化といった自然現象と、体系化された梵暦の暦数・暦算との一致であった。このことは、円通が当時の地理学上の知識と仏典の記述を融合させた世界図（『仏国暦象編』所収の「南閻浮洲図」）を作成し、これを「須弥界」に位置づけていることからも明らかである。[21]

『仏国暦象編』の挿図として描かれた、円通の「南閻浮洲図」は、須弥山を取り巻く外海に浮かんだ閻浮提洲（人間の住居）に、当時の世界地図の知識を反映させた世界図である。発想自体は、当時広く知られていた鳳潭の「南瞻部州万国掌菓之図」（一七一〇）に近い。しかし、円通の「南閻浮洲図」には太陽と月の運行路が付記され、閻浮提洲の地形は、「須弥界」全体のシステムとの整合性を配慮しながら描かれている。「須弥界」の構成要素の一つである、閻浮提洲の地形や各部の配置は、全体のシステムとの関連によって決定されるのであり、そのシステムは、当時の天文・地理・窮理学等の知識との整合性を重視しながら体系化されている。[22] こうした、「須弥界」全体のシステムと肉眼で観測できる現象との整合性を明確にするために、文化一一年（一八一四）、円通は「縮象儀説」（図3）を刊行している。

「縮象儀」は、大航海時代を経て明らかになった世界図の知識を逆台形状の閻浮提洲の地形に当て嵌め、地上——閻浮提洲のイメージと当時の世界図を融合した世界——から観測される、天体の動きをモデル化した儀器である。

世界図の様式は、鳳潭の「南瞻部州万国掌菓之図」に近い印象を受けるが、世界図を一つの大陸（閻浮提洲）として描くために、アフリカの存在を無視した鳳潭とは違って、「縮象儀」はアフリカ大陸をはっきり描いている。また、『仏国暦象編』の「南閻浮洲図」とも図柄はかなり異なっており、円通の意図は、地上から見た——すなわち、人間の肉眼を通して観測した——天体の運行が、実際には「須弥界」のシステムの一部であることを強調することにあったのだろう[23]。

また、三〇年以上あとの嘉永元年（一八四八）に、師である円通に倣って「縮象儀」の図版を刊行した環中の縮象儀では、世界図の中心が印度から日本に変わっている。「縮象儀」の狙いの一つは、当時一般化されていた天文・地理に関する知見は、仏典中から抽出した仏教天文学の体系に矛盾しないことを示すことにあった。肉眼による人間の観測は、

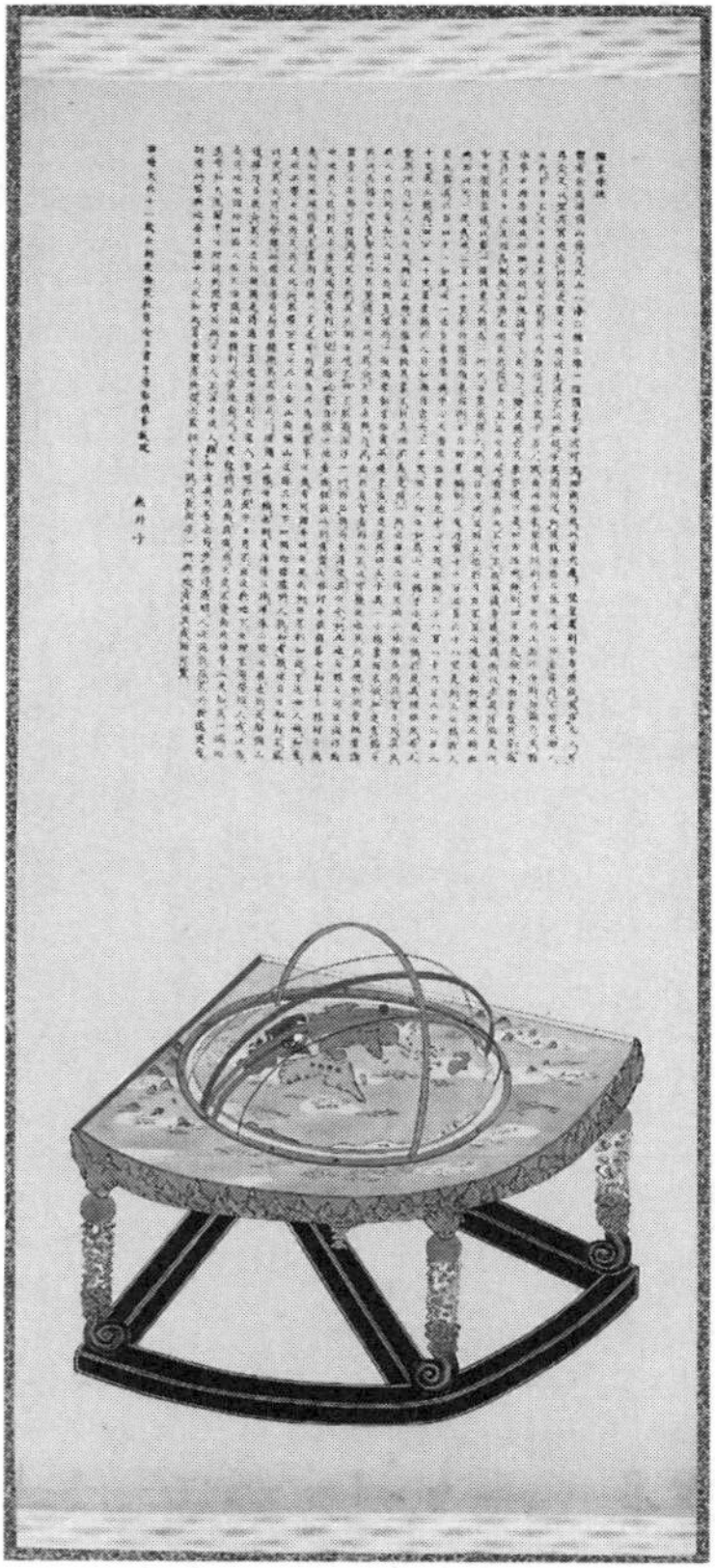

図３　『縮象儀説』文化11年（1814）
（龍谷大学図書館蔵）

によって把握された現象である「縮象（これに対して、天眼によって把束された現象を円通は「展象」と呼ぶ）」は、当時の一般的な世界図のイメージを反映している必要があったのである。[24]

図版に併記された「縮象儀説」のなかで、円通が「縮象儀ヲ製シテ、一須弥界ノ天縮シテ一洲ノ天ト為ルノ象ヲ審ニス」[25]と述べているように、「縮象儀」は、仏陀の天眼によって把束された広大な「須弥界」のシステムが、肉眼による観測にとっては、現状のように映るメカニズムを説明するモデルであった。須弥山を中心にした広大な世界の「展象」は、人間が肉眼で観察できる「縮象」を超えた次元にある世界なのである。

肉眼によって観察可能な現象と、現象としての世界の存在を支えるより広大な世界のシステムを分断することによって、円通は「須弥界」の実在を人々に納得させようとしたのである。そして、「須弥山儀」（展象）と「縮象儀」（縮象）という、これら二つのシステムを相互に関連づけるモデルを作成することによって、日常的に経験可能な現象の世界と、理論的には説明可能であるが実際には見ることができない世界を分断したのであった。この分断によって——ちょうど、地上からの観測にもとづいて太陽系のシステムを説明できるように——、「須弥界」の「縮象」と「展象」は、たとえ矛盾があるように見えたとしても、理論的には相互の整合性を説明できるモデルとして併存することが可能になる。円通が精緻な暦を作成して、当時の天文学・地理学上の知識と「須弥界」のシステムを一致させる努力を続けたのは、「展象」と「縮象」の相互関係を理論的に証明するためであった。

また、『須弥山儀銘幷序和解』によれば、須弥山儀は「鈎鏁（コウサ／ツリクサリ）」を動力とし、内蔵された数十枚の「ゼンマイ（ここでは歯車のことか）」によって、盤上に設けられた「機輪」を回転させ、天体の運行を再現できるとされている。「機輪」を「転」ずるこの仕掛けは、ランダムに動くのではなく、梵暦の定める暦数・暦算に応じて動くようになっていた[26]。

写真2は、静岡市清水区の龍津寺（りょうしんじ）が所蔵する「須弥山器（儀）」である。底部の墨書や保存されている日記の記述によると、文政七年に製作され、明治一〇年に近隣の宝台院から龍津寺に譲渡されたあと、江戸で修理されて現在に至っている。現存する須弥山儀のなかで最も有名なのは、円通の門弟である環中（かんちゅう）と晃厳の依頼によって、田中久重（ひさしげ）が製作した須弥山儀である（詳しくは、本書の終章を参照のこと）。龍谷大学大宮図書館が所蔵するこの須弥山儀は、時計仕掛けの精巧な機器であり、現在では修復されて当時の面影を取り戻している。円通本人が作成（あるいは製作を依頼）した須弥山儀については、現存する装

置を著者は確認していない。工藤康海は、自らの論文に「文化十五年　普門律師造」・「大阪市　近藤猶氏所蔵」とされる須弥山儀の白黒写真を掲載している。これは一見して、環中の依頼によって製作された須弥山儀とはかなり意匠が異なる。この差異は興味深いが、いまだ実物を確認できていない。

第四章で詳しく論じることになるが、環中は円通の直弟子であったが、円通の没後に師

写真2　「須弥山器（儀）」文政7年（1824）製作
（静岡市龍津寺蔵・撮影筆者）

説に異議を唱えて、須弥界における日月の運行のシステムを大幅に変更しようとした。具体的には、須弥界の四大洲の季節は順番に交代するという「異四時説」を否定して、四洲の季節は同時に移り変わるという「同四時説」を唱えた。このことが、円通没後の梵暦社中が二派に大きく分かれる原因になる。

龍津寺の須弥山儀（当寺での呼称は「須弥山器」）は、基本的に「異四時説」を前提にして製作されており、文政七年という年代から考えても、現存する須弥山儀のなかでは――少なくとも著者が確認したものでは――、円通の構想に最も近いかたちの「須弥山儀」であると言ってよいだろう。製作者が尾張藩の藩士であるので、環中と対立した信暁との関連性も考えられる（尾州・濃州には、信暁撰の「梵暦開祖の碑」がある）が、どちらにしても円通が生きているうちに製作されたことは間違いない。文政年間（一八一八～二九）は、梵暦頒布の官許を得て、梵暦運動が活発化した時期である。著名な弟子の一人である小出長十郎が、関西地方を遊説していた円通に出会って入門したのは、文政九年のことであった。小出の回想には、この時期に円通が「須弥山器」を製造したと記されている。また、円通が新しい著作を次々に著す一方で、主著である『仏国暦象編』も改訂・再版されて広く普及する時期でもあった（詳しくは、巻末の「現代版　梵暦蒐書目録」を参照のこと）。円通や門弟たちは、梵暦の普及のために「須弥山儀」の図版や製造した装置を使って、須弥界のシステムを平易に説明しようとしたのである。[27]

『須弥山儀銘幷序和解』の記述に従えば、須弥山儀の動力は「鈎鏁（コウサ／ツリクサリ）」であるが、龍津寺の須弥山儀の場合は、主動力となる回転盤にロープを巻きつけ、滑車を介してロープを引き上げる（あるいは錘を垂らしたか、ロープを巻き取ったのではないか）ことによって、複雑に組み合わせた歯車を動かしたようである。後に田中久重の作成した須弥山儀が、時計仕掛けであったこともあって、龍津寺の「須弥山器」も和時計の一種とされている。しかし、円通の本来の目的から考えてもこの須弥山儀は、須弥界の季節や昼夜の交代を視覚的に説明することを主眼とした装置であり、時刻を表示する機能は付随的なものであったと思われる。

もともと須弥山儀の目的は、梵暦のシステムをわかりやすく説明し、須弥界の実在を人々に納得させることであった。その点においても龍津寺の須弥山儀は、『須弥山儀銘幷序和解』に記された須弥山儀の機能にかなり近いモデルである。ロープを巻き取ることによって生まれた動力が各歯車に伝えられ、星辰の模型を回転し、須弥山を囲んで設置された大きな環を回転させる。この環は太陽と月の軌道を表しており、須弥山のモデルの周囲をフラフープのように移動して、四洲の季節や昼夜の交代のメカニズムを視覚化することができた。龍津寺の須弥山儀には、分銅式のテンプによる調速機能もあったようなので、一日かけて太陽の一日分の運行を表示することができたのだとすれば、ある種の時計の役割を果たしたとも言えるだろう。しかし、次の世代の須弥山儀とは違って、龍津寺の「須弥山器」の時刻の表示機能は、不定時法を表示する和時計ではなく、天体観測用の百刻時計（授時簡（じゅじかん））に類するシンプルなものであった。

現在は動かすことはできないが、日月の運行を表すこの環が固定されておらず、上下及び東西南北に動くこと自体が、龍津寺の須弥山儀が異四時説にもとづくモデルであることを示している。一般に知られている須弥山儀は、環中以来の同四時派の理論にもとづくものが多い。龍津寺の須弥山儀は、田中久重の機械時計のような精巧さには欠けているが、梵暦理論の正しさをデモンストレーションするという、須弥山儀の本来の役割をよく表している。

円通や梵暦社中の人々は、このような装置を実際に動かして見せたうえで、梵暦の基本的な理論を説明して、多くの人々を魅了したのである。

計算された度数に応じて須弥山儀に組み込まれた天体のモデルが運行し、これが仏典の記述と観測にもとづいて作成された暦と一致しているならば、「須弥界」を正確に「模象」した須弥山儀は、「須弥界」の実在を「実算」によって証明することができる。からくり仕掛けで動く須弥山儀は、「須弥界」は「一わたり空に考へたる」虚妄の説ではなく、実在する世界のモデルであることを目に見えるかたちで証明する手段であった。

さらには、須弥界の各部を全体の「現量」に即して「模象」するために縮尺が用いられ、仏典に記載された数値をもとに、「須弥界」の「現量」に応じたモデルが作成されている。こうした、全体のシステムとの整合性をもとに細部を構成していく表現様式は、当時一般化しつつあった近代的な地図表記に即応する手法であった。

正確なモデルを作成するためには、各部の「現量」を表す数値の単位は一定でなくてはならない。しかし、膨大な仏典中の須弥界の各部の大きさや形状を説明する記述は、必ずしも一定していない。このため、円通は多様な仏典に散見している距離の単位を比較検討し、「由旬」という単位を定めた。

由旬は仏典に見られる距離の単位であるが、一由旬の距離は経典によってまちまちであり、厳密な基準は存在していない。そこで円通は、当時の天文観測にもとづく赤道の南北の緯度からその距離を算出し、その数値を「立世阿毘曇論」に説明されている太陽の運行路と南北の格差に換算して、一由旬を四〇里と定める。そして、一由旬＝四〇里を基準として「須弥界」の「現量」を計算し、これを一定の縮尺を用いてモデル化することによって、実在する世界としての「須弥界」を精巧に「模象」する「須弥山儀」を作成したのである。[28]

円通が、実在する「須弥界」を正確にモデル化する表現様式をいかに重視していたかについては、「須弥界」の他の構成要素に較べてはるかに広大な外輪山（鉄輪山）と、その土台となる風輪と水輪の大きさを実測に応じて表現できなかったことについて、「其分量一準ヲ以テ製ス可ラサル事ヲ恨ト為ル……模象トハ模擬形象ヲ云フナリ」、と残念がっていることからもわかるだろう[29]。

たとえば、太陽と月の運行路は内路から外路へ、外路から内路へと変化する。須弥山儀では、この外路と内路の変化の幅を二寸九分としているが、これを基準にして太陽と月の運行路をモデル化すれば、その大きさは四八丈を超えてしまう。一丈を三メートル程度と考えれば、このように巨大な装置は体育館にも設置できない。このため、円通は部分ごとに縮尺を変更し、一定の大きさのモデルを作成しようとした。ただ、その場合も縮小率は厳密に計算され、実際の大きさを想像することが可能なように配慮している。

「須弥山儀」は、あくまでも実在する「須弥界」を「模象（ウツシカタドル）」モデルであり、特定の仏典の記述を解説した図解ではないのである。

文雄の「三界九山八海図」においても、多数の仏典の記述から抽出された最大公約数的なモデルが描かれている。しかし、描かれた世界図と実在する世界との関連性については、あまり配慮されてはいない。「須弥山儀」の場合には、「須弥界」の正確な縮小モデルを作成することで、実在する（とされる）世界を表象するモデルとして、基本的な「仏教世界像」を描き出している。こうした表現様式を採用することで、「倶舎論」や「立世阿毘曇論」のモデルではなく、統一化された「仏教」の世界像をイメージ化し、実在する世界としての「須弥界」のモデルを作成することが可能になった。

「須弥山儀」が「模象」する「須弥界」は、時代の要請に応じた「仏教世界像」を表象する過程で産出された新たな言説であり、少なくとも、従来存在してきたという意味での「伝統的」仏教世界像ではない。イメージ化された世界像の実在性について、「実算」にもとづく議論を展開する必要のない状況では、「須弥山儀」のように細部にわたって縮尺を計算し、正確なモデルを作成する必要もないからである。

世界像の現実性を「実算」にもとづいて議論できる状況のもとでは、日常的な現実経験の範囲を超えた須弥山を中心とする世界は、たとえ肉眼でその全貌を確認することは不可能であっても実在を証明することが可能になる。直接的な経験によって実在を確認することはできなくても――地球より太陽に近い天体の動きを観察して、太陽系のモデルの実在を証明することができるように――、観測可能な事象の関係性を理論的に説明することが可能であれば、理論によって説明される事象の実在を証明することは可能なのである。円通が「縮象」と「展象」のモデルを作成したのは、仏教天文学としての梵暦を自然科学に近づけるためであったのではないか。

また、肉眼の観察にもとづく理論によって、その存在を証明できる世界像としての「須弥界」には、文雄の「三界九山八界図」に描かれていたような、仏陀の天眼によってのみ把束され得る、形象を超えた世界のイメージを加えることはできない。その反対に、地球儀の上に須弥山を表す水晶を置いた宗覚のように、西洋の地球説を正当な世界像として単純に受け容れることもできない。なぜなら、地球のイメージや太陽系のシステムもまた、円通にとっては肉眼では観測されていない、ただ理論的に想定されているだけの抽象的な世界像であったからである。もし、西洋の世界像も理論上の仮説にすぎないのであれば、仏陀の「天眼」によって把束された世界のイメージの方が、実際には正しい可能性を否定することはできない。これを暦算や実験によって証明することができるのであれば、必ずしも西洋の地球説や地動説を採用する必要はないのである。

円通の梵暦理論は、その護法論的・反西洋近代的内容から、しばしば西洋近代への反動的なリアクションと見なされがちである。しかし、その内実は新しい表現様式のもとで、仏教の世界像を再表象する営みでもあった。「須弥山儀」に見られる仏教世界像を描く表現様式の転換は、ある意味では、近代自然科学の世界像の表現様式を採用することによって可能になった転換であった。こうした表現様式における転換が、「梵暦（仏教天文学）」

や「須弥界（仏教世界像）」といった、新たな概念の創出を要請することになったのである。

創られた伝統としての「須弥界」――近代的世界記述と「仏教」

円通が構想した「須弥山儀」の表現様式上の特徴は、まず現実に存在する世界としての「須弥界」をイメージ化し、その「現量」を「模象」したことである。須弥山儀が「模象」する「須弥界」の実在性は、聖典としての仏典の権威だけではなく、「須弥界」のシステムを支える法則であり、実測によってその正確さを確認できる「仏教天文学（梵暦）」の理論によって保証されている。

こうした「仏教天文学」や「須弥界」の概念を新しい洋学の知識と接合させることで、円通は理論の実証性を高める工夫をしている。こうした営みは、円通の生きた時代の要請に応えたものであり、より説得力のある理論の構築を模索する過程において、仏典の記述をそのまま図解する世界図ではなく、実在する「須弥界」を正確に「模象」する、新しい仏教世界像の表現スタイルが産出されたのである。

また、「須弥界」を「模象」する過程で生じた由旬の量の定準化や、暦算に必要とされる暦数の最大公約数的な算定法などは、各仏典の記述の多様性を平準化し、「仏教」一般に共通する「須弥界」といった通仏教的言説を産出する母体になっている。

さまざまな仏典の記述から抽出された多彩な世界像は、実在する「須弥界」という、唯一の原像を「模象」することによって、普遍的な「仏教世界像」になる。仏典に見られる器世間の記述は、経典によって多様であり、とくに各部の大きさや暦算の基準になる暦数、星の形状などの記述にはかなりのばらつきがある。円通の須弥山儀は、仏典中から抽出した「須弥界」を現実世界の「模象」と見なすことで――意識的であるかないかは別にして――「仏教」全体に共通する「世界像」を提示することになった。こうした普遍的モデルの構築に向かう言説様式は、印度という「起源」を想定することで成立する、「仏教天文学」としての梵暦のシステム化にも共通している[30]。

このような普遍的言説の構築は、経典の内容に即して教理の統合をはかる、教相判釈的な包括主義とは質的に異なる。「仏教世界像」(須弥界)や「仏教天文学」(梵暦)といった普遍的言説は、歴史的起源としての印度や原像としての「須弥界」のように、経典の外部に存在する普遍的原理を想定することによってはじめて産出可能になる。こうした言説様式は、「人間」や「歴史的起源」などの普遍的原理を想定することによって、仏教や宗教一般について議論する近代仏教研究や宗教研究にも共通すると言えるのではなかろうか。

さらには、実在する世界を原像とした画一的モデルを作成する過程において、複製可能なモデルとして「須弥界」が「模象」されていることも重要だろう。密教の「一字金輪曼荼羅」に代表されるように、従来の須弥山の表象は、その礼拝価値を重視して表象される「世界」の象徴であった。しかし、円通の須弥山儀においては、むしろその展示価値が重視されている。

　実際、円通やその弟子たちは仏教の基本的世界像を説明するために「須弥山儀」を利用し、しばしば一般にも公開して衆目を集めた。仏教の世界像が複製可能な説明モデルになったことは、その一回帰的な礼拝価値の喪失を意味している。須弥山は礼拝の対象ではなく、現実世界のシステムを説明するためのモデルになったのである。文雄が、仏教者が暦算や暦法に携わることを「邪命」として批判しているのは、こうした状況を予測したためであったのだろうか。

　円通の「須弥山儀」は、記述過程を説明する理論の客観性を重視する、時代の要請に応えた説明モデルであった。本居宣長が強調したような、「実算」にもとづく議論を求める時代の要請に応えるなかで、礼拝する対象としての須弥山を象徴的に表現するのではなく、説明のために「須弥界」を「模象」するという、新しい表現様式が採用されたのである。

　こうした「仏教」を説明する新たな手法の創出は、この後の近代仏教の展開とも決して無関係ではないだろう。次章では、円通とその門弟たちの活動を詳細に辿りながら、「須弥界」という新しく創られた伝統の近代性について、さらに考えていきたい。

註

（1）普光融満『本朝梵暦師資系譜』（田中政八、一八八三年）一丁表。句読点は筆者が付した。

（2）須弥山を中心にする世界をイメージ化した、さまざまな図像を紹介しながら、小野玄妙は次のように述べている。

古来此の三千大千世界を図として顕はしたものが若干ある。今私の知つているところで、其の図の最も古いのは何といつても奈良東大寺大仏の台座蓮弁の刻画である（小野玄妙「仏教天文学」『現代仏教』一九二六年七月号、五六頁）。

（3）東大寺の大仏は、天平一五年（七四三）に聖武天皇の詔によって鋳造された「盧舎那仏、または毘盧遮那仏」である。盧舎那仏は、「華厳経」に説かれる「蓮華蔵世界」の教主である。東大寺の大仏が、「華厳経」に描かれる世界像を背景として成立したことは確かであろうが、大仏の台座と蓮弁は、より直接的には「梵網経」に説かれる「蓮華台蔵世界」を表現しているとも言われている。東大寺大仏台座の世界像については、岡田正彦『宗教の詩学』（天理大学出版会、二〇〇七年）九九～一二四頁を参照のこと。

（4）この線刻画の歴史的な位置づけについては、先日ＡＪＪ（Anthropology of Japan in

Japan) Spring Workshop 2010（二〇一〇年四月二四日）において以下の発表をした：Truth and Universe: On the Drawing of the Buddhist Worldview incised on the Lotus Petals of the Great Buddha at Todaiji.

大仏蓮弁の須弥山図は、なぜ具体性をもった世界図として描かれたのか？　一六世紀以後の須弥山図が、現実的な世界図として描かれたことの背景には、キリスト教とともにもたらされた新たな自然観に対抗する意識があった。実学が奨励された一八世紀以後は、西洋の天文学や地理的知識を取り込んだより現実的な世界像として、須弥山を中心とした世界が描かれるようになる。こうした傾向は、明治政府が太陽暦を採用し、キリスト教の禁教が解かれる明治初期まで続くことになる。

しかし、一〇〇〇年近く年代が遡る大仏蓮弁の須弥山図の場合、「倶舎論」等に描かれた世界像は、当時最新の知識であった。蓮弁の須弥山図は、現在の世界地図のように、現実に存在する世界をイメージ化した図像として描かれたのだと思う。宇宙の本体としての盧遮那仏を支える台座に描かれた無数の世界が、このような具体性を帯びていることは、各地に国分寺・国分尼寺を建立し、東大寺を頂点とした律令的国家仏教の制度化を進めていた、当時の社会状況とも無関係ではないだろう。すべての世界が、盧遮那仏を本体とすることを具体的にイメージ化するためには、個々の世界をより現実的に描写する必要があったのではなかろうか。

また、大仏を中心にして、あらゆる世界がつながるコスモポリタニズム的な発想は、インド出身の僧・菩提僊那（七〇四～七六〇）が導師をつとめた、大仏開眼供養（七五二）の国際性とも無関係ではないだろう。台座の線刻画の意味を理解する人は、大仏を前にしたとき、はるか彼方に存在する国も想像上の世界ではなく現実に存在する世界として、今ここにある世界と一つにつながっている、という意識を持つことができたのではなかろうか。個々の須弥山図をより現実的に描写することには、こうした意識を醸成する意味もあったように思われる。

（5）エリック・ホブズボウム『創られた伝統』（紀伊国屋書店、一九九二年）一五～一六頁。

（6）井上郁二訳『聖フランシスコ・デ・ザビエル書翰抄　下巻』（岩波文庫、一九四九年）一九一頁。

（7）円通『梵暦策進』（大正大学図書館蔵版）一八一六年、一四丁表。さらに円通は、梵暦以前の須弥山説の擁護論について、次のように厳しく批判する。

近世附仰審問（一七五三）、天文弁惑（一七七六）、鮮嘲論（原文ママ・九山八海解嘲論・一七五四）等ノ書アリトイヘトモ、外説ノ天文ヲ知ラザルノミナラズ、大蔵中ニ明ス所ノ暦理天文ヲカツテ検セス（一四丁裏）。

（8）文雄の歴史意識については、拙稿「『ブッダ』の誕生――『近代』の歴史意識と『仏教』」（『宗教学年報25』大正大学宗教学会、二〇〇五年）を参照のこと。

（9）文雄『九山八海解嘲論』（天理図書館蔵版）一七五四年、七丁裏。

（10）同右書、一〇丁裏～一一丁表より抜粋。実際には前後に文章が続いているが割愛した。

(11) 同右書、一四丁表。

(12) 実際、文雄の地球説批判に酷似した議論は、円通の『仏国暦象編』にもかなり見られる。とくに、『九山八海解嘲論』のなかで、地球説批判のために描かれた「地球一分千里之図」（一二丁表）や四季の交代を説明した「日輪四時運行図」（一三丁表）などは、ほぼそのまま『仏国暦象編』に使われている。

(13) 文雄『九山八海解嘲論』、三六丁表。

(14) 大久保正編『本居宣長全集　第一四巻』（筑摩書房、一九七二年）一七一頁。

(15) 禿氏祐祥編「須弥山図譜」（龍谷大学図書館蔵）所収の「須弥山儀銘并序」（第七図）より。

(16) 現存する須弥山儀類は、その様式からほぼ三期に分類できる。現時点での筆者の調査結果は、次の表の通りである。

現時点（二〇二三年二月）における須弥山儀（類）の確認状況　筆者作成

名称	所在地	制作時期	製作者（依頼者）	様式	動力及び機構
第一期　須弥山器／文化・文政年間（定時法の天文時計）					
① 須弥山儀器	妙玄寺（福井）	文化一四年	江戸の鍛冶屋（義門）	**異四時説**のモデル化。**四時（四季）交代の偏芯運動**を可動式の日・月行道リング	**重錘式**。分銅一挺式棒天符と脱進機を備えていたと思われる。火災にて焼

					により表示。	失。錘の分銅および一部の部品のみ残存。
②	須弥山器	龍津寺（静岡）	文政七年	野呂瀬〔主税介〕直泰（円通か）	**異四時説**のモデル化。**四時（四季）交代の偏芯運動**を可動式の日・月行道リングにより表示。	**重錘式**。分銅一挺式棒天符と脱進機を備える。天体観測用の百刻時計（授時簡）に類する。
	第二期　須弥山儀・縮象儀／弘化・嘉永・安政年間（不定時法の和時計・自鳴鐘）					
③	須弥山儀	N.H.N. Mody, Japanese Clock	弘化四年～嘉永三年頃	田中久重（習作）	**同四時説**のモデル化。リングの偏芯運動ではなく、日月の模型の回転により運行路を表示。	**ゼンマイ式**。不定時法の一日時計と二十四節気を文字盤化した年時計を併置（写真のみ）。
④	須弥山儀	セイコーミュージアム銀座（東京）	右と同時期	田中久重（習作）	**同四時説**のモデル化。ブリキ製ではなく木製。様式や構造は右に近いが、より精巧な機械。セイコーミュージアム銀座に、詳細な調査資料がある。	**ゼンマイ式**。様式や構造はほぼ右と同じ。美しい意匠の鍵も現存する。
⑤	須弥山儀	龍谷大学（京都）	右と同時期	田中久重（晃厳・環中）	**同四時説**のモデル化。習作より大きく構造も精巧。嘉永元年刊の図版に即応する完成版か。	**ゼンマイ式**。月時計を加えて、一日時計、月時計、年時計に応じた天体の運行を自動表示。
⑥	縮象儀	龍谷大学（京都）	右と同時期	田中久重（晃厳・環中）	**同四時説の須弥山儀とセット**で製作。京都から観測された一年間の天象を自動表示する。	**ゼンマイ式**。円天符による調速機能を備えた割駒式・不定時法の一日時計と月時計を併置。

⑦	須弥山儀	石川県立歴史博物館（石川）	安政五年	天龍寺製造（倉谷哲僧）	**同四時説**のモデル化。久重作を踏襲し、日月の模型の回転により運行路の拡大と収縮を表示。	**重錘式**。田中久重作のプロトタイプとほぼ同じ様式だが、ゼンマイ式ではない。
⑧	須弥山儀	東芝未来科学館（神奈川）	右と同時期か	不明〔内部に貼紙あり〕	**同四時説**のモデル化。構造や様式は、右とほぼ同じ。かつて近江神宮にあった須弥山儀ではないか。東芝未来科学館に、詳細な調査資料がある。	**重錘式**。様式と構造は、右とほぼ同じ。このタイプの須弥山儀が、いくつも製造された。
⑨	須弥山儀	正立寺（和歌山）	明治三年頃	堺の鍛冶屋（中谷桑南）	**同四時説**のモデル化。これも構造や様式は、田中久重のプロトタイプを踏襲する。セイコーミュージアム銀座に、詳細な調査資料がある。	**重錘式**。田中久重作のプロトタイプとほぼ同じ様式だが、ゼンマイ式ではない。
第三期　視実等象儀／明治期（不定時法の和時計・自鳴鐘）						
⑩	視実等象儀	国立科学博物館（東京）	明治一〇年	田中久重（佐田介石）	同四時説と異四時説を統合する介石の「**視実等象論**」を視覚的に説明する天体運行時計。セイコーミュージアム銀座に、詳細な調査資料がある。	**ゼンマイ式**。二八宿を配した実象天の下に、割駒式・不定時法の和時計を配置する自鳴鐘。
⑪	視実等象儀	熊本市立熊本博物	明治一〇年頃（右	田中久重（佐田介石）	介石の「**視実等象論**」を視覚的に説明する天体運行時	**ゼンマイ式**。東京の視実等象儀とほぼ同じ。解体

	館（熊本）	と同時期）		計。東京の視実等象儀とほぼ同じ。	保存されているため内部の構造がわかる。
番外　須弥山儀／明治一〇～二〇年代（自鳴鐘ではなく、須弥山説の視覚化）					
⑫ 須弥山儀	正覚寺（大阪）	明治一八年頃	橘堂流情	異四時説と同四時説の対立ではなく、より忠実に仏典中の**須弥山説をモデル化**したもの。吉田薫氏の調査（『天界』二〇二二年九月号）を参照。	**手動式か**。他の須弥山儀類とは意匠が異なる。明治十八年刊の「須弥山儀図」をもとに製造したものか。須弥山説を説明するために、各地に持ち運んで使用された。

＊他には、愛媛と和歌山に須弥山儀のレプリカがあり、長崎に現代版の新作がある。この表には、現存する儀器に加えて、過去の実在を確実に確認できた須弥山儀類のみを挙げてある。工藤康海の論文には、「大阪市・近藤猶氏蔵（文化十五年）」とされる須弥山儀の写真があり、ほかにも写真や伝聞のみが伝わるケースは多い。今後も、各地に現存する須弥山儀が新たに発掘される可能性は高い。

(17) 円通『梵暦策進』（大正大学図書館蔵版）、二三丁表。

(18) この時期の代表的な仏教系世界図としては、宝永七年（一七一〇）に刊行された、鳳潭の「南瞻部州万国掌果之図」が有名である。この図には、アフリカ大陸の情報は描かれていない。地球儀を製作した宗覚も、世界図を逆台形の形をした閻浮提洲（南瞻部州）として描くためには、アフリカ地域を変形せざるをえなかったのであろう。これは、『仏国暦象編』にも継承された戦略である。この時期の仏教系世界図については、コロンビア大学のマックス・モエルマン氏が出版を準備中であり、ここでの記述も彼とともに行った、久修園院の調査をもとにしている。

(19) 海野一隆『日本人の大地像——西洋地球説の受容をめぐって』(大修館書店、二〇〇六年)一五五頁。また、以前に開催された、市立・枚方宿鍵屋資料館「宗覚律師の天球儀・地球儀」展(二〇〇六年一〇月四日～一六日)の地球儀の解説パネルにも、「水平な2本の環は、内側が地平線、外側が太陽の軌道をあらわし、子午環の内側に曲がった部分を上下させることで、太陽の位置を説明できるように工夫された」とあった。しかし、仏典中の天文説は「日月横旋」を基本とし、その軌道については、仏典中に詳しい記述があることを考えると、この二本の環は太陽と月の運行路を表すとも考えられる。

(20) 円通『須弥山儀銘并序和解　巻之上』(大正大学図書館蔵版)、九丁裏。

(21) 円通『仏国暦象編　巻之三』(大正大学図書館蔵版)、二九丁裏。

(22) こうした意図を最も顕著に表しているのは、一年のうち半年は昼であり、残りの半年は夜である「夜国」の存在を説明した理論である。太陽の運行路の高低と須弥山の形状によって、「夜国」を「南閻浮洲」に位置づける可能性を円通は模索したが、理論の整合性を維持することができず、のちに円通の弟子たちが二派に分裂する原因になった。本章で紹介した、宗覚の地球儀にも、「夜国」の存在がクローズアップされているのは興味深い。「夜国」の説については、『仏国暦象編』のなかで「北地ニ夜極短之国有事ヲ弁ス」と題して、詳しく論じられている(円通『仏国暦象編　巻之三』大正大学図書館蔵版、九丁表～一〇丁表)。

(23) 詳しくは、応地利明「絵地図に現われた世界像」(『日本の社会史　第七巻』岩波書店、一九八七年)、及び、応地利明『絵地図の世界像』(岩波書店、一九九六年)を参照のこと。

(24) 龍谷大学大宮図書館には、復元された「須弥山儀」(環中・晃厳の依頼により、田中久重が製作)をはじめとして、梵暦関係のヴィジュアル史料が多数所蔵されている。とくに、二〇〇九年に行われた特別展では、円通の「縮象儀説」と環中の「縮象儀図」が並べて展示されており、縮象儀の世界図の描き方の変遷を詳しく知ることができた。図版でも確認することは可能なので、龍谷大学大宮図書館編『二〇〇九年度特別展観　仏教の宇宙観』(二〇〇九年)一六、一七、二四頁を参照のこと。縮象儀の変遷は、室賀信夫、応地利明、海野一隆、最近では上杉和央といった人々が紹介してきた、一九世紀の仏教系世界図の変遷を考えるうえでも貴重な史料となるだろう。須弥山儀の探索と並行して、縮象儀の調査も今後の大きな課題である。

(25) 『須弥山図譜』(龍谷大学図書館蔵)所収の「縮象儀説(図)」(第拾参図)より。

(26) 円通『須弥山儀銘幷序和解　巻之上』(大正大学図書館蔵版)、一一丁表裏。

(27) 環中『須弥界四時異同弁』(天理図書館蔵・一八四三年)には、「和上(円通)曽テ須弥山儀ヲ製シ四洲四時ヲ交互スルコトヲ示シ、縮象儀ヲ製シ四洲同四時ノ理ヲ会通ス」(一八丁裏)とある。円通が「四時交代説」をもとにした須弥山儀を製作し、これを使って梵暦を説明していたのは確かだろう。小出植男編『小出長十郎先生伝』(国立国会図書館蔵・一九一七年)には、兵庫から大阪・堺へと講演旅行を続ける円通に小出長十郎が同行し、円通から当時の状況を聞いた話のなかに、苦労の末に大阪の商人たちの支援を得て「借財も相済、其上余金も請取、百両相応、須弥山器（時計に成）出来仕候」（一八頁）とある。上記は文政九年の出来事なので、これが龍津寺所蔵の「須弥山器」である可能性は高い。小出の叙述には不明瞭な部分も多いが、当時の状況を知るうえでは貴重である。また、佐竹淳如『勤皇護法　信暁学頭』（大行寺史刊行後援会・一九三六年）によれば、円通の直弟子の信暁は、当時の著名な説教者であり、円通と同じように寄付金を集めて須弥山儀を製作し、これを使って広く梵暦を説いている。「異四時説」を主張して環中を批判した信暁の依頼によって製作された須弥山儀は、当然「四時交代の説」を基準にしていただろう。時計の機能は、「異四時説」では春分と秋分の昼夜の長さが変わってしまうことを指摘し、須弥界の四洲の四季は同じであると主張した「同四時説」を説明するために必要とされた。環中と晃厳が時計職人の田中久重に須弥山儀の作成を依頼したのは、こうした論争を背景にしていると思われる。

(28)「由旬の量」を決定する方法については、『仏国暦象編　巻之三』二六丁表に詳しい説明があり、一由旬＝四十里零百八十六歩奇としている。

(29) 円通『須弥山儀銘并序和解　巻之上』（大正大学図書館蔵版）、三二丁裏〜三三丁表。

(30) 最大公約数的な梵暦理論の抽出過程については、日本宗教学会・第57回学術大会において「近代的世界記述と宗教意識——普門円通の『仏国暦象編』をめぐって」という論題で発表した。要旨については、『宗教研究』三一九号を参照されたい。

第四章　忘れられた「仏教天文学」——梵暦運動と「近代」

翁永年の実験に依ると云ふ地平説立証の熱弁、殆ど二時間に及ぶ。余唯黙然として之れを聞く者の如くすと雖も、其の熱誠に感心せり。翁別るゝに臨み、余に言て云く。上京以来今茲に始めて本懐を語るを得たり、汝克く我の論を傾聴せられたり、多謝々々と。

――佐竹淳如『勤皇護法　信暁学頭』

はじめに

昭和の初期に「梵暦運動」の歴史を掘り起こし、円通たちの護法運動を護国思想に関連づけて再評価しようとした、「本邦最後の梵暦家」・工藤康海は、梵暦運動の歴史をふり返って、次のように感嘆している。

年月流水の如く去って、同志亦次第に老歿し、以て自然の間に所謂護法梵暦運動も、大正七戊年越州龍譚和上の示寂を以て、其の終りを告ぐるに至れり。嗚呼。[1]

序章の冒頭に紹介した、学士院を訪れた老人のエピソードにも見られるように、円通によって体系化された「梵暦／仏教天文学」は、昭和初期には完全に忘れられた思想運動になっていた。

ある時期には各宗派に梵暦社中の人々を講師として招き、天文学の講義を通して梵暦理論を護法思想の中核に据えていた仏教各派においても、明治五年に太陽暦が採用され、教導職が須弥山説を説くことを禁止されると、梵暦は前近代の遺物として急速に姿を消していく。

工藤は、この忘れられた――あるいは、忘れることを強いられた――思想運動を彼の同時代の思想として再生するために、円通とその弟子たちの活動を「護法梵暦運動」と名づけて、梵暦を「勤皇攘夷論」の一形態と見なした。

つまり、西洋の近代思想に対抗した梵暦運動は、皇国思想に直結する護国思想であり、現代（工藤にとっての）においても回顧すべき価値のある思想運動だと考えたのである。

工藤本人が、当時の国粋主義的な運動の担い手の一人であったことを抜きにしても、かなり偏った解釈ではあるが、梵暦運動を一つのまとまりを持った思想運動として研究し、近世・近代の日本宗教思想史に位置づけた営み自体は評価すべきだろう(2)。ここでは、工藤とは異なる現在の視座――具体的には、ポストモダンという表現が広く人口に膾炙した現在において、日本の「近代」を再考する立場――から、梵暦運動の全体像を俯瞰していきたい。

円通が、主著である『仏国暦象編』を刊行し、自らの「仏教天文学」の学的組織を体系化したのは、文化七年（一八一〇）のことである。これまで詳しく論じてきたように、円通が「梵暦」あるいは「仏暦」と呼ぶこの「仏教天文学」は、当時最新の地動説を含む、古今東西の天文学理論を学んだうえで、仏典中の天文・地理に関する記述を探索し、最大公約数的な仏教天文学の理論を体系化するものであった。

円通は、天保五年(一八三四)年に没したが、その薫陶を受けた人々は「梵暦社」というネットワークをつくり、師の理論をさまざまな形で展開しながら、しばしば「梵暦運動」と呼ばれる思想運動を展開した。円通とその弟子たちの活動は、近世末期における仏教系の思想運動では最も規模が大きく、広範囲に影響を及ぼした思想運動の一つであり、近世から近代にかけての日本の宗教史を考えるうえで、その活動を無視することはできない[3]。

従来の梵暦研究は、一般に護法/排仏論(あるいは伝統/近代)といった対立図式のもとで「梵暦」を取り上げ、しばしば「須弥山説論争」と呼ばれる、一六世紀のキリスト教の伝来にはじまる、須弥山の実在をめぐる論争の流れに梵暦を位置づけてきた[4]。また、実際には多岐にわたる弟子たちの理論や活動を本格的に紹介した研究は少ない。ここでは、従来の研究のように、本居宣長や平田篤胤、山片蟠桃といった人々の仏教批判を取り上げ、排仏論と護法論の対抗関係を強調するのではなく、「梵暦社」の人々による円通没後の理論の展開を詳しく辿りながら、梵暦運動そのものを近世・近代宗教史に位置づけることを目指したい。

また、梵暦はかつて仏教の各宗派に広く取り入れられた一方で、昭和初期にはまったく姿を消した、忘れられた天文学でもある。

もし、「イデオロギーは（ふつう、目だたないがしかし組織的な方法で）社会の知識を限界づけるものであるから、必然的に沈黙をもたらす[5]」のだとすれば、梵暦運動の突然の消滅とその後の沈黙は、近代の「宗教」をめぐる、限界づけられた知の枠組みとも無関係とは言えないだろう。

本章では、円通の仏教天文学を深化し、多彩な理論を展開した弟子たちの議論の変遷を追いながら、この「沈黙」の意味を探究し、近代仏教論、ひいては近代日本における「宗教」をめぐる言説の特質についても考えていきたい。

梵暦社と梵暦運動

工藤康海の著した円通の「略伝」によれば、円通が「梵暦運動」を始動したのは文化六年（一八〇九）とされている。主著である『仏国暦象編』が刊行されたのは、その翌年であり、この頃に活動の基盤が作られたことを示唆したものであろう[6]。

円通は、著作を刊行する一方で、弟子たちへの講義や公開観測実験、講演活動などを盛んに行った。京都と江戸を往来することもしばしばあったようであるが、遠方の弟子たちとは、書面を通じて連絡を取っている。弟子たちの著作には、円通の活動に関する記述が散見するが、そのいくつかを拾ってみても、真宗高田派、高野山、比叡山などで梵暦を講義したことが記録されている。

円通の高弟の一人である信暁によれば、比叡山・高野山の講義では「須弥山儀銘序」（円通の作成した須弥山を中心にした世界のモデルとその解説）が用いられ、顕密二教の高僧たちが、円通の講義を受けたとされている。[7] また、円通は当時の政治的・宗教的権威とも梵暦を通じた接触を持ち、諸国を巡回して梵暦を講義した。円通の「梵暦」は、「仏教天文学」とも言うべき通宗派的な内容を持っており、諸宗派の人々に広く受け容れられ、一般の天文学者のなかにも、梵暦を天文学として学ぶ者があった。とくに、幕府の官暦の間違いを指摘し、土御門家の準学頭として活躍した小出長十郎は有名である。[8]

円通が「梵暦社」を最初に組織化したのは、寛政年間（一七八八～一八〇〇）のことであった。当時円通は、京都の積善院（しゃくぜんいん）を拠点としていたが、のちに江戸に移っている。円通は、七歳の時に日蓮宗の寺院で得度したが、その後改革運動に挫折して天台宗に移った。晩年は増上寺に住したが、『日本仏家人名辞書』には「円通は後に浄土宗増上寺中に住したるも、天台宗より転したるにあらさるか如し、故に今天台宗の下に掲ぐ」とある。ところが、その参考文献として挙げられている竺道契撰・大内青巒編『続日本高僧伝』の目次には、「江戸三縁山沙門円通伝　浄土宗」とあるように、その所属は明確ではない。少年時代に得度をしたのは日蓮宗の寺院である。ある意味では、通宗派的な学僧という色彩の強い人物であった。円通を中心にして組織化された梵暦社も、セクト的な集団というよりは、円通を学祖とする学派的なネットワークであったと思われる。梵暦社中の人々は、出版された著作をもとに各地で講義を行い、師説の普及につとめた。

このため、円通の在世中は京都と江戸を中心にした活動が目立つが、弟子たちは中部地方や防州方面にも活動の拠点を形成し、広範な活動を展開している。円通と弟子たちとのあいだでは、しばしば重大な要件に関して、書簡によるやり取りが行われていたようである[9]。

円通が梵暦社を結んでわずか半年の間に、門人は三〇〇人以上になったと言われ、天保五年（一八三四）に没した時には、門人は一〇〇〇人を超えていたとも言われている[10]。本居宣長や平田篤胤の門人の規模と比較してみても、当時の仏教系の思想運動としては、特筆すべきものの一つであったと言えるだろう[11]。

円通の没後、門人たちは石碑を各地に建てて師の業績を称えた。これらの碑文のなかで、円通は「仏暦開祖」や「梵暦開祖」などと呼ばれている。円通の梵暦は、従来の仏典の記述を基盤とする一方で、「開祖」として新しい「仏教天文学」を構築する営みでもあったのである。[12]

また、円通を「開祖」とする梵暦社の人々には、有力な僧侶も少なくなかった。とくに真宗仏光寺派の信暁、天竜寺の環中、東本願寺の霊遊などは著名な僧侶であり、彼らは自

写真3－1　大垣長源寺「仏暦開祖　普門律師之碑」（撮影筆者）

写真3－2　名古屋法応寺内「梵暦開祖之碑」（撮影筆者）

分の宗派や自坊で梵暦を講義し、円通の理論を展開させた。とくに真宗系の諸宗派では、早くから学林や学寮で天文学が講義されている。本願寺では、天保七年に学林の改革が行われ、普通科のなかに暦術科を設けている。ここでは、環中の弟子である長門の晃厳や、安芸の浄名（じょうみょう）などが梵暦を講義した。

明治元年の学科の増設に当たっては、国学、儒学、破邪学とならんで暦学科が設けられ、『護法新論』などを著した肥後の安慧が暦術を講義している。東本願寺では、天保年間から高倉学寮において『立世阿毘曇論　日月行品』がしばしば講じられている。また、明治元年に護法場が開設されると、漢学、和学、洋学とともに暦学が設置された。暦学の担任者は、円通の直弟子であった霊遊と豊後の大通である[13]。

また、仏光寺派では、円通の後継者を自任していた信暁が学頭となり、自坊の大行寺を中心に、活発な活動を展開したことが知られている。とくに信暁は、円通の著作を模刻再版して本山の蔵版に加え、仏光寺御廟所内に「梵暦開祖之碑」（弘化三年）を建立するなど、宗派を挙げて梵暦を宣揚した[14]。

信暁は、主著である『山海里（さんかいり）』のなかで、この碑について次のように述べている。

諸国の御門徒へ正定閣中候　東山御廟所に仏暦の石碑建しを演説して仏恩冥加を知ら

しめよとの　尊命をかしこまり　あまねくこれをしらしむるに近頃日本にひろまりたる　天文の学問ハ冥加をしらず冥見もおそれざるをあわれみて　小幡徳義なる君の立たまひたる石碑なり[15]

梵暦社中の活動は、個人的な思想活動の枠組みを超えて、宗派単位で広がっていることがわかるだろう。石碑は、濃州（大垣）、尾州（名古屋）にも建立された（写真3）。こうした状況は、幕末維新期には他宗派にも波及している[16]。

梵暦運動の展開を受けて、真宗系の宗派を中心に天文学の講義が広く行われたことは、特筆すべき事柄の一つであろう。近代的な学問の枠組みが、天文学の領域を通じて各宗派に紹介されたことは、護法・排仏論の枠組みを超えて、「近代仏教」の言説形成にとっても特別な意味を持っていたのではなかろうか。

円通自身、『仏国暦象編』に続いて護法論的色彩の強い『梵暦策進（ぼんれきさくしん）』（一八一六）を刊行しているように、幕末から明治期にかけて仏教を取り巻く状況が変化していくなかで、梵暦の護法論的な性格が強調されたことは想像できる。しかし、円通の基本的な目的は、新しい学問としての「仏教天文学」の創始にあったのであり、護法論的な側面は、むしろこれに付随するものであった。

円通をはじめ、それぞれの弟子たちは梵暦をもとにした暦を作成して頒布し、天文観測によって日食や月食の予測をした。また、それぞれの理論に応じたモデルを作成し、世界のシステムと理論の整合性を強調している。図4は、『山海里』に掲載された、嘉永五年（一八五二）の一枚刷りの略暦である。月の大小の表記などは、江戸時代に広く流通した「大小暦（だいしょうごよみ）」や「柱暦（はしらごよみ）」の様式を踏まえている。暦を同心円状に描くのは、古くは宥範（ゆうはん）の『日月行道図解』（一七〇〇）などに、月の満ち欠けを同心円状に描く図がよく使われていたことと関わりがあるのであろうか。

同じ頃には、信暁が序を書いた、円熙『仏暦図説』（安政三年・一八五六）のように、一般に梵暦を普及することを目的として、十二宮や二十八宿などを仏説にもとづいて解説し、仏説における日の吉凶などをわかりやすく説明する暦注の解説書も出版された。これは天文学書というより、梵暦にもとづく仏教占星術の解説書であり、日の吉凶や個人の運勢の占法がまとめられている。普及版の略暦の頒布にも力を入れていた信暁のグループにとって、梵暦／仏暦は、天文学理論というより通俗の暦と同じように、より生活に密着した暦術であったと言えるだろう。

さらには、円通の遺志を受けた恵日、信暁らは「梵医方」を研究し、全国に取次所を設けて売薬も行ったとされている。信暁の伝記によれば、その能書には「大行寺老僧都施方

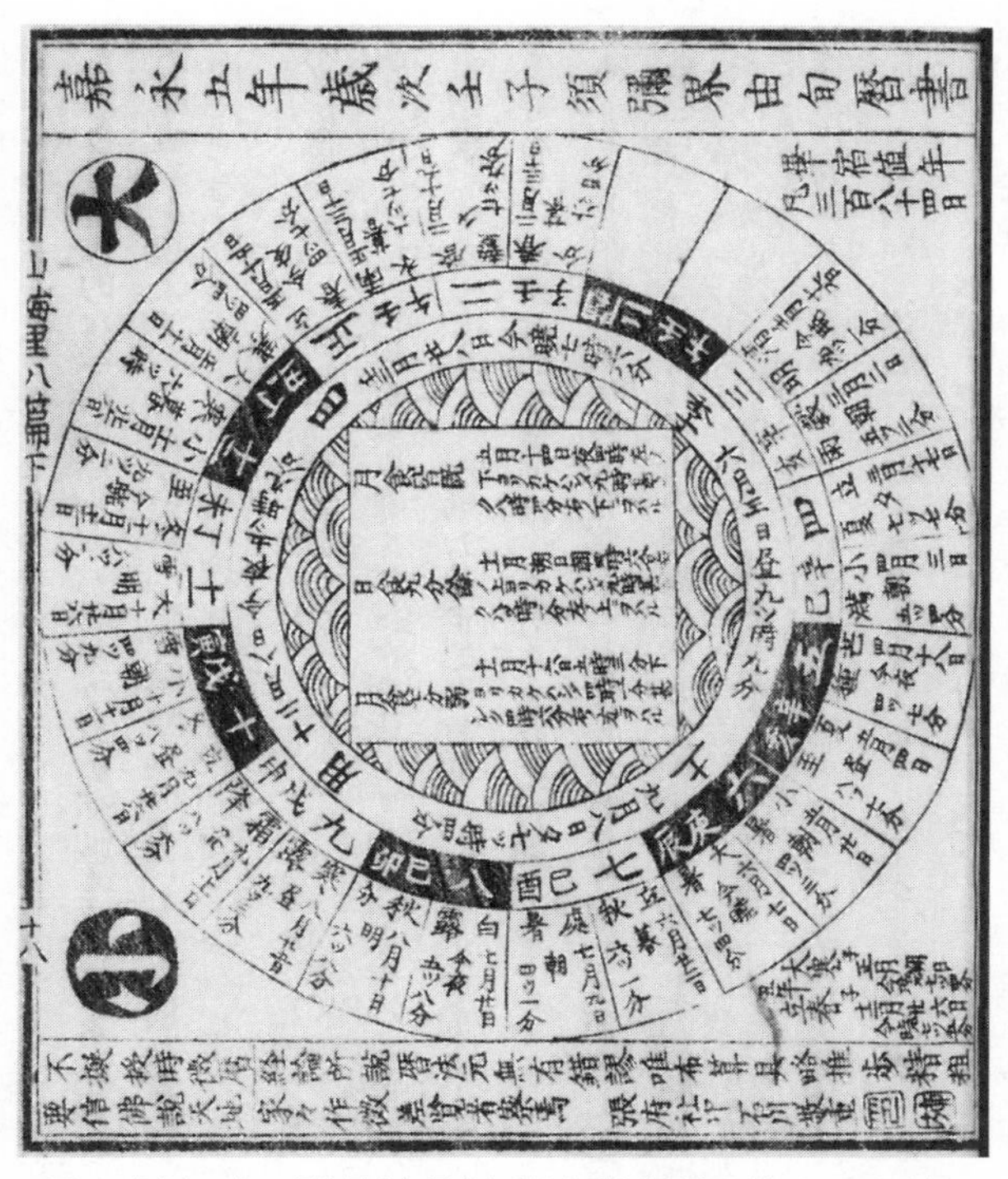

図4　「嘉永五年　須弥界由旬暦書」（信暁『山海里』八篇下、一八丁表）
（私蔵版）

仏説医方明考」と記され、各種の薬名と効能が付されていた。[17] これは梵暦を実験して須弥界が実象であることを証明し、梵医を身に試して仏説は真実であることを知るという、円通の意志にもとづくとされている。そうだとすれば、「仏教天文学」を中心にした円通の学問的営為は、より総合的な仏教科学の構築を目指していたとも言えるだろう。

また、円通は仏説にもとづく人間論を展開した、宗密（しゅうみつ）の『原人論（げんにんろん）』を解説する『羽翼（うよく）原人論略解（げんにんろんりゃくかい）』（一八二四）も著している。本書は、円通の著作のなかで唯一、明治期になってもくり返し再版されており、さまざまな分野の人々に広く読まれた。ここでは、西洋の学説やキリスト教思想の批判は前面に出されていないが、円通の関心が天文学だけに留まるものではなかったことは確かである。[18]

梵暦は、「仏教」を基盤とした新しい学問の構築を目指す営みであった。その動機の根底に「護法」意識が存在したことは確かであるが、この護法意識は、必ずしも伝統主義や宗派意識とは一致しない。多年にわたって蓄積されてきた仏教の知的営みのなかに「実学的」要素を見出し、時代の要請に応じた新しい知の体系として「仏教」を捉えようとしたところに、梵暦の特性があったのである。

同四時派と異四時派――梵暦運動の二面性

梵暦運動の歴史的展開をまとめた最も初期の文献の一つである、普光融満『本朝梵暦師資系譜』(一八八三)によれば、円通の没後、梵暦運動は「同四時派」と「異四時派」という二つのグループに分かれた。その発端は、円通の弟子の一人である環中が『須弥界四時異同弁』(一八四三)を著し、師説に異を唱えたことである。

環中は、主に①須弥界の四洲における四季の移り変わりと、②「夜国」の存在の二点において、円通の梵暦理論を修正している。梵暦の基盤となる「須弥界」のイメージのなかでは、須弥山を中心とした円盤状の世界の東西南北に、四つの大洲が配されている。太陽と月は毎日各洲の上を通過して須弥山の周囲を巡っている(周行)が、この周行の速度には太陽と月で遅速がある。この速度の違いが月の満ち欠けや太陽と月の運行時間の相違を生む。また、太陽と月の「須弥界」における軌道は、「傍行」と言われる軌道のずれを周期的に繰り返し(太陽は一年周期、月はおよそ三〇日周期)、これが四季の変化を生み出す。円通の梵暦理論では、須弥界の四洲の季節はそれぞれ異なり、季節の移り変わりとともに順次交代するとされていた。

しかし、円通の理論に従って、南洲が夏至であれば北洲は冬至、東洲と西洲では春分と秋分というように四洲の季節が交代するのであれば、南洲の春分の日には、「東洲ハ日高キカ故ニ、日最長キ事十八牟休多（時間の単位）トシ、西洲ハ日低キ故ニ、日最短キ事十二牟休多トス。設ヒ南洲昼夜等分ナリトモ、午前ハ長ク午後ハ短キ事、必定ナルベシ」[19]ということになる。円通もこれには気づいていたが、問題は「夜国」についての説明であった。「夜国」は、冬には夜が極端に長く、夏には昼が極端に長い地域のことである。北極圏に近いこの地域の存在を理論的に説明することは、当時の地理学や自然科学の知識を重視し、「現量」に即応することを目指す円通の梵暦理論にとって極めて重要であった。

円通は、太陽の軌道に高低差を設けることで夜国の問題を解決しようとする。南洲の夏に太陽が高くなり、対極に位置する北洲で低くなれば、逆台形状の須弥山の広い山頂部に阻まれて、南洲の夏の太陽光は北洲に届かない。逆に南洲の冬には、狭い山裾から光が漏れて、北洲では昼間の時間が長くなると考え、四時交代の説をたてたのである[20]。

この軌道の高低差を維持するためには、南洲の夏は北洲の冬というように、各洲の季節が交代しなくてはならない。環中の『須弥界四時異同弁』は、この理論の矛盾を取り上げ、円通の四時交代説を否定して新たに同四時説を唱えた。南北あるいは東西の高低差を軌道に持ち込めば、夜国の存在は説明できるが、春分には午前が長く午後が短く（日出の太陽は高く日没の太陽が低いため）、秋分には午前が短く午後が長い（春分の逆）といった矛盾を生じる。そこで環中は、須弥山を中心とする同心円状の均等な軌道を想定し、それが周期的に均等な拡大と収縮を繰り返すと考えたのである。

このため東西南北の四洲の季節は常に同じとされ、昼夜の長さも四洲同じとされた。自説について環中は、「全ク先師ノ闕ヲ補フノミ……先師ノ説ニ背クトイヘトモ仏説ニ合フ。則ハ先師ノ意ニ合フナリ」としている。[21] また、同四時説にもとづいて環中は、円通の「須弥界暦」を改めて、「改訂須弥界暦」を作った。[22]

これに対して、円通の有力な弟子であった信暁は『大寒気由旬便覧』（一八四六）を著して、環中の指摘に異議を唱えた。厳しい筆致で信暁は、「環中今書キナラベテ、一ツモ合ハズトイヘルモノヲ皆除キテハ、ホカニ造暦トモ天学トモイフヘキ物ナシ。弟子トシテ暦法ノ師ヲ破スルニ、暦法の緊要一ツモ不合トハ、師ノ首ヲキルトモイフベキ五逆罪ノ一言ナラズヤ」と、環中を批判している。[23]

かつて、円通が西洋の暦法に「定準」が存在しないこと（とくに地動説と天動説のくい違い）を理由に、「其恒ヲ変セザル」梵暦の優位を唱えていたことを考えれば、須弥界の天体の運行のシステムを根本的に変更する、環中の説を信暁が批判するのも無理からぬことであった。仏の「天眼」によって把握された「須弥界」のシステムは、まず不変の絶対性を有しているのであり、この正当性を観測あるいは計算可能なレベルで確立することが梵暦の役割であった[24]。

このため、円通は観測可能な天体の運行のシステムを「縮象」とし、これをモデル化した天球儀(縮象儀)を作成したのである。そのうえで円通は、「須弥界」のシステムをこうした見かけの現象を超えた「展象」であると見なしたのであった。環中の説は、この「展象」のシステムに変更を加えるものであり、師説の絶対性を信奉する信暁にとっては、到底受け容れられる説ではなかった。

こうした批判に対して環中は、異四時説の論理的な矛盾を指摘するばかりでなく、仏典の記述を引用して自説を補強し、円通自身も晩年は四時交代の説を疑問視していたことを強調している。しかし、信暁は円通の『須弥山儀銘並序和解』と『仏国暦象編』の記述を前面に押し立てて、これを一蹴している[25]。

信暁は、同四時説は須弥界の広大さを考慮せずに目先の計算にとらわれた妄説であり、仏説と師説に異を唱える資格はないとする。そして、円通から直接命じられて筆写した「仏暦由旬量」を図表化して、須弥界の暦算を計算するための基本的な数値を示し、これを数学者である広江彦蔵に依頼して詳細に計算し、四時交代説にもとづくさまざまな暦数を詳しく解説している[26]。

信暁の態度は、円通の著作を聖典化し、その変更を許さないというものであった。一方、環中は梵暦を説明するための理論の整合性を重視し、師説であっても誤謬は訂正すべきであるとする。円通からの書状や遺品をもとに、両者はともに、正統な継承者としてのお墨付きを得ていると主張した。

両者の相違は、円通を学問の師と見なすか、宗教的指導者と見なすかといった、両者の基本的な立場の違いでもあった。同四時派と異四時派の分裂は、宗教的世界観の実在性を科学的に証明するという、いまだ矛盾を同居させることが可能であった「近代」への移行期において、円通の梵暦が保持していた二面性を考えれば、むしろ当然の帰結でもあったのである。

円通の梵暦は、世界の「現量」とシステムを数理的・論理的に説明し、観測された現象と梵暦理論の整合性を求める科学的——あるいは擬似科学的——理論であった。しかし、その一方で梵暦は、仏陀の天眼によって把握された、観念的世界像の絶対性を主張する宗教的理論でもあったのである。

これに関しては、嘉永五年五月一四日の皆既月食について、信暁が興味深い観測記録を残している。望遠鏡を使用した山上での月食観測を終えて、信暁は次のように感嘆している。

外説の天文には月は光なきものにて、水に日影のうつりにて光て見ゆるといひけれども、今年十五分の月食にて十分にかゝるその間ハ一分二分より五分八分次第〳〵にかけゆきて、かけたるだけハ黒ければ地のかげなるやとも見へけれども九分九厘より十分とかけしまふをさかひにて　月の形の見へ出し（中略）闇気の中にまし〳〵てその月体赤々としてあきらかにわかりたまへる事、望遠鏡にても素眼にてもみな〳〵見る所同じければ、月は月にて光明ある千光明の御かたち（中略）あか〳〵と闇気をすきとをりて見へさせたまひける物なり。地の影などゝいふべき物にあらず（中略）仏法を信ずる身のありがたさを大仏の渋谷御堂の山上にて、大津の木仙より借用したる望遠鏡をかたじけなしとて、山上にあつまりたるその夜の人数五六十の僧俗男女仏説にうたがひはれざるは一人もなかりき(27)

この公開観測実験では、見えるままの世界の経験を重視する素朴な態度とともに、仏典の記述の正しさが称揚されている。西洋の学説では、月は自ら光を発しないとされているのに、月食の際にも月の輪郭と光を見ることができる。月自体が発光していなければ、「地の影」にあるはずの月の光を見ることはできないはずである。信暁は、この事実を望遠鏡で確認し、暗黒星である羅候星が月の発する光を遮るとする、仏典中の天文説の正当性を証明しようとしたのであった。

ここでは、望遠鏡を使って観察した事実を重視しながらも、「知っている世界」の実在性を素朴に信奉する立場がとられている。円通の梵暦は、観念的な仏教世界像の実在を素朴に信奉し、その絶対性を主張する一方で、「仏教天文学」としての梵暦と観測された事象の整合性を追及する理論でもあった。仏説の絶対性を前提としながら、望遠鏡で観測した現象によってこれを証明しようとするこの実験は、こうした梵暦の二面性をよく表している。

師説を字義通りに信奉する信暁と、論理的な矛盾を改訂しようとする環中は、ある意味では、ともに梵暦の正統な継承者であった。信暁にとって、師説を通して「知っている世界」は、環中が指摘するような説明上の矛盾を超えて正しい聖説であり、論理的な整合性を求めて変更できる理論ではなかった。しかし、「仏教天文学」としての梵暦にとっては、説明上の矛盾は致命的である。環中は、この矛盾を放置する方が、むしろ円通の意志に反すると考えたのである。両者の相違は、二つの理論の競合というよりは、護法論であると同時に天文学でもあった、梵暦の二面性のどちらを強調するかの違いであった。

新理論の展開――仏教天文学を目指して

同四時説と異四時説の論争は、円通の梵暦理論に内在する論理的矛盾を露呈することになった。このため、これを補完するより説得力のある説明を求めて、梵暦理論はさまざまなかたちに深化・発展されることになる。こうした新理論の展開は、梵暦運動がたんなる聖典至上主義的な護法論ではなく、理論の整合性を重視する科学論でもあったことを示唆している。

円通の弟子たちの理論的展開は、しばしば「師説の受け売り」と評される[28]。しかし、どの理論も仏説を重視する立場は維持している一方で、これらの新理論には、まったく新しい説明手法が導入されている。

こうした、新たな理論展開の機軸となったのが、仏陀の「天眼」によって見通された世界(展象)と、人間が技術を駆使して把握した「肉眼」の世界(縮象)という、円通が『仏国暦象編』のなかで展開した二元論的認識論であった。

たとえば、環中の弟子の一人である藤井最証(さいしょう)は、「展象/縮象」の二分法を使って、同四時説と異四時説の統合を試みている。藤井は環中の下で梵暦を学んだが、まず洋学の詳細を学ぶ必要性を感じて「大阪官立開成学校」に入り、「天文航海算術窮理学医学製作機械等ノ事」を学んだ暦算家でもあった[29]。

藤井は、明治一六年に刊行された『天学策励』のなかで、梵暦研究の必要性について次のように述べている。

日月星辰ノ大虚ニ運行スル。皆是レ自然ノ理ニシテ、而シテ数ヲ藉リテ以テ其理ヲ鮮明スルニ一トシテ顕ハレザルハナシ。然リト雖モ、其理ノ深幽幽微ナルニ至リテハ、固ヨリ人智ノ推測スベキモノニ非ズ。故ニ学者ノ見ル所モ、或ハ各々異ナリテ其数ヲ設クルモ亦同一轍ナラズ。故ニ或ハ天動ヲ説キ、或ハ地動ヲ談スルモ、唯其見ノ異ナルト其説ノ稍々正確ナルト否トニ在ルノミ。是ヲ以テ、吾輩モ亦経論所説ノ天学ニヨリ理ヲ論シ数ヲ立テ、以テ現見ニ適合セシムルトキハ日月横旋ノ理、須弥四洲ノ説自ラ成立セン[30]

「日月星辰」の運行は、すべて「自然ノ理」であるから、「人智」の及ぶ範囲の事柄は、すべて「数ト理」によって明らかにすることができる。したがって、仏典中の「経論所説ノ天学」（梵暦）にもとづいて、観測可能な事象の「数ト理」を実証できれば、誰も仏説を非難することはできないことになる。藤井が、最新の西洋科学を積極的に学んだのは、このためであった。

さらに藤井は、洋学の知識を背景にして、天文学理論としての梵暦の矛盾点を列挙し、これに答える問答形式を用いて、科学理論としての梵暦の妥当性について論じている。その矛盾点とは、①「四五十日」間の航海で地球を一周できるのは何故か、②アメリカと日本の時差、③地球の自転を証明する事象の存在、④太陽の見かけの大きさの変化、⑤北緯ではなく南緯における東西の距離の縮小、⑥北半球と南半球の「天象」の相違、の六つである。[31]これらは地球球体説を支持し、須弥山を中心とする平らな世界像に反する事象であり、数理二学と実験にもとづいてこれらの問題に反論できなければ、梵暦は学問として成り立たない。梵暦に天文学としての厳密さと実証性を付与することが、藤井の目的であった。

しかし、残念ながら『天学策励』のなかでは、完全な解答は与えられていない。藤井は、従来よりもはるかに規模の大きい実験と南極の探査の必要性を提言し、これによって三種の実証（三証）を得れば、梵暦の正当性を証明できるとする。従来の地球説の批判は、地球が動いていれば、矢を放っても決して的にはとどかない、といった印象論的な批判が主であった。

藤井は、このような批判は「運動ノ則」を理解していない稚拙な説であると批判し、本当に地球説を批判するのであれば、はるかな上空から地上の的を射るような実験が必要であるとする。しかし、このように大規模な実験や南極の探索には莫大な費用が必要になる。藤井は、「嗚呼、余ハ資本ノ欠乏スルカ為メニ、前ノ三証ダモ経験スルヲ得ズ。希クハ護法有志者ノ賛成ヲ得テ、此挙ヲ果タス事ヲ」[32]と経済的な援助を呼びかけているが、願いを果たすことはできなかった。藤井にとって梵暦の正当性は、どこまでも実証的に議論すべきものであったのである。

同四時・異四時の問題については、『本朝梵暦師資系譜』に藤井の説が紹介されている。これによると、円通の梵暦理論の問題点は、「肉眼」でとらえた「縮象」と「天眼」でとらえた「展象」を混同したことにある。

藤井は、肉眼では捉えられない世界の「展象（実象）」が人間の観察にとっては「縮象（仮象）」として現れるメカニズムについて、須弥界を支える風輪の動きと光線の屈折を使って説明しようとした。平らで広大な須弥山をめぐる世界が、肉眼による観測では地球説を支持しているように見えるのは、世界を支える五種の風輪によって光線が屈折し、閻浮提洲の一周を地球の一周と錯覚するからである。

藤井は、「実象」の世界は太陽系を超えた宇宙の広がりであるとし、数理二学によってその実相を解明できると考えた。つまり、観測可能な事象（仮象）は、もはや実在する世界のシステム（実象）と一致する必要はないのである。現実経験を超えた世界のシステム（実象）が観測不可能なのは、観測者である我々の観測条件に限界があるからである。観測不可能な「実象」が、観測可能な現象（仮象）として現れているメカニズムを明らかにすることによって、観測された現象（縮象）と須弥界のシステム（展象）を直接に結びつける、円通の理論の矛盾を解消しようとしたのである[33]。

第二章及び第三章で詳しく論じたように、円通自身も「展象」と「縮象」の認識論的な差異を念頭に、梵暦理論を展開していた。しかし、なぜ「展象」が「縮象」として経験されるのか、といった疑問に対しては、仏陀の天眼の絶対性と肉眼による観察の相対性を対置するだけで、説得力のある議論はしていない。このため、梵暦の新理論の多くは、「展象」が「縮象」として認識されるメカニズムを考察することに力を注いでいる。

たとえば、環中の弟子であり、著名な護法論者でもあった佐田介石は、見かけの天球（視象天）と実相としての天界（実象天）とを二元化し、そのシステムを説明するために「視実等象儀」を作成して、これを明治一〇年の「内国勧業博覧会」に出品したことは良く知られている。

人間の認識による「視象」は、たとえば西洋天文学で大きさ「八十二万二千一百四十八里」とされる巨大な太陽が、地上から見れば「僅カ七八寸」に見えるように、「実象」とは異なる。こうした影響を及ぼす原理として、介石は「大小ト広狭ト視遠近ト視高低」という「四種ノ視象」を挙げ、「視実両象ノ理」を悟ることが最も大切であるとする。[34] 視実等象儀は、須弥界の四洲をそれぞれ見かけの天球（視象天）によってドーム型に覆い、その上方で水平な軌道を保つ「実象天」の天体の動きが、ドームの下で暮している人間には仮の「視象天」として映るメカニズムをモデル化している。「視象天」と「実象天」の相違は見かけの違いであり、実体は同じであるとする考え方は、藤井と共通している。介石の理論は、藤井説をより具体的に展開した説とも言えるだろう。

また、慶応三年（一八六七）に『護法新論』を著した禿（花谷）安慧は、異四時説を採用しながらも、藤井や介石の説と同じように視象と実象を区別する新説を立てている（ちなみに、藤井最証と佐田介石は、同四時説を唱えた環中の流れを汲んでいる）。安慧によれば、問題の根源は「縮象ノ見界」に映る現象を須弥界の実象と混同することにある。須弥界を支える風輪の働きによって、人々の視線に屈折の生じることが、「真象」を見ずに「仮象」を見ることの原因なのである。安慧は、『眼勢論』（江戸後期）を著して光の屈折現象を説明した、池部大道とともに視線の屈折の研究の必要性を説いた（安慧と池部大道の関係性については、まだまだ確認すべき事柄が多い）。

安慧が自ら「新論」と称する梵暦理論は、同四時説・異四時説の対立を無効化することを目的とする。明治一四年(一八八一)に刊行された、『天文捷径古之中道』のなかで安慧は、同年に『日月行品台麓考』を著して、結局は同四時説を支持した佐田介石を厳しく批判し、「実象ハ異四時ニテ、視象ハ同四時ト立ルカ律師ノ真面目ナリ」として、円通の本意は異四時でも同四時でもなく、どちらの主張も師説の一面のみを取り上げた誤謬であることを強調している。同四時・異四時の矛盾を乗り越える「捷径(ちかみち)」は、開祖の中道、すなわち「実象ハ異四時ニテ、視象ハ同四時」という古説をもう一度見直すことなのである。(35)

安政五年(一八五八)に『須弥界義』を著した霊遊もまた、「縮象界」と「須弥界」を二元的に捉えている。同書のなかで霊遊は、「須弥界ノホカニ縮象界ノアルニハアラス。コレヲ縮スルトキハ縮象界トナリ、コレヲ展スルトキハ須弥界トナル」(36)とし、世界の真実相としての「須弥界」の他に、別の「縮象界」は存在しないとする。「縮象界」の「縮象」と「須弥界」の「展象」が齟齬するのは、縮象界に住まう人間の観測能力に限界があるからなのである。

最も時代が新しいものでは、藤井最証が校閲した、渡辺龍潭『仏国真天談』(一八八五)などは、実際には平らな世界を球形と見誤ることの理由について、ある意味ではかなり科学的な説明を積み重ねている[37]。

真実の天象が見かけの天象として、誤って観測されるメカニズムを解明すれば、縮象界の現象と真実在としての須弥界のシステムがまったく同じイメージとして捉えられないことは、むしろ当然のことになる。このように、異四時・同四時両説を採る立場から、肉眼に写る現象の世界（縮象界）と、天眼に捉えられる実相の世界（須弥界）とを橋渡しする議論が展開された。「縮象界」と「須弥界」をこのように二元化すれば、基本的に縮象界における観察上の矛盾に端を発する同四時説と異四時説の食い違いは、意味をなさないことになるだろう。

目に映る現象の世界と広大な須弥界のシステムを二元化し、我々を閻浮提洲という世界の籠の鳥と考えれば、肉眼で捉えられる「縮象」と天眼によって把束された「展象」との矛盾——たとえば、四洲の四季が交代するかどうか——は、大した問題とはならない。これは太陽系のシステムのなかで、地球が太陽の惑星であり月が地球の衛星であることが、地球という惑星の籠の鳥である人間には、日常的に実感できないことと同じである。

このため、梵暦の新理論は、展象（実象）は展象としてそのシステムを明らかにし、展象が縮象（仮象）として現れるメカニズムを解明することで、異四時説と同四時説の対立を生んだ梵暦理論の矛盾を解決しようとしたのである。

問題なのは、「どう見えるか」ではなくて、観察された現象と理論的なシステムとの整合性である。環中と信暁に代表される、異四時説と同四時説の対立がしばしば特筆されるが、新理論の争点は、むしろ展象と縮象の関係を明らかにすることであった。この場合にも「数理二学」による解明が重視され、円通の時代以後に紹介された近代科学の成果が理論に取り入れられている。

しかし、藤井や佐田介石らの活動を最後として、梵暦運動自体は急速に衰退し、明治末期にはほとんど省みられることもなくなった。「仏教天文学」として展開された新理論は、同四時説と異四時説の対立を解消することはできた。しかし、観念的な仏教世界像と近代科学的な宇宙像を混同する梵暦の矛盾は、「数理二学」にもとづいて、天文学としての整合性を追及すればするほど避け難くなる。さまざまな文献が証明する普及範囲の広さにもかかわらず、梵暦運動は急速に姿を消していくことになる。

梵暦運動の解体と「近代」

幕末から明治期の仏教界を代表する僧侶の一人である福田行誡は、教導職に須弥山を中心とする世界像を説くことを禁止した教部省への対抗措置として、明治一一年（一八七八）に「須弥山略説」を著し、いわゆる「須弥山説」の重要性を訴えかけている。

そこでの基本的な論法は、まず須弥山に関する記述の出典を網羅し、次に須弥山の実在を確認したとする仏典の記述をいくつか紹介し、さらに須弥山をめぐる世界の様態と各部の「広狭之量」を紹介するというものである。行誡は、巻末で円通と「梵暦学」を紹介しているが、目次の条目の一つに「仏ノ須弥ヲ説ク　測量推歩ノ為メニ之ヲ設クルニ非ルコトヲ示ス」[38]とあるように、「須弥山説」の天文学上の意義を主張する梵暦社中の人々——とくに、環中や藤井のような科学理論としての梵暦の価値を主張する人々——とは、異なる立場を強調している。

行誡の目的は、宗教的真理と科学的知識を分断して、須弥山説の教理的意義を強調することであり、聖典至上主義的な立場が前面にだされている。これは宗教論と科学論を混同する梵暦理論とは、正反対の立場であった。

須弥山説や梵暦の科学理論としての実用性を強調するのではなく、仏典の記述を教条主義的・原理主義的に擁護しようとする態度の変更は、新しく導入された「西洋天文学」が「仏教天文学」と並置され得た状況では、まだ一般化していない。円通の時代には、梵暦理論（仏教天文学）は新しく導入された西洋天文学と並存できる天文学理論であった。円通は、見かけの「縮象」を超えた「展象」としての「須弥界」のシステムを西洋近代の宇宙像に対置させたが、現実経験の世界を超えた「須弥界」のシステムの存在自体は、ある意味では当時の西洋天文学の理論とも矛盾しない。

太陽が東から登って西に沈むという見かけの「縮象」を、須弥山の中腹を横旋する日月の運動という理論上のシステム（展象）によって説明する手法は、理論上のシステムの整合性によって地球中心の宇宙像を太陽中心に置き換える手法と形式的にはよく似ている。我々は、太陽系のシステムの存在を日常生活のなかで体験することはできない。日常経験に即して考えれば、地球中心のシステムの方が妥当だろう。このことが、当初は梵暦と西洋天文学が平行して存在できたことの理由であった。しかし、近代科学による現実経験を超えたシステムの説明を宗教的・観念的世界像と同一視した梵暦は、科学論と宗教論の質的な差異が明確にされるにつれて――あるいは、近代的な科学論と同時に近代的な宗教論が一般に浸透するにつれて――次第に姿を消していくことになる。

近代科学の営みは、マクロとミクロの双方向において、日常的な現実経験を超えた世界のシステムの実在を論証してきた。しかし、その説明根拠は、円通の場合のように絶対化された観念的世界像ではなく、理論の客観的な整合性と実証性にある。梵暦社中の人々の新説に見られるように、「仏教天文学」としての理論の整合性を追及する営みは続けられたが、「数理二学」にもとづいて理論の整合性と実証性を追求していけば、平らな世界像にもとづく梵暦理論が消滅するのは時間の問題であった。日常的な現実経験を超えた「世界」の科学的説明と宗教的観念の相違が明確に意識され、梵暦を忘れることが強いられる状況下で、はじめて言説の方向性が変わっていく。

幕末から明治初年にかけて非常に盛んであった、仏教諸宗派の天文学への関心が急速に衰退していくのは、明治五年の太陽暦の採用とその後の教導職への須弥山説停止だけが理由ではなく、梵暦の言説自体に内在する、こうした構造的な要因も大きいのである。このことが、梵暦の消滅が「沈黙」をともなうことの理由であった。

しかし、この突然の消滅と沈黙は、梵暦運動が近代科学への「伝統主義的な反動」であったことに起因するものではない。むしろ近代科学の言説の枠内において、仏教世界像の意義を再確認しようとしたからこそ、梵暦は消滅せざるを得なかったのである。

聖典至上主義的な須弥山説擁護論と梵暦理論は、しばしば混同されがちであるが、原理主義的な近代化への抵抗は、宗教論が科学論に対して沈黙せざるを得ない知的状況下において、はじめて生じるのである。このことはまた、科学的な知識と宗教的真理を二元化し、宗教的真理を観念的に——あるいは、ただ観念的にのみ——論じる意識の登場をうながすだろう。[39]現実経験を超えた「世界」についての科学的説明と宗教的観念の差異が自明化されるなかで、観念的な仏教世界像の意義は、一方ではこれを字義通りに受け容れることをせまる聖典至上主義として展開し、他方ではより観念的なレベルで宗教的真理の意味を捉える、「哲学仏教」や「近代仏教」と呼ばれる方向に展開していくのである[40]。

イスラム原理主義の研究者として知られるブルース・ローレンスは、「近代主義（modernism）」と「原理主義（fundamentalism）」を不可逆的に進行する「近代（modernity）」に対する、表裏一体の反応と見なしている。梵暦運動の消滅とその後の「近代仏教」の展開は、こうした認識を補完するとも言えるだろう[41]。

科学的説明と宗教的観念を混同し得る知的状況においては、「仏教天文学」は、原理主義的な実在論にも観念的な宗教論にもなることはできない。梵暦運動が沈黙し、科学的知識と宗教的真理の二元化が強いられる知的状況のもとで、聖典至上主義や観念的な再解釈が展開されるのである。

梵暦運動は新しい「知」の枠組み――ここでは、どのような世界の記述が妥当性を持っているか――が一般化する初期の段階にあって、それ以前の世界記述のスタイルと新しいスタイル――ここでは観念的な象徴表現と科学的な説明――が同居する二重性を持っていた。このことが、科学理論であるとともに仏典研究でもあるという、特異な立場を梵暦に与えたのである。

しかし、当初は可能であったこの二重性は、時代を下るにつれてその矛盾を露呈していく。近代科学の提示する現実経験を超えた世界のシステムが、単純に観念的な世界像とは質的に異なることが認識され、宗教的な世界像——必ずしも仏教世界像に限らない——の現実性が失われるにつれて、梵暦はその姿を消した。その後の「沈黙」が、帝国学士院を訪れた老人が狂人扱いされるほど完全であったことは、梵暦をめぐる知的状況の変化が、他の選択を許さない強制力を持っていたことを示している。

こうした「限界づけられた知」のあり方は、あまりに自明であるがゆえに意識化されることは少ない。しかし、梵暦に「沈黙」をもたらした知的状況の変化は、宗教的観念のマテリアリティや身体性の喪失、さらには内面倫理化や個人の信仰の重視といった、近代宗教論の基本的な言説とも無関係ではないだろう。

梵暦運動の華やかな展開と突然の沈黙という「小さな歴史」は、識域下で進行するより広い知的枠組みとしての「近代」、すなわち近代の宗教論がそこで発話される歴史的条件を考えるための指標の一つでもあるのである。次章では、梵暦と近代仏教思想の関連について、さらに考えていきたい。

註

（1）佐竹淳如『勤王護法　信暁学頭』（大行寺史刊行後援会、一九三六年）、一一九頁。工藤

を「本邦最後の梵暦家」と称しているのは、横浜市立大学図書館『梵暦蒐書目録』（一九六九年）の冒頭である。

（2）工藤が戦時中に平安期の真言宗僧侶である「真如親王」の記念施設をシンガポールに建設し、大東亜の宗教統合を目指す「真如親王奉讃会」に関与していたことは、奉讃会の機関誌である『大願』（二〇九号・二一二号）において確認することができる。なお、これについては大澤広嗣氏にご教示いただいた。

（3）「梵暦運動」という言葉の使用は、工藤康海の研究（工藤康海「普門律師の梵暦運動と師の略伝」『明治聖徳記念学会紀要56』一九四一年、及び工藤康海「護法梵暦運動史上に於ける信暁学頭の芳躅」佐竹淳如『勤皇護法　信暁学頭』大行寺史刊行後援会、一九三六年）に始まる。これに先行する伊東多三郎（一九三四）や木村泰賢（一九二四）の論文には、「梵暦運動」という表現は見られない。同時期の板沢武雄（一九四一）の論文に関しては、板沢本人が、仏光寺関係者から寄贈された信暁の伝記（『勤皇護法　信暁学頭』大行寺史刊行後援会、一九三六年）及びこれに掲載された工藤の論文を通して、円通とその門弟たちの活動を知ったと明記している（一八頁）ので、やはり工藤の造語ではないだろうか。また、明治の仏教者たちが梵暦を論じたなかには、少なくとも管見ではこうした表現は見当たらない。「梵暦」を円通一人の発明とするのでなく、展開をともなった思想運動ととらえたことは、工藤の卓見だろうと思う。

（4）円通とその弟子たちの活動を紹介した従来の研究としては、伊東多三郎「近世に於ける科学的宇宙観の発達に対する反動に就いて」(『宗教研究』一一―二、一九三四年)、工藤康海「普門律師の梵暦運動と師の略伝」(『明治聖徳記念学会紀要56』一九四一年)、板沢武雄「江戸時代に於ける地動説の展開と其の反動」(『史学雑誌　五二―一』一九四一年)、吉田忠「近世における仏教と西洋自然観との出会い」(『大系仏教と日本人　第一一巻　近代化と伝統』春秋社、一九八六年)、などがある。これらに共通する視座は、梵暦運動を近代化に対する反動ととらえ、その聖典至上主義的な伝統主義を強調することにある。これでは、梵暦の「仏教天文学」としての側面を評価することは難しい。近世天文学史全体のなかで、梵暦運動を紹介したものでは、渡辺敏夫『近世日本天文学史　上』(恒星社厚生閣、一九八六年)が詳しい。梵暦運動の経緯をまとめたもので最も古い文献は、普光融満『本朝梵暦師資系譜』(国立国会図書館蔵版、一八八三年)であろう。また、明治期の仏教思想家の多くは、しばしば梵暦運動に触れている。

(5)ヘルマン・オームス『徳川イデオロギー』(ぺりかん社、一九九〇年)三七九頁。

(6)前掲、工藤康海「普門律師の梵暦運動と師の略伝」四〇頁。

(7)信暁『大寒気由旬便覧』(大谷大学図書館蔵版、一八四六年)三丁裏~四丁表。

(8)詳しくは、小出植男編『小出長十郎先生伝』(国立国会図書館蔵版、一九一七年)一六頁を参照されたい。ここで紹介されている、小出長十郎から土御門家に提出した文書は、円通の梵暦運動を知るうえでも、貴重な史料になっている。円通が、河野通礼から天文学を学んだことは、ここで小出が紹介している史実である。土御門家と関係の深かった小出の記述には誇張もあるが、作為的な記述ではないだろう。

(9) こうした書簡の代表的なものとしては、信暁が創建した大行寺（仏光寺派）に残されていた「普門律師梵暦開運江戸状」その他がある。佐竹淳如『勤皇護法　信暁学頭』（大行寺史刊行後援会、一九三六年）五八～六二頁には、円通から信暁に宛てた書簡の全文が翻刻されている。これによれば、東叡山の仙葉のような論敵と議論をたたかわせながらも、文政五年（一八二二）頃には、幕府からも梵暦弘通を認められている（出版は公には認められていない）ようである。

(10) 前掲、工藤康海「普門律師の梵暦運動と師の略伝」四一頁。

(11) 宣長や篤胤の門人層については、芳賀登『幕末国学の展開』（塙書房、一九六三年）二九二頁を参照のこと。本章では、円通没後の新理論の展開に焦点を置いたが、梵暦社中の社会層や地域的分布などを視野に入れた具体的な活動の研究も必要である。幕末から明治期にかけての知的ネットワークの在り方を考えるといった、広い問題意識から他日これに取り組んでみたい。

(12) 佐竹淳如『勤皇護法信暁学頭』（大行寺史刊行後援会、一九三六年）一三九～一四六頁によれば、「梵暦開祖の碑」は、濃州（大垣）、京都（東山）、尾州（名古屋）など、各地に建立されたようである。京都東山・仏光寺本廟と岐阜県大垣市・長源寺、名古屋市千種区・法応寺の石碑については、著者も現存を確認している。信暁の郷里である岐阜県大垣市の長源寺に残された「大日本国仏暦開祖　普門律師之碑」（天保一〇年）は、現在もその威容を保っており、往時を偲ぶことができる。また、京都東山の仏光寺御廟所内に建てられた「梵暦開祖之碑」の前では、毎年円通の正忌日（九月四日）に信暁をはじめとする梵暦社中の人々が集まって、回向供養をしたという。著者もこれに倣って、しばしば仏光寺本廟を訪れている。嘉永二年に建碑された法応寺の頌徳碑は、円通の一七回忌に尾州の梵暦社中によって建碑されたらしい。現地では、不動明王の反対側に位置する句碑の方が有名なようであるが、保存状態はとても良い。

(13) 前掲、伊東多三郎「近世に於ける科学的宇宙観の発達に対する反動に就いて」八九〜九一頁。

(14) 佐竹淳如『勤皇護法信暁学頭』（大行寺史刊行後援会、一九三六年）一三六〜一四七頁。

(15) 信暁『山海里　八篇下』（一八五二年）一九丁表〜一九丁裏。

(16) 前掲、伊東多三郎「近世に於ける科学的宇宙観の発達に対する反動に就いて」二六九〜二七二頁によれば、真宗各派にとどまらず、天台宗でも天文暦学の講座が行われていたようである。著者が参照した『仏国暦象編』は、元天台宗大学蔵書版であるが、『須弥山儀銘並序和解』、『梵暦策進』などは、元浄土宗図書館の所蔵版である。また、手許にある円通の『羽翼原人論略解』の巻末には、増上寺の出版物の広告が多数掲載されているが、そのなかに『仏国暦象編』や『須弥山儀図』といった梵暦関係のタイトルが多く含まれている。幕末維新期の各宗派における梵暦講義の実態については、また別の機会に詳しく調べてみたい。

（17）前掲、佐竹淳如『勤皇護法　信暁学頭』一五六～一六〇頁。ここでは、信暁の処方によって売られた薬として、「うそなし　如法湯」、「大悲丸」、「いたみとめくすり　後善膏」、「健児丸」、「ぢのくすり」が紹介されている。ちなみに同書には、大行寺に信暁が置いた梵暦学舎の門人として、小幡徳義・徳常父子をはじめとして、恵光、信円、円熙、聖意、秀幢などの名前が挙げられている（一三六頁）。

（18）大正一一年に『新釈　原人論詳解』（日本禅書刊行会）を著した大友洞達は、近世における『原人論』の注釈書を代表する研究書として、普門円通の『羽翼原人論略解』を紹介している（九頁）。

（19）環中『須弥界四時異同弁』（天理図書館蔵版、一八四三年）七丁表。

（20）円通の梵暦にとって、「夜国」の説明がいかに重要であったかについては、吉田忠が詳しく論じている（前掲、吉田忠「近世における仏教と西洋自然観との出会い」一二八～一二九頁）。また、円通の所説については、『仏国暦象編』のなかで「北地ニ夜極短之国有事ヲ弁ス」と題してまとめられている（円通『仏国暦象編』巻三、九丁表～一〇丁表）。

（21）前掲、環中『須弥界四時異同弁』一八丁裏～一九丁表。

（22）前掲、普光融満『本朝梵暦師資系譜』二丁表。環中の暦書の最も早いものは、管見では、円通の没年である天保五年の暦表を記した『紀元暦書』である。円通述・環中編とされ、天保一三年の暦表を記した『縮象符天暦書』（一八四二）は、その後に刊行された、円通述・門弟編『須弥界約法暦規』（一八五〇）などの底本となっている。「縮象符天暦」という名称は、しばしば梵暦社中の人々の暦書のタイトルとして使用された。これは、「縮象界」の天象を考究するのが梵暦の役割であり、「符天暦」は宿曜師の暦を意味していたからであろう。梵暦社中の人々の暦書を総称する名称として、使われていたようである。

(23) 信暁『大寒気由旬便覧』(大谷大学図書館蔵版、一八四六年)三丁裏。ここでの「大寒気」は、「獅子身中ノ虫ヲコロス」(二丁表)強い寒気のこととされている。当時の信暁の心情をそのまま表現した言葉なのであろう。

(24) 円通『仏国暦象編　巻之二』二二丁表。「展象」と「縮象」については、本書の第三章において詳しく論じている。

(25) 前掲、信暁『大寒気由旬便覧』二丁表～二丁裏。

(26) 同右書、一四丁～四九丁。本書の大部分は、広江彦蔵に依頼した暦算の紹介となっている。『山海里』の記述等を見ても、信暁は算術に優れた理論家ではなく、むしろ当時を代表する説教者の一人であった。こうしたことも、環中との確執の背景にあったのではなかろうか。

(27) 信暁『山海里　八篇下』一五丁裏～一七丁表。また、異四時派に属する人々の活動としては、信暁が序文を書いた、円熙『仏暦図説』(安政三年・一八五六)のように、一般に梵暦を普及することを目的として、一二宮や二八宿などについて仏説をもとに解説し、仏説における日の吉凶などをわかりやすく説明する暦注の解説書も出版された。これらは、梵暦にもとづく仏教占星術の解説書である。信暁のグループは、普及版の仏暦の頒布にも力を入れていた――たとえば、本書一九七頁に引用した一枚刷りの略暦・「須弥界由旬暦書」など――ようであり、彼らにとって梵暦／仏暦は、天文学理論というよりも通俗の暦法と同じように扱われていた側面がある。こうしたことも、異四時派と同四時派の対立の背景にあるのではなかろうか。易や暦としての仏暦は、西洋暦の採用・不採用とは無関係に存在する意義がある。本書では、明治以後の仏暦の動向について調査することはできなかったが、本章で指摘した「梵暦開祖」としての円通への崇敬姿勢の差異とともに、具体的な活動内容を精査しながら、「同四時派」と「異四時派」の対立について考えていく必要があるだろう。

(28) 代表的な見解としては、前掲、吉田忠「近世における仏教と西洋自然観との出会い」（一三三頁）を参照のこと。
(29) 前掲、普光融満『本朝梵暦師資系譜』三丁裏。
(30) 藤井最証『天学策励』（国立国会図書館蔵版）一八八三年、一丁裏。
(31) 同右書、二丁表〜四丁表。
(32) 同右書、六丁表〜裏。
(33) 前掲、普光融満『本朝梵暦師資系譜』四丁表〜五丁表。
(34) 佐田介石「視実等象儀記初編」（『明治仏教思想資料集成　第五巻』同朋舎、一九八一年）三七五頁。
(35) 禿安慧『天文捷径古之大道』（国立天文台図書室蔵）一〇丁表。

(36) 霊遊『須弥界義』(大谷大学図書館蔵、一八五八年) 四〇丁裏。霊遊が同四時と異四時のどちらを支持していたかについては、簡単には判断できない。万延一年(一八五四)の『日月西行帙』では、異四時を支持しているところもある。しかし、慶応四年(一八六八)の霊遊の講義録(『須弥界実験暦書三聞香記』)では、完全に同四時説を支持しているようである。

(37) 渡辺龍潭『仏国真天談』(国立国会図書館蔵、一八八五年) 一三丁裏～一五丁裏。渡辺龍潭については、前掲、普光『本朝梵暦師資系譜』に、藤井最証の「二上足」の一人(もう一人は普光融満)として紹介されている(五丁裏)。

(38) 福田行誡「須弥山略説」(『明治仏教思想資料集成　第六巻』同朋舎、一九八二年) 一〇一頁。

(39) こうした科学的知識と宗教的真理の二分法をここでは、「近代的真理二元論」と呼んでおきたい。この二分法は、原理主義であれ近代主義であれ、あらゆる近代宗教論の基幹的な言説である。円通も「慮知」と「智慧」を分断した人間の認知能力の二元性を強調し、これが「縮象」と「展象」という二元論の基盤となっている。しかし、「須弥界」を近代科学の世界像と混同する円通の「慮知」と「智慧」の分断という二元論は、科学的説明の絶対的優位を前提とする近代的真理二元論とこれにもとづく宗教論とは質的に異なる(詳しくは、第二章を参照のこと)。

(40) たとえば、井上円了は独自の「妖怪学」を体系化するなかで、この世界に存在する「不思議」としての「妖怪」を、人知を超えた「真怪」と説明可能な「偽怪」とに分け、宗教や哲学の対象は、この真に不可思議な「真怪」であるとする。円了は、須弥山説の科学的な説明をしばしば促しているが、そこでの態度は、仏教思想によって近代科学を基礎づけるというものであった（井上円了「須弥説研究ノ必要ヲ論ス」『東洋哲学　三―二』一八九六年）。政教分離運動の立役者であった島地黙雷は、須弥山の有無について、「是れ実有の山には非ず、乃至妙高の名を借り来て仏意三昧の字□なる地位を表す」とする（島地黙雷「須弥山説に就て」『島地黙雷全集　第三巻』本願寺出版協会、三〇一頁）。また、近代的信仰の確立者と評される清沢満之は、梵暦について「世界の構成や、万物の組織に就いての説は、学説としては色々の研究が必要なれども、宗教に関しては、いずれの説にても、差支はないということが明らかならぬのが、当時の状況であったと申してよろしい」とし、主体的信仰の対象としての宗教的真理と、説明のための科学的知識を二元化する立場――満之の場合、宗教的真理は哲学・倫理上の解釈とも分断される――を表明している（清沢満之「精神主義　三」寺川俊昭・松原祐善編『定本　清沢満之文集』法藏館、一九七九年、二二一頁）。

(41) ローレンスによる「近代／近代主義／原理主義」の定義は以下の通りである。「原理主義」は、全体的で絶対的な宗教的権威の肯定であり、いかなる批判や還元も認めない。公に認められ、法制化された聖典から引き出される特殊な教義的・倫理的な命題は、集団的な強制力を通して表明される。

［近代］は、人間生活の新たな指標の登場である。結局のところ、これは近代以前には考えられなかった技術能力とグローバルな交流、さらには官僚制化と合理化の促進によって形成される。

［近代主義］は、個人の自立性の探求である。これは継続よりは変化、価値よりは量、能率的な生産、権力、伝統的な価値観や職業への共感よりは利益の重視といった、公私の領域において社会的にすり込まれた一連の価値によってもたらされる。（Lawrence,B.B. *Defenders of God*. Harper & Row, 1989, p.27）

第五章　須弥山の行方——近代仏教の言説空間

われわれは、時計の時刻を「みる」ことができる。われわれにとっては、魂は時間よりも抽象的なものなのである。しかし、時計をもたなかったギリシア人にとっては、時間は一つの全体的な抽象であった。それに反して、魂は脊椎と頭の活力を構成する一物質として考えられており、男性の精液の集合的本体の一種を形づくるものと考えられていた。

——E・R・リーチ

「時間の象徴的表象に関する二つのエッセイ」

近代仏教と須弥山説

「近代的信仰」の確立者として名高い清沢満之（一八六三〜一九〇三）は、江戸末期から明治初期における仏教思想の状況について、次のように述べている。

御維新の時、政治上の大混雑のために宗教が殆んど忘却せられた様になり、其後世の鎮静と共に、宗教の事が彼れ此れ評判せらるゝようになりた時、第一番に議論の種となりたのが、須弥天文の説や、天地創造の説であります。仏経中に顕はれてある須弥天文の説を論議する為に、佐田介石、禿安慧と云ふ様な人々が、非常に尽力せられたことは、世人の知る所であります。(1)

明治維新の激動のなかで、日本の仏教は神仏分離や寺社領上知など、これまでの活動基盤を揺るがす大きな変化に直面した。全国に吹き荒れた廃仏毀釈の嵐が静まるにつれて、新たな時代のなかで「仏教」の意味を問い直す、新たな思想が芽生えてくる。

こうした仏教思想の展開の起点に位置づけられているのが、西洋の天文学に対抗して仏教天文学の有効性を主張し、地球説に対抗して仏典中の平らな世界像の正当性を論証しようとする人々の思想であった。[2] 須弥山を中心とする世界の実在を証明しようとした、佐田介石や禿安慧などの活動を評して満之は、「世界の構成や万物の組織に就ての説は、学説としては色々の研究が必要なれども、宗教に関しては、何れの説にても、差支はないということが明らかならぬが、当時の状況であった」[3] とし、科学的知識と宗教的真理の混同を戒めている。

こうした「天文説や創造説の論議」が消え去ると、今度は「哲学上の問題」によって宗教の価値を論じる動きが生じ、さらには仏教のもたらす「社会上の利益」や「倫理上の徳行」を強調し、それをもって仏教の必要性を訴える議論が展開される。満之は、これらをすべて「誤謬」として退け、自らの「精神主義」の立場を宣明する。

つまり、精神主義は「近代」が突きつける諸問題を克服するために、①「須弥天文の説や、天地創造の説」を取り上げる科学論、②「哲学上の問題」を重視する哲学論、さらには、③「社会上の利益や、倫理上の行為」を重視する実践論といった「宗教を門外より批評する」立場を超克し、④「客観的構成」にとらわれることのない内観主義、あるいは主観主義として確立された信仰論なのである。精神主義は、「近代」がもたらす「宗教」の課題を最終的に克服する「信仰」なのだ。

明治期の仏教思想の展開は、「近代的信仰」の確立を頂点とする、この四段階の発展モデルをもとにして論じられることが少なくない。しかし、清沢満之のモデルは、自らの「精神主義」の立場を明確にするためのレトリックであり、この歴史的発展モデル自体が実情に即しているかどうかについては、さらに検証する余地があるだろう(4)。

また、清沢満之の近代仏教思想史論が、西洋の近代科学（とくに天文学）との出会いを起点とし、その克服をもって「近代的信仰」の確立を謳いあげていることは注目に値する。「宗教と科学」という、この時代の人々にとっての主要なテーマは、①から④までの宗教論のすべてにおいて活発に議論されており、その多くが「須弥山説」に言及している。

世界の形状は、風輪・水輪・金輪という円盤の上方に位置する平らな世界であり、その中心には巨大な須弥山がある。この周囲を八つの山脈と八つの大海が同心円状に取り巻き（九山八海）、一番外側の大海の南方に、我々の住む閻浮提洲がある。あらゆる仏教教説の背景にある、こうした円盤状の世界像と近代科学の自然観（とくに地球の概念や地動説）との対立は、「近代」が宗教に突きつけた知的な課題を代表する軋轢であった。

近代科学の自然観の正当性が自明視される状況において、須弥山を中心とする世界像を説くことに、いったいどのような意味があるのか。この難問を克服し、宗教と科学を架橋することは、一九世紀の仏教思想にとって避けて通ることのできないテーマであり、①～

④のすべての宗教論に共通する課題の一つであった。このため、「須弥山説」というフィルターを通して「近代仏教」の歴史的展開を眺望すれば、そこには議論の断絶よりも、むしろ共通の言説空間が立ち現れてくるだろう。[5]

本章では、立場を異にする明治期の仏教思想家たちが、それぞれ須弥山を中心にした仏教世界像をどのように概念化し、説明してきたかを検討しながら、これらの議論を支える共通の言説空間について考えていきたい。直線的な発展図式や思想の系譜ではなく、近代の仏教思想全体に通底する言説に目を向けることによって、これまでとは違った角度から「近代仏教」の意味を問い直していきたい。

佐田介石の視実等象論――視象と実象

清沢満之が「須弥天文の説」の擁護者として名前をあげ、宗教と科学の混同を批判している佐田介石（一八一八～八二）は、その特異な護法・護国思想によって知られている。しかし、「奇人」とも称された介石のユニークな思想も、須弥山説をめぐる議論に関しては、満之の信仰論とそれほどかけ離れたものではなかった。[6]

佐田介石の活動は、洋風偏重に反対する国産品愛用運動から「創世記」を中心にしたキリスト教批判まで、多岐にわたっているが、なかでも最も良く知られているのは、内国勧業博覧会への「視実等象儀」の出品である（図5）。明治一〇年、東京・上野で開催された第一回内国勧業博覧会は、一〇二日間の開催期間に四五万人を超える入場者を集める大盛況であった。博覧会には、八万四千点を超える展示物が出品されたが、なかでも注目を集めていたのが、介石の「視実等象儀」であった[7]。

「視実等象儀」は、須弥山を中心とする円盤状の世界をモデル化したものである。この儀器では、須弥山を取り巻く八つの山脈と八つの海は省略されているが、須弥山の場所にあたる中央部に心棒が据えられている。

中央の心棒（須弥山の位置）を取り巻く外海には、東西南北に四つの大洲が配置されており、南に位置する大洲が我々の住む世界である。視実等象儀では、四大洲はそれぞれ見かけの天空を表すドーム（視象天）に覆われている。このため、地上から観測される天体の動きは、はるか彼方の「実象天」をドームの内側から見たものであり、たとえ望遠鏡を使用したとしても、肉眼で「天地の真象」を観測することはできない。この真実に気がつかないために、西洋の地球説や天動説の方が、正しいように感じられるのである。しかし、世界の「真象」は須弥山を中心とする円盤状の世界であり、太陽や月は、本当は須弥山の周囲を平行に巡っているのだ。

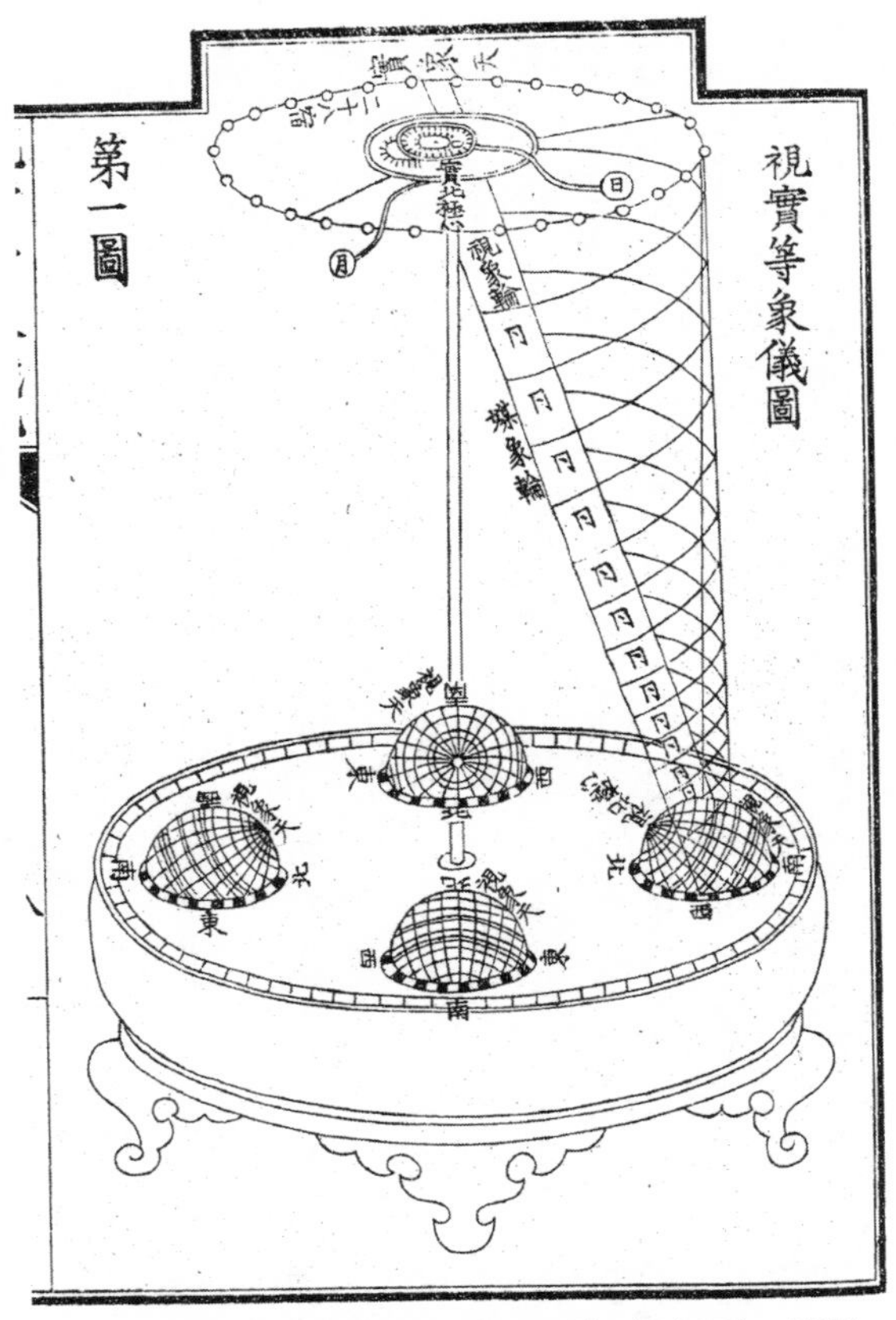

図５　佐田介石『視実等象儀記　初篇』明治10年（1877）、八丁表
（国立国会図書館デジタルコレクション）

この「視実等象論」は、文化・文政期に活躍した仏教僧、普門円通の創唱した仏教天文学（梵暦）の流れを汲む理論であり、明治一三年に刊行された、介石の『視実等象儀詳説』には、暦法や天文説についての詳しい説明が付されている。しかし、この装置の主たる目的は、仏教天文学の理論を説明することではない。人間の認識能力には限界があり、肉眼によって観測される「視象天」は、真に実在する「実象天」の仮象にすぎない、という「真実」を明らかにし、須弥山を中心にした円盤状の世界の実在を主張することが、「視実等象論」の狙いであった。

介石によれば、肉眼によって観察された天球は実在する天界を「有リノマ、ニ見」たものではなく、「視大小ト視広狭ト視遠近ト視高低」という「四種ノ視象」によって歪められた「縮象」であり、「肉眼ノ見ルトコロハ、悉ク視象ニテ一トシテ実象ニアラス」とされている。(8)

「視大小」とは、「大ナル物ヲ小サク視成ス」ことである。実際の太陽は、極めて巨大であるが、地上から見る日輪の大きさは「七八寸」にすぎない。これは視象によって、実象が歪められているためである。

「視広狭」は、「広キ物ヲ狭ク視成ス」ことである。東の空から西の空までを一度に見渡すことは可能であるが、実際の太陽の移動距離はあまりに広大であり、肉眼で見通すことは不可能である。

「視遠近」とは、「遠キモノヲ近ク視成スコト」である。はるか遠くにある天体をまるで手が届くかのように見ることができるのは、この視象のおかげである。「視高低」は、「ソノ実高キニアル物ヲ低キク視成スコト」である。(9)

地上から天空を観察する我々は、「有リノマヽ」の「実象天」を眺めているのではなく、歪められた「視象天」を観察している。だから、肉眼による観察だけを頼りとする西洋の天文学は、見かけの世界を抽象化した観念の遊戯にすぎないのだ。介石は、「天文」と「暦法」とを区別して、次のように述べている。

天文ハ是レ天ニ麗レル日月星辰ニテ、是レ活物ナリ。暦法ハ是レ数術ニテ、悉ク死物ナリ。ソノ故ハ、数法ハ人手ヨリ出ルモノニテ、天体ニ固有スルモノニアラズ。故ニ十傑起レバ天ノ大モ日月ノ形ノ大小モ十異アリ。(10)

近代科学の理論は、人間の認識の枠組みを通して実体としての世界を抽象化し、自分たちに理解できるように世界を説明する空論にすぎない。そこに描き出される世界は「死物」であり、「活物」としての世界の実相は、つねにその外にある。介石の「視実等象論」

を支えているのは、このような表象としての「知識」と実体としての「真理」の二元化なのだ。こうした「視／実」の二元論と視実等象儀の関係は、次のような問答に集約されるだろう。

又問、コノ器械ヲ或ハ視実等象儀ト名クル意如何。
答テ曰ク、天ノ実象ハ高クシテ且ツ大ナリ、天ノ視象ハ卑キ、ニ在テ且ツ小ナリ。故ニ之ヲ引キ離シテ見レバ、別ナル物ニ似タリ。故ニ媒象輪ヲ以テ実象天ト視象天トニ跨ガラシメ、視象天ガソノマヽ実象天ト成リ、実象天ガソノマヽ視象天ト成ル理ヲ詳カニシ、コノ視実両天象全ク等シクシテ別物ニアラザル旨ヲ知ラシムルガ故ニ、視実等象儀ト名ツク(11)。

ここでは、人間の認識能力（肉眼）の限界とその限界を超えた真理の存在が指摘されている。この真理を把握し得るのは、仏陀の「天眼」だけであり、天眼によって見通された須弥山を中心とする世界は、「肉眼」の認識能力を超えた「実象」なのだ。この二元化された「象」――あるいは「知」――をアクロバティックに接合するのが「視実等象論」であり、このメカニズムをモデル化した儀器が「視実等象儀」なのである。

自ら否定しているはずの抽象化とモデル化を通して、世界の真実相を説明しようとする「視実等象論」は、いわば近代科学の鬼子として、科学的知識の性質を浮き彫りにする一方で、その内側に解決不能な矛盾を抱える理論でもあった[12]。近代科学の方法論を転用しながら、近代科学を否定するという二重性が、当時この理論が注目された理由の一つであろうし、現在の基準からすれば奇妙な説明のように感じられる理由でもある。しかし、「経験的知識」と「宗教的真理」を二元化し、分断された「知」を接合しようとする営み自体は、決して特殊なものではない。

いわゆる、「高次の世界の認識」を追求するさまざまな営みや、最新の科学理論と各宗教の基本的な教説とを接合する宗教論は、現在でも盛んに展開されている。介石の「視実等象論」は、「宗教」と「科学」を架橋する、現在にまで続く議論を先取りする理論であった。

近代の仏教学・印度学研究を代表する研究者の一人、木村泰賢は、佐田介石の活動を評して次のように述べている。

> 氏（佐田介石）の所謂、国粋主義に於て最も特長とすべきは単に消極的排外運動のみに走らないで、飽くまで積極的方針に出でんとしたことである。即ち在来の思想なり

組織なり物件なりを、そのまゝ維持して西洋文明に対抗しようとしたのではなく、其等を更に改良し発展せしめて、時代の要求に応ずることによりて、国粋を発揮せんとしたことである。(13)

佐田介石の視実等象論は、西洋文明・近代文明をやみくもに拒絶する反近代主義ではなかった。西洋文明を「改良し発展せしめて、時代の要求に」応えようとした視実等象論は、近代日本の黎明期に「宗教」と「科学」を架橋しようとした、むしろ先駆けともいうべき宗教論であったのである。

井上円了の妖怪学——仮怪と真怪

東洋大学の創設者として知られる井上円了(一八五八~一九一九)は、明治期を代表する仏教哲学者の一人である。近代的な思惟に適合した宗教思想として、仏教思想を再構築しようとした円了の活動は、清沢満之が指摘する「哲学上の問題」を重視した仏教研究を代表するものだろう。

円了は、ベストセラーになった『真理金針(しんりこんしん)』など、合理主義的な宗教論にもとづくキリスト教批判も展開したが、一方で「おばけ博士」の異名をとる迷信研究の第一人者でもあり、その活発な啓蒙活動によってもよく知られている。明治一九年、円了は東京大学内に不思議研究会を設立。その後も論文や出版活動などを通じて、妖怪研究の成果を発表し続けた。明治二九年には、哲学館での講義録をまとめたものを合本して、全六冊に及ぶ『妖怪学講義』を刊行。さらには、明治三〇年代から晩年の大正年間にかけて、独自の妖怪研究に関する著作を多数出版している。

一見、これらの多彩な活動は、脈絡を欠いているようにも感じられる。しかし、近代的な思惟のもとで仏教／宗教思想の意味を問い直し、時代に適合した宗教的価値を明示しようとする姿勢は、一貫して円了の活動全体を支えている。なかでも、円了の提唱したユニークな学問である「妖怪学」は、この時代の宗教論にとって避けることのできない課題であった、「宗教と科学」や「迷信と宗教」といったテーマに正面から取り組む研究であった。

円了の「妖怪学」は、「妖怪」を「異常にして不思議なもの」と定義する。この定義は、狐狸、鬼神、幽霊といった、一般に俗信や心霊現象として語られる妖怪の範疇を超えた、はるかに広い概念であった。「妖怪」という言葉の現在のイメージによって、「妖怪学」の全容をとらえることはできない。

円了の「妖怪」は、あらゆる「不思議」現象を対象とする概念であり、「妖怪学」が対象とする領域は、「不思議現象の総合科学」ともいうべき広がりをもっている。実際に円了は、須弥山や竜宮、仙境といった伝統的な世界観、易や占い、仙術や信仰治療、幻覚や夢などの精神作用、地獄や極楽などの他界観や霊魂観、祭礼や加持祈禱、さらには記憶術といった、非常に広い範囲の事物を妖怪学の対象としている(14)。

また、不思議を不思議とし、異常を異常とする標準は、妖怪そのものにあるのではなく、主観上すなわち人間の知識思想の上にあるとして、知識経験の低い段階で不思議とされるものも、充分な知識と経験の光のもとでは、思議の範囲内において明らかにできるとする。このため、円了は自然科学や心理学の分析方法を積極的に取り入れ、従来説明不可能とされていた事象を合理的に解明し、仏教的な信仰も含めたさまざまな俗信を再解釈しようとする。

須弥山を中心にした世界像に関しては、円了は、円通や佐田介石といった、経典の記述を字義通りに解釈する人々を保守派として批判し、須弥山説の基盤になる客観的世界論は小乗家の論ずるところで、大乗家は主観的世界論を取り、「須弥説の如きは仏教に取りては固より枝葉の論のみ、其立つと立たざるとは仏教の生命其物に関係なきが如し(15)」とする。さらには、天文、地質、物理などの感覚上の研究の成果は宗教的真理とは質的に異なるとして、次のように述べている。

三千年の太古にありて今日の実験と符合せさる説をなせはとて、敢て怪むに足らず、是れ却て当然の事なり（中略）故に釈尊の須弥説を執られしは是れ其当時の天文説なれは之に従ふのみ、夫の仏に天眼あり神通ありと云ふか如きは、予は皆精神上のことにして肉体上のことにあらす、主観的にして客観的にあらすと考ふるなり。[16]

地獄、極楽の有無については、「冥界の事に至りては言語文字の能く描く所にあらず」として、無限の神秘を有限の文字に表すことの限界を指摘しながら、「言語文字は有限にして、吾人の思想は無限なり（中略）されば経文を読まんものは宜しく此意を了し其文面にのみ固執せずして、裏面に包有せる所の真理に体達せんことを求めざるべからず[17]」と、一種の象徴的解釈を試みる。

また、六道輪廻に関しては「広く精神上の因果を談ずるものなり、されば再生といふとも、世俗の信ずるが如き此村に死して彼村に生れたりと伝ふる類の一地方一町村の狭小なる部分に於て之をいふにはあらざるなり[18]」とし、霊魂については、物質不滅・勢力恒存の理法や潜勢力・顕勢力といったユニークな霊魂不滅論を展開して、「世に所謂幽霊と霊魂不滅論者の所謂霊魂とは、全く性質の異なれるもの[19]」とする。

これらの諸説に共通する眼差しは、仏教思想の通俗的解釈や字義通りの経典解釈を否定し、それらを合理的に再解釈する姿勢である。円了は、これらの再解釈を通じて、哲学的基盤をもった、合理主義的な批判にも耐え得る宗教的真理を仏教思想に見出そうとした。仏教の世界観についても、民間信仰と密接に関わっていた俗信的要素は極力排除して、合理的な再解釈を施している。

伝統的な仏教信仰を支えていた俗信的要素を排除し、教理を合理的に説明する円了の議論は、伝統的な価値を擁護する佐田介石らの主張と表面的には対立している。実際、円了は介石たちの活動を評して、次のように述べている。


保守派の見解は固より許し難し、何とならば若し須弥説が仏の天眼にて照見せられし上の説ならば、其説を以て今日の学説と争はんとするは自家撞着の甚だしきものなればなり[20]

今日の学説は、いかに優れたものであったとしても、深遠な宗教的真理に到達することはできない。有限な人智にもとづく理論によって、無限の真理の価値を擁護することは、まさに「自家撞着」なのである。しかし、その一方で円了は、「須弥説研究の必要を論ず」（一八九六年）と題する小論を発表して、須弥山を中心とした世界をめぐる議論を発展させる必要性を説いている。

この論説が発表された当時には、「須弥山説」を話題の中心として「宗教と科学」の問題を論じる議論は、すでに下火になっていた。こうした状況について、円了は「須弥説ノ研究ヲ今日ニ再興セン事ヲ望ム」とし、「学問ノ為メ世界ノ為メニ其必要ヲ感スル」と述べている。

その理由の一つは、須弥山を中心した世界像は、仏教の基本的な教説なのか、インドのバラモンの教説が混入したものなのか、これを明確にする必要があること。もう一つの理由は、古代の天文説としての須弥山説には、たとえ現在の天文説とは相容れなくとも、将来の科学思想の発展に寄与する可能性があるということである。

古代のデモクリトスの原子論が、二千年の時を経て再び脚光を浴びたように、科学の進歩の果てに、須弥山を中心とする世界像が見直される可能性もないとはいえない。須弥山説の「学術上」の重要性について、円了は次のように述べている。

須弥説ト地球説トハ氷炭相容レサル所アリト雖モ、須弥説ノ胎内ニ包蔵セル真理ハ他日開発シテ地球説ヲ一変スル要因トナル、未ダ必ズシモナシト断言スベカラズ（中略）地球説ニアリテハ大地ノ円体ニシテ回転スルヲ説キ、須弥説ニアリテハ大地ノ平坦ニシテ不動ナルヲ説クハ、其正ク反スル点ナリ、然レトモ若シ深ク其理ヲ窮レバ両説ノ稍似タル所アルヲ知ルベシ[21]

現在の科学的知識は、限定された知識であって不変の真理ではない。須弥山説が「仏説」であるとすれば、その価値を今日の科学の水準で評価するのではなく、未来の科学の可能性を真理としての須弥山説に見出すという、眼差しの転換が必要なのである。

須弥山説をめぐる円了の議論の目的は、須弥山を中心にした世界像の迷信的側面（有限性・相対性）を排除し、その宗教的真理としての可能性（無限性・絶対性）を明示することであった。この点に関しては、円了の議論と介石の議論に大差はない。

円了の場合も、宗教的真理と経験的知識の二元化を前提としながら「宗教と科学」の橋渡しが試みられている。ただし、円了の場合には介石の「視実等象論」に代わる媒介として、人間の認識能力の「開発」が措定され、そこに両者を接続する可能性が求められているのである。

木村泰賢と原始仏教主義──テキストのなかの世界

印度学仏教学の碩学として知られる木村泰賢（一八八一～一九三〇）は、曹洞宗の僧侶としての教育を受けたのち、東京帝国大学において井上哲次郎、村上専精、高楠順次郎、姉崎正治といった人々のもとで学んだ。近代の仏教思想家としては、井上円了などの研究を継承する世代にあたるが、そのインド思想や仏教思想へのアプローチには微妙な違いがある。

たとえば、木村の代表的な著作である『印度六派哲学』は、一般に井上円了の学位論文であるインド思想の研究（『外道哲学』）を乗り越えたと評価されている。大乗仏教を仏教の至上の発展形態と考える円了に対して、木村は釈尊時代の「原始仏教」に大乗仏教の萌芽を見る。姉崎正治の「根本仏教」論や村上専精の「大乗非仏説」論などを批判的に継承しながら、木村は「原始仏教主義」を提唱し、自らの基本的立場を次のように述べている。

仏陀自身の立場は、いわゆる純小乗でもなければ純大乗でもなかったと同時に、小乗にもなり大乗にもなり得る方向を具備していたものである。したがってその仏陀の

> 説法なり行動なりを比較的に忠実に伝えた阿含部聖典の思想を研究するに当たっても、ここに即して、後の大小乗思想（特に大乗思想）の依って起こるべき契機点を捜るということは、研究上、極めて必要の事項であらねばならぬ。[22]

木村によれば、大乗仏教も小乗仏教も「原始仏教」に内在する思想の論理展開にほかならない。大乗仏教は、発展形態でも後世に付け加えられた思想でもなく、仏陀自身に大小乗の双方に渉る立場が見られるのである。

佐田介石や井上円了の場合と同じように、「原始仏教」を重視する木村の主張もまた、「宗教と科学」という近代仏教の課題と無関係ではない。

大正一四年四月の『中央公論』に、木村は「科学と宗教の衝突問題より　原始仏教主義の提唱」と題する論文を掲載。「科学的真理の照らす所、宗教は次第にその弱点を暴露して遂には、少なくとも識者の間には全くその勢力を失ふに到るであろう」[23]という、ある科学者の指摘に仏教の立場から反論し、仏教と科学との関係について、次のように述べている。

> 蒙古西域のラマ教の如きは言ふまでもなく、日本支那の仏教的信仰中にも、少くも通

俗的方面には淫祠と余り異らざる現象のあることは今更細叙を要せざる所である（中略）少くとも科学の範囲に属する部分に於ては、出来得る限り、その非科学的要素を洗滌し去るに努力すべきは軈て仏教をして近代人に適応せしむる所以の道であらねばならぬ。(24)

仏教中の迷信的要素の多くは、大乗仏教に属する。このため、非科学的要素をいまだ含有していない「原始仏教」の基本的教理――大乗的要素を含む――を探求することによって、大乗仏教の迷信的要素を「洗滌」しなくてはならない。「原始仏教」の研究は、「混濁せる大乗仏教を洗滌するの標準」を示すものであり、仏教を近代的宗教として再生する基盤なのである。

こうした浄化運動が、「原始仏教主義」の目的であり、これは「新大乗運動」とも名づけられている。

（一）大乗仏教からその混濁せる要素を除去するの清涼剤を提供するの意味に於て。
（二）信仰と科学の衝突に苦めるもの、趣くべき宗教を明にせんがために。
（三）宗教嫌いの科学者に対して、仏教の立場を明にし置かんがため。

木村は、この「三ケ条の目的を些かなりとも達し得るならば混乱せる精神界に対して多少の補ひにもならうと感じたのは、即ちこの原始仏教主義の提唱ある所以である[25]」とし、宗教と科学を架橋する方途を示す。

原始仏教主義は、「信仰と科学の衝突」という「近代」の突きつける課題を克服する営みの一つであった。「原始仏教」は「非大乗」ではないが、その思想内容は極めて合理的である。多くの迷信的要素が仏教教理に混入してきたのは、大乗仏教に代表される後世の展開によるものだ。こうした迷信的信仰を排除して、「真の仏教」を明らかにすることが、原始仏教主義の目的の一つなのである。

また、須弥山を中心とする仏教の宇宙論については、『小乗仏教思想論』と題した著作のなかで詳しく論じられている。

木村は、「倶舎論」の「世間本」に描かれた現象世界（物器世間）の記述を「阿毘達磨論書中における最高頂点を示すもの」とし、大乗仏教につながる仏教の基本的な世界像であるとする[26]。大乗仏教の迷信的要素の多くは、この世界現象論（cosmography）と深く結びついており、仏陀がなぜこのような宇宙現象論を説いたのか、その理由を明らかにしなくてはならない。

須弥山を中心とする世界現象論の起源は、どこにあるのか。木村の見解は、次のようなものだ。

一体仏教における世界現象論（物理的世界および生物世界に関する観察）は如何に生じたかというに、仏陀は世界の価値を明らかにするに際して仮令、それは目的でないにしても、やはり、時に事実的世界の問題に触れざるを得なかった。けだし事象を離れて価値のみを論ずるということは不可能であるからである。かくして仏陀は当時行われていた世界観を採用して須弥山を説き、南閻浮洲説に触れ、地獄、鬼神のことに言及する等、やはり、何程かは事実問題に触れたが、これがすなわち仏教における事実世界に対する観察の起源である[27]

しかし、仏陀が事実問題に触れたのは宗教的価値を論じるための手段であって、現象世界についての記述は、仏陀の開示した宗教的真理にとって本質的とはいえない。最も古い経典とされるテキストにも、須弥山を中心とした世界像は多く散見するが、だからといって、それを仏陀の〈宗教的〉教説と見なす必要はないのだ。

ともかく、仏時代前後に或る地方で行なわれたものを仏陀は説明の便宜上、採用したものであるということだけは疑うことが出来ぬ。何となればそれ自身を説明するのが仏陀の目的でないため、特に仏陀の創見に帰すべき理由がないからである。[28]

煩瑣な論理的説明を偏重し、「原始仏教」――仏陀時代よりその滅後百年頃までの仏教――が重視しなかった、形而上の問題や事実問題を追求した「阿毘達磨仏教」の世界現象論は、必ずしも仏教特有の思想ではなく、古代インドの天文地理説を仏教的に改造したものにすぎない。木村は「婆羅門教の世界観」を併記しながら「倶舎論」の記述を詳しく紹介し、須弥山を中心にした世界像は、仏教の根本教理とは必ずしも一致しない神話的世界観の混入であるとする。

「原始仏教」を理想化する立場からすれば、経典の記述イコール「真理」ではない。テキストの生成過程において付加されたレトリックと仏陀の教えの本質は明確に区別されなくてはならないのである。

ここにおいて、須弥山を中心にした世界像は実在する世界の表象ではなく、テキストのなかだけに――あるいは古代インド人の想像力のなかだけに――存在するレトリックになる。木村は「倶舎論」をベースにした仏教世界像の解説を、次のように結んでいる。

如上の世界観はこれを存在（Sein）の問題として見る限り、そこに今日よりすれば幼稚なところが多いけれども、もしこれを当為（Sollen）として取扱う時は、そこに大きな教訓が含まれていると見ることが出来よう。[29]

ここにも、原始仏教の中核にある宗教的真理と、その論理体系化の過程で混入してきた（古代の）経験的知識の二元化が見られる。須弥山を中心とする世界像は、これを経験的知識として評価する場合には古代の遅れた科学の残滓にすぎないが、宗教的真理を人間生活に生かすための教訓として評価するときには、倫理的価値を認めることができるのである。

阿毘達磨の世界観は、当時の一般的な事実的世界観を仏教流にアレンジしたものであり、「仏陀の創見」に帰すべきものではない。しかし、そこでは仏教本来の「倫理的心理的世界観」と「事実的世界観」との調和が図られている。たとえ、古代の科学の残滓にすぎないとしても、この事実的世界に託して仏陀が説いた宗教的真理は、現代に生きる人間にとっても大きな意味を持っている。

「存在（Sein）」としての須弥山は、テキストの中にしか存在しない。しかし、これを「当為（Sollen）」として論じるとき、須弥山を中心とする世界の存在は、現実に生きる人

間に倫理的基準を与える具体性を帯びるのである。(30)

清沢満之と精神主義――客観的知識と主観的真理

清沢満之（一八六三～一九〇三）は、もとは在家であったが東本願寺育英教校に入学し、その後に得度。東本願寺の東京留学生として東京大学予備門、同文学部哲学科に学び、同大学院で宗教哲学を専攻した。

その後、数人の同志とともに大谷派の学制改革を試みるがこれに失敗。明治二九年に、今川覚神、稲葉昌丸らとともに教界時言社を設立し、雑誌『教界時言』を発行して宗政改革運動を展開した。運動は全国革新同盟会を組織するまでに至ったが、一年間でなし崩し的に解体し、その後満之は、現実的な改革運動を放棄して信念の確立へ向かうようになる。

明治三二年、満之は新法主彰如の招命をうけて東上し、その後、真宗大学の東京移転とともに学監に就任する。上京した満之は、暁烏敏（あけがらすはや）、多田鼎（ただかなえ）、佐々木月樵（げっしょう）らと共同生活を営み、その宿舎を「浩々洞（こうこうどう）」と名づけた。

明治三四年、浩々洞から雑誌『精神界』を発刊。新仏教運動などとともに、代表的な近代の仏教思想運動と評される精神主義運動を展開した。しかし、明治三五年に長男と妻を喪い、自らも病を得て三河の自坊に帰り、翌三六年、四一歳の短い生涯を閉じた[31]。『精神界』の創刊号に掲載された論文のなかで、満之は「精神主義」を次のように定義している。

吾人の世に在るや、必ず一つの完全なる立脚地なかるべからず。（中略）然らは、吾人は如何にして処世の完全なる立脚地を獲得すべきや、蓋し絶対無限者によるの外ある能はさるべし。（中略）而して此の如き立脚地を得たる精神の発達する条路、之を名けて精神主義と云ふ[32]。

精神主義は、まず自己の主観的な信念の確立にもとづく信仰論であり、ただ主観のみに拠って立つものであるがゆえに、自由であり、あらゆる外物に惑わされることがない。改革運動の挫折、さらには、自らの病いや家族との死別といった体験と、絶対無限者としての如来への信仰を結びつけながら、満之は、いわば主観主義ともいうべき信仰信念を形成していったのである。

清沢満之の精神主義は、「近代」の突きつける難問を克服し、「近代的信仰」を確立した思想として、これまで高く評価されてきた。本章で取り上げてきた「宗教と科学」の問題についても、精神主義の立場から独自の解決策が提起されている。

まず、現実問題と精神主義とのかかわりを論じた満之の主張については、次のようにまとめることができるだろう。

①精神主義は、客観的事象（たとえば物質的文明の進歩）とはまったく関係なく、競争争奪の害を防ぎ、贅沢の弊を救うもの。
②精神主義は実際門内の主義にして、理論上の系統ではない（唯心論や他の哲学諸論とは判別すべきもの）。
③精神主義は、学説には無関係である。学説上において人々の所見を妨げず、実際の行為においても、決して客観的に、善悪邪正等を認定しない。
④精神主義は、相対が絶対に入り、有限が無限に合する所に発展する所の実際主義（ゆえに他力的）である。
⑤精神主義は、過去に対するあきらめ主義であり、現在に対する安住主義であり未来に対する奮励主義である。(33)

満之にとって精神主義は、文化や社会といった客観的事象を超越した宗教的真理を基盤とする思想であり、幕末から明治期の護法論や排耶論などとは一線を画する立場がとられている。

さらに満之は、科学的・哲学的な証明にもとづく宗教論や、宗教の倫理的な価値を重視する主張などについても、精神主義の立場から厳しく批判している。宗教の本質は、文化や社会の変化とは無縁な永久不変の真理であるとし、哲学や科学を援用した宗教の説明を廃するこれらの主張は、宗教の問題を体験的にとらえる満之の信仰姿勢の表れであろう。精神主義は、満之が自己の体験にもとづいて確立した、信仰者としての実際上の信仰信念を表明した思想であった。

満之は、約十年に及ぶ結核との闘病生活や妻子との死別、心血を注いだ宗門の改革運動や教育事業の挫折といった、度重なる限界状況との苦闘のなかで、「阿含経」や「エピクテトスの教訓」をはじめ、彼の学んださまざまな思想を咀嚼しながら、自らが信奉する如来への信仰が、現実生活のなかで生じる苦悩の解決にとって、いかに大きな意味を持っているかを自己の体験性にもとづいて表明したのである。

こうした、自らの体験にもとづいて開示された宗教的価値については、経験的知識や社会的価値によって、その本来の意義を論じることはできない。仏説の科学思想や哲学思想、社会思想上の価値などは、「わたし」個人の信仰にとっては副次的な価値にすぎないのである。

須弥山説に関しては、冒頭にも引用したように、「信じる」という主体的行為の対象としての宗教的真理と、経験的知識とを完全に二元化する立場をとる。その基本的な主張は、次のようなものだ。

> 科学は研究を以て方軌とし、宗教は信仰を以て方軌とす。而して研究と信仰とは、互いに相融和し、決して互いに相衝突すべきものにあらさるなり（中略）古代に於ては、古代の学問知識が宗教の信仰を運載したり。今日に於ては、今日の科学的知識が宗教の信仰を運載するを可とすべし[34]

精神主義の立場からすれば、研究の対象としての科学的知識と信仰の対象としての宗教的真理とは、矛盾することなく両立するのである。

このような捉え方は、宗教的真理と経験的知識の二元化を徹底することによって、両者を架橋する立場とも言えるだろう。清沢満之の有名な独白を引用すれば、「無限の如来の客観的実在は兎あれ角あれ……信の一念の外には如来はない」のであり、この主観的信念と客観的知識が相容れるかどうかなど、心配する必要はないのである。須弥山説と近代科学の自然観との軋轢については、次のように明言している。

> 古来の宗教上に顕現せる天動的の天文説は、今日に於ては地動説的に訂正せられさるべからす（中略）而して此の如き訂正が天文倫理の事項に於て実行せらると雖とも、宗教の本領は其間に於て、決して変革せられさるなり。[35]

ここにおいて、須弥山を中心にした世界は、その不在を前提とすることで、宗教的真理と両立することになる。つまり、客観的には実在しないが、主観的な信仰にとっては信じる対象の一つとして、その存在意義を認められるのである。

精神主義にもとづく科学論と宗教論は、これまで取り上げてきた人々の主張と同じように、経験的知識と宗教的真理の二元化を前提とし、それを徹底化している。しかし、宗教的真理としての「実象」をリアリティとし、経験的知識としての「視象」をイリュージョンとする佐田介石や、経験的知識の発展の果てに、真のリアリティとしての宗教的真理を措定した井上円了とは違って、精神主義では経験的知識がリアリティを担い、宗教的真理は内的・主観的信仰の対象となる。すなわち、宗教的な真理は、もはや客観的な現実とは無関係なものとされるのだ。こうした主張は、須弥山の所在をテキストの内部に限定する、木村泰賢の主張を徹底化する思想ともいえるだろう。
精神主義が「近代的信仰の確立」という名に値するとすれば、それは正にこの逆転によ
る。この逆転によって、須弥山はリアリティとしての所在を――もとは世界現象論であり
ながら――完全に失うことになるのである。

須弥山の行方――近代仏教の言説空間

本章では、「近代的信仰」の確立へ向かう近代仏教の発展モデルをもとに、須弥山を中心とした世界の実在性を論じるアプローチの仕方に注目しながら、各時期の代表的な仏教思想家の言説を分析してきた。

それぞれの議論は、もちろん個別の問題意識にもとづいている。しかし、宗教的真理と科学的知識を二元化し、須弥山を中心とした世界の客観的実在を経験的知識の対象と見なしたうえで、「宗教と科学」を架橋する言説は、――これを古代の未熟な科学説とするかより深淵な科学説とするかは別にして――全員に共通している。科学論、哲学論、実践論、信仰論といった立場の相違は、こうした共通の言説に注目すれば、むしろ同一の課題に取り組むスタイルの相違というべきだろう。

こうした仏教の世界観をめぐる議論の展開については、たとえば、地獄や極楽などの客観的実在が、近代科学の自然観によって否定される状況のもとで、次第に主観的解釈が主流になってきたと説明されることが多い。しかし、このような主張は、経験的知識の対象としての自然観をめぐる言説と地獄や極楽といった死後の世界の実在をめぐる言説を混同する、議論のすり替えである。

たとえば、清沢の主観的信仰論においても、須弥山の実在は極楽浄土や地獄の存在のように、その存在の有無が再定義されることはない。死後の世界の有無は、現実に存在する（とされる）須弥山の有無のように、客観的知識にもとづく議論の対象ではないからである。

須弥山を中心とする世界の客観的実在が否定され、これが最終的な段階として主観的に再解釈されたのではなく、先に須弥山説を経験的知識の対象として構成する眼差しがあって、そこから経験的知識と宗教的真理を二元化する言説が生じ、そのうえで、両者の断裂を架橋する営みが積み重ねられてきたのである。ある意味では、仏教世界像を客観的実在として対象化する言説があったからこそ、高次の世界の認識や信仰上の命題の合理的再解釈、教理解釈の内面倫理化や個人の主体的信仰、といった思考法が生じてきたとも言えるだろう。

経験的知識によって把握される世界と、これを超越した真理の世界。こうした二元論をベースにした言説空間のもとで宗教と科学を架橋することが、近代仏教のテーマの一つであった。この言説空間のなかでは、「科学的知」には許されている超越論的観念論と経験的実在論の融即――つまり、秩序化された像＝世界と経験的データの即応可能性――が、「宗教的知」には許されていない。

宗教的観念にもとづく像＝世界と現実世界の即応性は、近代以前の「宗教」をめぐる知の枠組みにとっては自明でありながら、近代の宗教論においては捨象された言説の一つである。近代仏教の言説空間のなかでは、宗教的な世界像と経験的世界は決して相容れることはない。本書で論じてきたように、このような傾向は、円通の「肉眼」と「天眼」の二元論にすでに見られる。

こうしてみると、「仏教」と「近代」の出会いが、地球球体説や地動説といった近代科学の自然観と須弥山説の論争に始まっていることは、排仏論と護法論の対立ばかりではなく、近代の仏教思想全体に大きな影響を及ぼしているのがよくわかる。

仏教と近代科学との出会いについては、幕末から明治初期にかけての須弥山説と西洋天文学の軋轢が取り上げられ、円盤状の宇宙像から地球球体説・地動説への移り変わりが強調されることが多い。しかし、近代科学のインパクトの最たるものは、むしろ世界を把握する様式の変化であった。

須弥山を中心とする世界の実在性が否定されたことよりも、須弥山説を経験的知識の対象として再構成することによって、経験的知識と宗教的真理を二元化する言説が生じたことが重要なのである。須弥山を中心とする世界の実在を主張した佐田介石の理論が、まず経験的知識の限界とこれを超えた宗教的真理の存在を指摘し、そこから議論を始めていることに注目する必要がある。その後の仏教思想の展開は、須弥山説を否定するか肯定するかは別にして、どれも同じように経験的知識と宗教的真理の二元化を前提にしている。

しかし、同じ二元論であっても、佐田介石の視実等象論では、宗教的真理としての「実象」こそがリアルであり、経験的知識としての「視象」は、人間の主観に左右される幻想にすぎないとされている。その一方で、清沢満之の精神主義においては、須弥山の実在をめぐる議論は経験的知識の対象であり、宗教的真理は主観的信仰の問題であるとされている。つまり、リアリティとファンタジーの位置づけが逆転している。ピューリタン的信仰論の功罪を問うことよりも、この逆転の意味を問うことの方が、「近代仏教」の意義を問い直すうえでは重要ではないだろうか[36]。

「須弥山はどこへ行ったのか、あるいは、今どこにあるのか」。この問いに向き合うことは、我々にとっての「仏教／宗教」の所在を確かめることでもあるのである。

註

（1）大谷大学編『清沢満之全集　第六巻』（岩波書店、二〇〇三年）一九六頁。

（2）ここでいう「須弥天文の説」とは、世界の中心には巨大な須弥山が在り、その周囲を八つの山脈と八つの大海が取り巻き円盤状の世界が構成されているという仏教の基本的な世界像と、この世界像にもとづいて体系化された仏教天文学の理論を宣揚する人々の活動のことである。ここでの満之の言及を見ても、梵暦関係者の活動は、当時の仏教界にそれなりの影響力を持っていたことがわかる。

（3）前掲『清沢満之全集　第六巻』二九六頁。

（4）たとえば、柏原祐泉は「近代における浄土観の推移」という、極めて興味深い視点から、この問題を取り上げている（柏原祐泉「近代における浄土観の推移」『論集日本仏教史第八巻』雄山閣、一九八七年）。柏原は、近代の浄土観を、①科学的な立場から実体論的な浄土観や須弥山実在論を否定すること、②地獄極楽の来世観を超越的、神秘的実在とみること、③地獄極楽の教説を方便的、比喩的説示と解すること、④地獄極楽の存在は互人の内観的、主観的実在として確立されること（二〇九〜二一〇頁）の四類型に分類し、示唆に富んだ議論を展開している。しかし、実際には「推移」と呼べるような歴史的展開ではなく、むしろ各類型の共時性を指摘する結果になっている。

（5）ここでの「言説空間」は、発話された言辞に特定の意味が付与されることを可能にする慣習化された言説の布置のこと。この痕跡をたどる思想史の営みは、より具体的・物質的な痕跡の知の考古学的な発掘と発掘資料の接続によって進められるものであり、現代の思考形式を鋳型としながら時代精神や観念の類型を構築していく、従来の思想史の営みとは区別されるだろう。ピューリタン的信仰論の功罪を問うばかりでなく、「近代仏教」という言説そのものを問い直すためには、直線的な発展図式や思想の系譜ばかりでなく、近代の仏教思想全体に通低する言説空間にも目を向けなくてはならない。このような眼差しの転換は、仏教という狭いジャンルの学説史・教義史を超えて、近代の仏教思想をより広い文脈に位置づけるためにも必要だろう。

(6)〈奇人〉介石の活動については、谷川穣「〈奇人〉佐田介石の近代」(『人文学報』第八七号、京都大学人文科学研究所、二〇〇二年)を参照のこと。

(7)この儀器は、「からくり儀右衛門」の名で知られる田中久重の手によって実際に作成された。実物は、東京・上野の国立科学博物館に所蔵されている。第一回内国勧業博覧会の詳細については、國雄行『博覧会と明治の日本』(吉川弘文館、二〇一〇年)八八~一〇三頁を参照のこと。

(8)前掲『明治仏教思想資料集成　第五巻』三七五頁。後に刊行された『視実等象儀詳説』(一八八〇年)では、これに「視平円」(平らな世界が球形に見えること)を加えて五種としている(四丁表)。しかし、「視実等象儀記初編」においては、「視平円」は四種の視象の帰結とされており、別種の視象とは見なされていない。ここでは「初編」の分類に従った。

（9）前掲『明治仏教思想資料集成　第五巻』三七五～三七六頁。
（10）同右書、三八八頁。
（11）同右書、三九二頁。
（12）「視実等象論」のかかえる矛盾のルーツや、近代科学の言説と梵暦理論の展開との関連性については、本書の第三章を参照のこと。
（13）木村泰賢「佐田介石氏の視実等象論」（『宗教研究』新第一巻第二号、一九二三年）八四頁。
（14）井上円了の「妖怪学」については、岡田正彦「自己同一性のための他者――井上円了の『妖怪学』と近代的宗教意識」（『近代仏教』第一一号、日本近代仏教史研究会、二〇〇四年）を参照のこと。
（15）井上円了『妖怪学講義（復刻版）第二巻』（国書刊行会、一九七九年）一一七頁。
（16）同右書、一二一～一二二頁。
（17）井上円了『妖怪学講義（復刻版）第五巻』（国書刊行会、一九七九年）二三〇頁。
（18）同右書、一六七頁。
（19）同右書、四六頁。
（20）前掲『妖怪学講義　第二巻』一一八～一一九頁。
（21）井上円了「須弥説研究ノ必要ヲ論ス」（『東洋哲学』第三編第二号、一八九六年）六一頁。
（22）木村泰賢全集刊行委員会『木村泰賢全集　第三巻』（大法輪閣、一九六八年）九～一〇頁。

(23) 木村泰賢「科学と宗教の衝突問題より　原始仏教主義の提唱」(『中央公論』大正一二年四月号、中央公論社)一八五頁。

(24) 同右書、一八六〜一八七頁。

(25) 同右書、一八八頁。

(26) 木村泰賢『小乗仏教思想論(木村泰賢全集　第五巻)』(大法輪閣、一九六八年)二七六頁。

(27) 同右書、二七〇〜二七一頁。

(28) 同右書、二七一頁。

(29) 同右書、三六三頁。

(30) 本章で扱っている、佐田、井上、清沢といった人々よりは、少しあとの時代の人物ではあるが、近代の文献学的な印度学・仏教学研究を代表する人物として、ここでは木村泰賢を取り上げた。社会思想とのかかわりを重視する仏教思想は、木村による「存在(Sein)」と「当為(Sollen)」の区別に代表されるような、意識の延長線上にあるものと考えている。

(31) ここでの立論とは直接関係しないが、著者はかつて清沢満之の精神主義と近代における真宗大谷派の教団改革の動向について、詳しく論じたことがある。拙稿「近代における宗教伝統の変容——真宗大谷派の宗務機構の近代化」(『宗教研究』第二八六号、一九九〇年）、及び「清沢満之と真宗大谷派――リフォーマーとしての清沢満之」（『大正大学大学院研究論集』第一五号）を参照のこと。

(32) 前掲『清沢満之全集　第六巻』三頁。

(33) ここでは、かつて別の論文のなかで、著者がまとめた精神主義の解説を転載した（前掲「清沢満之と真宗大谷派――リフォーマーとしての清沢満之」九七頁）。

(34) 大谷大学編『清沢満之全集　第二巻』（岩波書店、二〇〇二年）三九〇頁。

(35) 同右書、三九六頁。

(36) この問題については、冒頭に掲げたE・R・リーチの引用文を参照してもらいたい。何が抽象的で、何が現実的なのかは、実際にはヴィジョンによって決定されるのだ。ここでの出典は、山口昌男編『未開と文明　現代人の思想コレクション三』（平凡社、一九六九年）三一九頁。

終章　近代日本思想史と梵暦運動——近代的自然観と宗教言説

より正確にいえば、それ（文献研究の記号論的アプローチ）は、イデオロギーを一つの過程——それによって、世界に対する一つの心の構えが確立されるなかで、多様な意味が生産され、また再生産されるような——であると見なすことを許してくれる……このプロセスは、フィクションや法的・政治的言説よりも、むしろ科学的言説とともにあるのである。

——Hayden White『The Content of the Form』

梵暦運動と「近代」——近代日本の宗教言説と須弥山説

明治以後の日本の技術的発展を下支えした、江戸時代の職人の技術と知識を代表する技術者であり、東芝の創業者としても知られている田中久重（一七九九～一八八一）は、「東洋のエジソン」や「からくり儀右衛門」などとも呼ばれた発明家であった。彼の代表作の一つである「万歳自鳴鐘」（万年時計）という和時計は、復元された時計が二〇〇五年の愛知万博にも出品されて話題になった[1]。

この時計には、極めて精巧な独自の技術を駆使して、七種類の天体の動きや生活時間を同時に表示する機能がある。底部のゼンマイ動力によって連動する表示機能の一つ目は、本体の上部に位置する「天球儀」である。これは、一年間の太陽と月の動きを模型で表している。また、六面に文字盤を配した本体正面には、冬と夏の昼夜の長さに応じて、時刻区分が変わる不定時法を自動表示する和時計が配置されている。夏は昼の時間の間隔が長くなり、冬は夜の時間の間隔が長くなる不定時法の一年間の変化を表示するために、久重は「虫歯車（むしはぐるま）」と呼ばれる独創的な歯車を考案し、特殊な回転運動を可能にしたことは良く知られている。

さらには、二十四節気、十干十二支、月齢などが六角柱の各面に表示され、それぞれその日の干支や月の満ち欠けなどを自動的に知ることができるように工夫されている。曜日・時刻を表示する盤面では、一週間で一周する短針が曜日を示し、長針は和時計と連動して時刻を刻んだ。久重は、輸入された西洋式の時計を分解して詳しく分析し、残りの盤面に精巧に作り上げた洋時計を配して、和時計の時刻と洋時計の時刻を同時に表示できるようにした(2)。

なぜ、久重は洋時計の精巧さを知りながら、これを和時計と併存させようとしたのか。東西の時法の違いは、同じ天体のシステムのもとで観測される事象を観測する、人々の文化と生活の違いである。天体の運行自体は、本体上部の「天球儀」が示すように、どちらの文化に属する人間が観測しても同じである。しかし、その意味するところは一様ではない。現在のように夜間の照明設備が発達した時代なら、昼夜の時間間隔に変化のない洋時計の方が生活に適しているが、人々の生活が自然のリズムと連動していた江戸時代の人々にとっては、季節によって時刻の間隔が変わる不定時法の方が、生活感覚に合っていたのかもしれない。

久重が「万年時計」を製作したのは、嘉永三年(一八五〇)頃とされている。これに先立って、久重は梵暦社中の環中及び晃厳の依頼によって、「須弥山儀」及び「縮象儀」を作成した。「梵暦開祖」と称された円通も須弥山儀を製作したとされているが、一世代後の時代の知識と技術の粋を集めた久重の須弥山儀は、より精度が高く、ゼンマイ仕掛けで須弥山の中腹を横旋する太陽と月の動きを表示するばかりでなく、時刻を知らせる機能も持っていたとされている。[3] 洋時計と和時計を併存させる久重のバランス感覚の背景には、円通の門弟たちが展開した梵暦理論を学び、当時の天文理論の多様性を経験したことも影響しているのではないだろうか。

一八五〇年当時、梵暦は西洋の天文学説と併存しえる仏教天文学の体系であり、各宗派には梵暦社中の人々が招かれて、天文学の講義を行っていた。本書の第一章や第四章でも詳しく論じてきたように、梵暦は新しく導入された西洋の天文学や旧来の暦算と拮抗する仏教天文学としての地位を維持していたのであり、これが根底から覆されるのは、明治期以後のことである。

また、第二章で詳しく紹介したように、円通がその実在を証明しようとした「須弥山」を中心とする円盤状の世界（須弥界）は、仏陀の「天眼」を通してしか観察できない可想的世界であった。相対的な人間の「肉眼」によっては、須弥界の実在を経験的に証明することはできない。つまり、本来は目的論的にしか論じることができないはずの世界像を機械論的に説明しようとしたところに、梵暦／仏教天文学の特異性があったのである。

久重の万年時計が、文化的・社会的制約を超越した、客観的な基準である洋時計の時法を理解しながら、生活感覚に即した和時計の不定時法を併存させていることは、円通の門弟たちが、西洋天文学の理論を理解しながら、（事実ではなく）真実であるべき「須弥界」の実在を合理的——ときには、実験も含めて経験的——に証明しようと努力した足跡と重なって見えてくる。円通と弟子たちの活動は、近代科学の知見が「西説」として、いまだに「仏説」や他の知的伝統と併存している当時の知的状況を知るうえで、極めて貴重な意味を有しているのである。

また、著者には二〇〇五年の愛知万博の際に、脚光を浴びている万年時計を眺めながら、大学院生の頃に訪れた東京・上野の国立科学博物館の片隅に、ガラスが割れたまま放置されていた「視実等象儀」を想起した思い出がある。

円通の弟子である環中のもとで学んだ佐田介石が、自らの「視実等象論」を具象化するために、田中久重に依頼して「視実等象儀」を製作し、第一回内国勧業博覧会に出品して衆目を集めたのは、明治一〇年（一八七八）のことであった。円通の門弟たち——たぶん、ある時期までは久重もここに含めてかまわないだろう——にとって、まだ近代自然科学の世界像（洋時計の時法を含む）は、〈西洋〉の世界像なのであって、世界を把捉する唯一つの標準ではなかったのである。

円通が、仏陀の「天眼」を通してしか把捉されない「展象」と、「肉眼」の観測対象である「縮象」を混同する理論を展開することができたのは、西洋自然科学の世界像を絶対的なイメージではなく、ただ理論的に想定されているだけの抽象的な世界像であると理解したからである。

もし、西洋の世界像も理論上の仮説にすぎない——この状況は、現代科学においても変わらないが——のであれば、仏陀の「天眼」によって見通された世界のイメージの方が、実際には正しい可能性を否定することはできない。これを暦算や実験によって証明することが可能であれば、必ずしも西洋の地球球体説や地動説を採用する必要はないことになる。このため、円通の弟子たちは、可想的な「須弥界」の実在を経験的に証明する努力を重ねたのである。

円通本人も含めて、梵暦社中の人々は積極的に自説を実証しようとした。梵暦運動の最晩年の理論家であり、梵暦の科学理論としての可能性をストイックに探求した藤井最証は、明治一六年に出版された『天学策励』のなかで、自らの夢を次のように語っている。

嗚呼、余ハ資本ノ欠乏スルカ為メニ、前ノ三証（梵暦理論の正当性を主張するために「実地経験」が必要な三つの課題）ダモ経験スルヲ得ズ。希クハ護法有志者ノ賛成ヲ得

テ、此挙ヲ果スコトヲ得ハ、余ガ生来ノ宿望ヲ達ルノミナラズ、永ク仏法ヲ維持スル一助トモナラン乎(4)

藤井の望みは、平らな世界の実在を実験と実地調査にもとづいて証明することであり、それが叶わないのは、充分な財政的支援を得られないからなのである。

円通とその弟子たちは、近代的な言説の枠内においては相容れないはずの経験的知識と、宗教的真理をカントのように切り離すことができなかった。彼らにとって、円盤状の須弥界の実在は、経験的知識を蓄積した果てに実証可能な「絶対的な仮説」――仮説は、本来相対的であるべきだろうが――であった。

この仮説の絶対性が、もはや維持できなくなったとき――あるいは、仮説は本来相対的であるべきことが理解されたとき――梵暦は歴史の舞台から姿を消していくことになる。近代科学の世界像が平らな世界の実在を否定したとしても、仏陀の天眼が見通す世界は経験的知識の対象ではなく、宗教的真理の世界であるとすれば、宗教的世界観を背景にして近代科学の世界像を否定し、宗教的世界像を擁護することに意味はない。絶対的価値と相対的知識を二元化する立場からすれば、宗教的な命題は絶対的な真理であり、科学的な仮説は相対的な知識にすぎないのである。

第五章で詳しく論じているように、円通の「肉眼」と「天眼」——あるいは、佐田介石の「視象」と「実象」——の二元論が、清沢満之の「経験的知識」と「宗教的真理」の二元論に置きかえられたとき、はじめて「近代的信仰」が確立することになった。千年以上もの長きにわたって、日本人の生活に息づいてきた仏教思想と近代思想の出会いが、天文学をめぐる論争に始まっていることは、たんなる偶然として片づけることはできない。もう一つ欠かせない、近代的歴史意識と仏教思想の対峙とともに、「近代」の突きつける課題を当時の仏教思想がどのように受けとめ、克服してきたのかを明らかにし、これを近代日本の宗教言説の成立過程に位置づけることは、少なくとも経験的知識と宗教的真理を二元化し、宗教的真理の価値を内的信仰に還元する「近代的信仰」の成立過程を考えるうえで、不可欠な作業の一つだと言えるだろう。

円通とその門弟たちの活動の記録は、一九世紀の日本の知的状況を知り、近代的な宗教論の根底にある知の枠組みとその歴史性を問い直すうえで、極めて重要な意味を持っているのである。

また、円通の梵暦理論は、須弥山を中心にした円盤状の宇宙の実在を合理的・経験的に説明する特異な理論であった。言い換えるなら、円通とその門弟たちは目的論的な世界像を機械論的に説明しようとしたのである。第四章で詳しく論じたように、円通没後の梵暦運動が、まるで混ざり合った水と油が時間の経過とともに分離するように、機械論的な説明を重視する同四時派と目的論的な主張を繰り返す異四時派の二派に分かれていったことは、むしろ歴史の必然であった。

円盤状の宇宙の実在を主張する姿勢自体は、極めて時代錯誤な伝統主義のように見えるが、実際に平らな世界の実在を証明するために体系化された仏教天文学の理論は、近代科学の説明手法と――少なくとも形式的には――類縁性を持っている。この二重性が、梵暦運動に触れる人々に、序章の冒頭に紹介した学士院の職員の述懐に見られるような、奇妙な印象を抱かせるのである。

梵暦理論の特徴である、このような〈前近代的言説の近代性〉を説明するために、本書では冒頭から、〈テクスト〉の中身（何が語られているか）よりも言説の様式（どのように語られているか）に着目し、同時代の多様な思想伝統に属する人々の「世界記述」の様式の共通性（第一章）や明治期の仏教思想家たちの「須弥山説」をめぐる言説の共通性（第五章）について論じてきた。

また、須弥山を中心にした世界のイメージ化の歴史を辿った第三章では、須弥山説という同一の主題が、それぞれ「どのように」表象されているのかを問い、同質性よりも異質性、つまり円通以後の表現様式とそれ以前の表現様式の差異を明らかにし、円通自身も繰り返し表明していた「須弥界」という概念の新しさを強調している。

同時代の思考の共通性と異なる言説空間の異質性、さらには、同じ主題を扱う議論の言説上の隔たり。こうした課題は、序章で紹介した「テクスト読解の新たなモデル」を採用する思想家たちが、好んで取り組んできたテーマでもある。円通の梵暦理論を理解するために採用された、「言説の歴史としての思想史」という手法は、内容的には前近代的でありながら様式的には近代的であり、一方では宗教論でありながら他方では科学理論でもあった、円通とその弟子たちの活動を俯瞰するうえで、極めて有効な視座を提供してくれる。(5)

二〇年ほど前、図書館の片隅で円通の著作をはじめて手に取った時に感じた違和感を払拭するために、最初は苦肉の策として採用した手法であった。しかし、〈テクスト〉の中身よりも言説の様式に着目し、梵暦運動の内容の伝統主義的側面ばかりではなく、科学理論としての仏教天文学の近代性に着目するうちに、これまで「伝統と近代」、「排仏論と護法論」といったステレオタイプをもとに議論されてきた、近世・近代の仏教思想史への新たなアプローチとして、「言説の歴史としての思想史」という手法を採用する必要性を感じるようになってきた。なぜなら、円通の著作を素直に読んだときに感じた違和感自体が、従来のステレオタイプから生じた意識にもとづいていたからである。

梵暦運動の研究に要請された、新たな眼差しを通して近代日本の宗教思想史を振り返ることは、近世・近代の仏教思想史研究に新たな光をあてることにもなるのではないだろうか。

近世・近代の仏教思想史に関しては、これまで総合的な研究から個別の問題を扱ったものまで、多岐にわたる研究が積み重ねられてきた。総論的な研究としては、池田英俊や吉田久一、芹川博通などの研究が挙げられるであろうし、個別的には、精神主義や仏教清徒同志会などの信仰・思想運動の研究、日蓮主義や妹尾義郎の仏教社会主義のような、より政治的色彩の強い在家仏教運動の研究、さらには、浄土宗の共生会運動や真宗大谷派の同朋会運動のような教団内の信仰運動についても個別の研究が積み重ねられてきた。また、清沢満之や井上円了といった人々の思想を論じた研究も少なくない(6)。

しかし、その多くは歴史的な経緯を仏教史、あるいは教理研究史の枠内においてまとめたものであり、より広い近代日本思想史研究の課題を仏教思想史の側から考察するような研究は、決して多くはない。「日本の近代社会と仏教」というタイトルはよく見かけるが、その多くは、日本の近代社会の成立過程から仏教思想がどのような影響を受けてきたのか、あるいは、日本の近代化のプロセスのなかで、仏教思想がどのような役割を果たしてきたのか、といった発想がほとんどであり、近代仏教の言説を一つの表象として、日本の近代の本質そのものを問うようなプロジェクトは、あまりなされてこなかった。

その理由の一つには、儒学から国学思想、さらには民衆思想への展開が、近世・近代思想史の中心課題であったことが挙げられるであろう。また、「民衆思想史」研究と「新宗教」研究の乖離に見られるように、近世・近代の宗教研究と思想史研究が、あまり接点を持ってこなかったことも挙げられる。その結果、近世・近代の仏教史研究は、幕藩体制の制度的展開や「仏教の近代化」のみを対象とし、より広い思想史上の問題に言及することは少なかった。

さらには、近世仏教を評価する、いわゆる「堕落史観」が長く支配的であったことも、日本の近代を準備した思想的展開を近世の仏教思想のなかに見出し、これを近代仏教との連続性のもとで考察する研究を妨げていたという側面もあるだろう。[7]

宗教学を研究する人々のなかには、近世の仏教思想（とくに倫理観）に注目して、マックス・ヴェーバーがプロテスタント思想のなかに見出した、職業倫理観に対応する言説を近世・近代の仏教思想に見出そうとする動きは見られた。しかし、日本の近代を準備したエートスとして、仏教思想の積極的な意義を提起することはできなかったように思える。(8)近年では、従来の政治的な「イデオロギー」の定義を再考し、近世・近代の思想的布置を問い直したヘルマン・オームスの研究のように、近世・近代日本思想史における仏教思想の役割を再考する研究も見られるようになった。(9)とはいえ、近代化をもたらし、日本の近代の在り方を決定してきた思惟様式（世界観）を議論するなかでは、仏教思想史は、学説史・教義史の枠組みを超えた思想史上の問題を提起していくことは難しいだろう。

しかし、〈テクスト〉の内容とともに、言説のスタイルと意味の産出過程を主題とする思想史の営みにとっては、近世から近代にかけての宗教思想史の展開において、仏教をめぐる言説が占める比重は極めて大きい。「宗教」をめぐる新しい言説のスタイルの登場とその意義について考えるためには、同一の対象が新しい知の枠組みのもとで、「どのように」表象されてきたか、といった問いをたてることが一番有効であるからである。

「近代」に直面した時点での日本仏教には、千年以上にわたって蓄積された知識と理論の体系が存在していた。これらの知識は、新たな想像力の枠組みのもとでどのように解体され、再構築されていったのか。世界をイメージ化する様式や歴史の記述、真理の基準や認識の問題、人間や社会（あるいは国家）をめぐる言説など、近世から近代における仏教思想の展開のなかで、新しい言説のスタイルのもとで再表象されてきた事柄は枚挙にいとまがない。具体的な研究対象に取り組みながら、この再構築の過程を丹念に辿ることは、仏教というジャンルの学説史・教義史の枠組みを超えて、広く「近代とは何か」という問いについて考え直すことにつながるだろう。

円通とその弟子たちの活動の足跡を新たな視座から捉え直すことは、日本の近代思想史・宗教思想史の枠組みを再考する営みでもあるのである。

註

(1) 田中久重については、最近では、今津健治『からくり儀右衛門――東芝創立者田中久重とその時代』(ダイヤモンド社、一九九二年)、古くは、森豊太『田中久重伝――日本技術の先駆者』(田中久重伝刊行会、一九五七年)など、多くの伝記がまとめられている。

(2) 「万年時計(万歳自鳴鐘)」は、東京上野の「国立科学博物館」に現在も展示されている。万年時計の機能については、文献史料よりも東芝のウェブサイト等で紹介されている、復元プロジェクトの紹介や動画を使った機能紹介の方が参考になる。詳しくは、http://kagakukan.toshiba.co.jp を参照のこと。

(3) 梵暦社中の人々によって依頼・製作された須弥山儀は、全国各地に現存している。現時点での筆者の調査結果については、本書一七七～一八〇頁に掲載した表を参照のこと。また次のような論文と史料紹介、科研報告書を刊行している。岡田正彦「史料紹介：龍津寺所蔵『須弥山器』について」『おやさと研究所年報』第一八号、二〇一二年。岡田正彦「東芝創業者・田中久重と仏教天文学——須弥山儀・万年時計・視実等象儀」『経営と宗教——メタ理念の諸相』（住原則也編）東方出版、二〇一四年。岡田正彦「近代的世界像と仏教——梵暦運動と須弥山儀」『シリーズ　日本人と宗教②：神・儒・仏の時代』（島薗進ほか編）春秋社、二〇一四年。岡田正彦『セイコーミュージアム銀座（大橋時計店所蔵）須弥山儀と関連資料』（科学研究費助成事業・基盤研究C「近代日本における暦の流通と仏教・神道・陰陽道の展開に関する宗教社会史的研究」研究成果報告書）二〇二三年。

（4）藤井最証『天学策励』（国立国会図書館蔵版、一八八三年）六丁裏。

（5）〈テクスト読解〉の理論と宗教研究については、かつて論文を発表したことがある。詳細については、岡田正彦「ヘイドン・ホワイトの歴史の詩学と宗教研究——物語の理論と宗教学」（『天理大学　おやさと研究所年報』第五号、一九九八年）を参照のこと。

（6）著者自身も、井上円了や清沢満之に関する論文を多数発表している。詳しくは、本書の「あとがき」を参照のこと。また、近代仏教研究に関する書誌情報については、巻末の引用・参考文献一覧を参照のこと。

（7）とはいえ、一九九二年に設立された「日本近代仏教史研究会」を中心に、ここで取り上げているような近代仏教研究・近代仏教思想研究の課題は、かなり克服されつつあるように思える。研究会の機関誌である『近代仏教』には、より広い日本社会の動向と近代の仏教思想を結びつける論考が多数発表されているし、近世仏教と近代仏教を架橋する営みも少なくない。末木文美士氏が、二〇〇四年に刊行した『明治思想家論　近代日本の思想・再考Ⅰ』及び『近代日本と仏教　近代日本の思想・再考Ⅱ』（トランスビュー）に代表されるように、仏教思想の動向を中心に、近代日本思想史を再考する営みも見られるようになった。また、大谷栄一氏の『近代日本の日蓮主義運動』（法藏館、二〇〇一年）のように、民衆宗教・新宗教研究と近代仏教研究の交差するところで、日本の近代社会と宗教を論じる研究も増えている。さらには、「日韓宗教研究フォーラム」を前身として、二〇〇八年に設立された「東アジア宗教文化学会」などは、民衆思想史研究と新宗教研究を架橋する所を出発点としており、今後も有意義な研究成果が発表されていくだろう。福島栄寿『思想史としての「精神主義」』（法藏館、二〇〇三年）のように、清沢満之のような近代仏教思想家の言説の成立とその影響について、ジェンダーなどのより広い思想史的文脈から考えようとする研究もある。著者が翻訳したジェームス・ケテラー『邪教／殉教の明治――廃仏毀釈と近代仏教』（ぺりかん社、二〇〇六年）のように、「日本の近代」を研究するために、神道や新宗教ではなく、仏教の動向に注目する研究も増えてくると思う。

（8）古くは、内藤莞爾の著名な論文（「宗教と経済倫理――浄土真宗と近江商人」『年報社会学』第八輯、一九四一年）にはじまり、鈴木宗憲『日本の近代化と「恩」の思想』（法律文化社、一九六四年)、中村元『日本宗教の近代性』(春秋社、一九六四年)、柏原祐泉『近世庶民仏教の研究』(法藏館、一九七一年)といった研究が発表され、鈴木正三や妙好人などの宗教倫理が特筆された。近くは、芹川博通『日本の近代化と宗教倫理』(多賀出版、一九九七年)など、多様な角度から、この課題は論じられてきている。英語圏では、石門心学に注目したロバート・ベラーの研究(Robert Bellah, *Tokugawa Religion: The Cultural Roots of Modern Japan*, The Free Press, New York, 1957)に触発された、ウインストン・デイヴィスによるユニークな「日本の近代化と仏教」論(Winston Davis, *Japanese Religion and Society: Paradigms of Structure and Change*, State University of New York Press, 1992)もある。

(9) Herman Ooms, *Tokugawa Ideology*, Princeton University Press, 1996. オームスの『徳川イデオロギー』は、日本語に翻訳(黒住真他訳、一九九〇年)されて、日本の思想史研究者にも大きな刺激を与えた。日本においても、大桑斉「仏教的世界としての近世」(『季刊　日本思想史　四八』ぺりかん社、一九九六年)、黒住真「近世日本思想史における仏教の位置」(『日本の仏教①』法藏館、一九九四年)のように、近世社会と仏教の関わりを根底から問い直す論考も発表されている。近年では、引野亨輔『近世宗教世界における普遍と特殊』(法藏館、二〇〇七年)、西村玲『近世仏教思想の独創——僧侶普寂の思想と実践』(トランスビュー、二〇〇八年)など、近世の仏教思想の内実に迫る、具体的な研究が蓄積されつつある。

あとがき

ときどき、「なぜ、近代仏教を研究しているのですか」と聞かれることがある。この質問自体が、宗門との深い関わりのもとで展開してきた、近代仏教研究の特質を表していて興味深い。僧侶でも宗門関係者でもない人間が、真宗の教学研究史や同朋会運動などに関心を寄せるのは、やはり奇妙な感じがするのだろう。

この問いに対しては、いつも「私は近代仏教を研究しているのではなく、日本の近代、あるいは近代とは何か、という問いについて考えるために、とくに仏教系の思想運動や組織活動、文化活動などに関心を持っているのです」と答えることにしている。

研究者として、最初に興味を持った思想家が清沢満之であったことの理由は、日本の近代思想史を見渡したときに、「近代」に生きる信仰者のモデルとして最も魅力的であったのが清沢満之であったからであり、仏教という研究対象にこだわりがあった訳ではない。

その後、真宗大谷派の同朋会運動をはじめとする伝統的仏教教団の「教団再編成運動」

を調査したが、これも「日本の近代化と宗教」というテーマを具体的に考えるうえで、新しい宗教運動の動向よりも、旧来の伝統的な教団組織や制度を再編しようとしたこれらの運動の方が、「近代性」の意味をより明確に表していると感じたからであった。

日本における近代的な歴史意識の誕生を考察するために、富永仲基や国学者たちの歴史研究・仏説批判よりも、釈尊の伝記の再解釈や大乗仏教の歴史的位置づけに取り組んだ仏教側の議論を取り上げてきたのは、近代化によって従前の伝記記述や歴史記述の様式の変更を強いられた仏教側のテキストの方が、近代的な歴史意識によってもたらされた言説の転換をより鮮明に表しているからである。

さらには、井上円了の「妖怪学」や「哲学堂」といったユニークな話題に関心を持ち続けてきたのは、たんなる好事家の趣味ではなく、「哲学＝近代的思惟」を実践すべき人間の理想と見なし、「啓蒙」を宗教化した「哲学宗」を確立することによって、理想の近代社会を実現しようとした円了の活動のなかに、近代日本における「啓蒙」の意味を探るという問題意識からであった。

最近、加藤咄堂などの修養運動と近代仏教の関係や節談説教から仏教演説へといった、近代における「仏教」の語られ方の変遷に関心を寄せているのも、共通の問題意識からである。(1)

本書は、こうしたプロジェクトの一環として、著者が取り組んできた梵暦運動の研究をまとめたものである。「日本の近代化と宗教」といったテーマに関心を寄せる人々は、日本の近代化を促進したエートスを近世・近代の宗教思想に求め、日本の近代化によって旧来の宗教伝統がどのように変容したのか、といった課題に取り組むケースが少なくない。著者自身も、近代仏教の動向を研究しはじめた当初は、「近代における宗教伝統の変容」といったテーマに強い関心を持っていた。もちろん、日本の近代化を促進した宗教倫理を人々の信仰生活のなかに求めることも、主要なテーマの一つであった。

大正大学の大学院では、同朋会運動の調査を進めながら、星野英紀先生のご自坊で近代化論に関する読書会に参加したことを思いだす。この頃、大正大学図書館の書庫内で、元天台宗大学蔵書と元浄土宗図書館所蔵の梵暦関係史料に触れたことが、円通とその弟子たちの活動に関心を持つようになるきっかけであった。

しかし、戦後の高度経済成長期が終わり、「近代化」の負の側面が積極的に議論されはじめた時期に大学院で学び、バブル崩壊寸前にアメリカの大学院に留学するなかで、少しずつ研究の方向性が変わってきたように思う。アリゾナ州立大学で指導を受けた、ジェームス・フォード先生に紹介していただいたウインストン・デイヴィス氏の見解などには、かなり影響を受けた。

また、その後スタンフォード大学の博士課程に進学し、ルネ・ジラール、ヘイドン・ホワイト、リチャード・ローティといった人々の理論を学び、まったく違う視座から自分の研究対象（近代仏教）を見つめ直すうちに、日本の「近代化」の実現や促進要因を求めることよりも、「近代とは何か」といった問い――「近代性」の探求――や、我々が自明の前提としている思考や価値観の歴史性――「近代」の歴史性――を問い直すことに、より大きな関心を寄せるようになった。

博士論文を指導してくださった、カール・ビールフェルト、ベルナール・フォール、ジェームス・ケテラー、という三人の指導教官は、それぞれにステレオタイプに凝り固まった著者の意識を解きほぐし、「日本」や「近代」や「仏教」を考察するための新たな視座を提供してくれた。さらには、ともに読書会や研究会を繰り返した大学院の友人たちからは――ほとんどが大学の教員をしている彼らとは、現在も意見交換を続けている――極めて貴重な示唆を受けた。

本書の梵暦研究は、主に二〇〇〇年～二〇〇三年頃に、日本宗教学会や「宗教と社会」学会等で発表した内容にもとづいて、執筆した論文をベースにしている。

その後は、井上智勝氏や谷川穣氏、梅林誠爾氏のように、霊遊や佐田介石といった梵暦社中の人物を扱った研究が発表されて、著者自身もかなり影響を受けた。また、澤博勝氏のように、排仏・護法論争の意義を問い直すなかで梵暦運動を再評価する研究や、宮島一彦・平岡隆二両氏のように、円通の『仏国暦象編』を歴史的テキストとしてより緻密に読解する研究など、さまざまな方面から梵暦運動への関心がたかまっている。

とくに、専門の歴史研究者の地道な研究は、これから梵暦研究を進めていくうえで欠かせないものだろう。著者が自らの梵暦研究をまとめることに躊躇(ためら)いを感じてきたのも、テキストの表面ばかりを読み込んで、歴史的背景の地道な調査が不足していると感じたからであった。

たとえば、仏光寺派の学頭であった大行寺信暁などは、梵暦運動の枠を超えて興味深い人物であり、史料も多く残されている。信暁の代表作である「山海里」(一二篇・三六冊)を手元に置きながら、本書では詳しく紹介することができなかった。また、この信暁を含めた梵暦社中の人々を昭和初期に研究した工藤康海も興味深い人物である。さらには、梵暦社中の人々が取り組んでいたという「梵医方」の研究や円通の注解書をもとにして、明治期に広く紹介された宗密の『原人論』への関心——進化論との関連で議論されているケースもある——など、「仏教天文学」の枠を超えて、梵暦社中の人々の活動や円通の思想的影響力について、問い直すべき課題は枚挙にいとまがない。

「次のテーマを研究したら、全体をまとめよう」と考えているうちに、一〇年近い年月が過ぎてしまった。まだまだ、これから研究すべき課題は多い――むしろ解決した課題の方が少ない――が、たとえ不完全な研究であったとしても、本書への批判を出発点として、円通の思想や梵暦運動への関心が広がることを切に願っている。

なお、本書の各章の初出は以下の通りである。

序　章　「近代仏教と仏教天文学」『中外日報』第二六〇七三号、中外日報社、二〇〇〇年。

第一章　「震撼する世界――十九世紀の日本における世界記述をめぐる言説」『おやさと研究所年報』第六号、天理大学おやさと研究所、二〇〇〇年。

第二章　「起源／本質の探究と普遍主義のディスクール――普通円通『仏国暦象編』を読む」『天理大学学報』第二〇四輯、二〇〇三年。

第三章　「創られた伝統としての須弥界――近代的世界記述と『仏教』」『おやさと研究所年報』第七号、天理大学おやさと研究所、二〇〇一年。

第四章　「忘れられた仏教天文学――梵暦運動と『近代』」『宗教と社会』第七号、「宗教と社会」学会、二〇〇一年。

第五章　「須弥山の行方――近代仏教の言説空間」『おやさと研究所年報』第一〇号、天理大学おやさと研究所、二〇〇四年、及び「須弥山の行方と『近代仏教』」『中外日報』第二六二九二号、中外日報社、二〇〇二年。

終　章　「思想史としての近世・近代仏教研究――スタイルの歴史としての思想史の試み」『宗教研究』第三三三号（第五八回学術大会紀要）、日本宗教学会、二〇〇二年。

各章の内容には大幅な加筆・訂正を加えているが、議論の基本的な枠組みは、それぞれの初出論文を踏まえている。また、著者が一九九七年にスタンフォード大学大学院に提出した博士論文、*Vision and Reality: Buddhist Cosmographic Discourse in Nineteenth-Century Japan.*［ビジョンとリアリティ――一九世紀の日本における仏教世界像をめぐる言説］（宗教学専攻・英文）は、本書の原本とも言うべきものだ。

北米の大学では、博士号を取得した後、一〇年程の間に博士論文を書き直して出版し、その評価にもとづいて正式な教授職の地位を得るケースが多い。今回、博士論文を土台にした本書を刊行することで、著者もようやく研究者としてのスタートラインに着けたような気がしている。

なお、本書は二〇一〇年度・天理大学学術出版助成を受けて刊行された。学校法人天理大学及び天理大学関係者の皆さま方に、深く感謝の意を表したい。

＊ ここで紹介した研究内容については、二〇一〇年までに以下のような論文を発表している。

同朋会運動関係

岡田正彦「近代における宗教伝統の変容——真宗大谷派の宗務機構の近代化」『宗教研究』二八六号、日本宗教学会、一九九〇年。

岡田正彦「清沢満之と真宗大谷派——リフォーマーとしての清沢満之」『大正大学大学院研究論集』第一五号、大正大学出版部、一九九一年。

岡田正彦「伝統的仏教教団のグローバル化前夜——教団近代化運動と『教団＝宗教』モデル」住原則也編『グローバル化のなかの宗教』、世界思想社、二〇〇七年。

仏教史関係

岡田正彦『ブッダ』の誕生——『近代』の歴史記述と『仏教』」『宗教学年報』第二五輯、大正大学宗教学会、二〇〇五年。

岡田正彦「宗教研究のヴィジョンと近代仏教論」『季刊日本思想史（特集：近代仏教）』No.75、

ぺりかん社、二〇〇九年。

井上円了関係

岡田正彦「自己同一性のための他者——井上円了の『妖怪学』と近代的宗教意識」『近代仏教』第一一号、日本近代仏教史研究会、二〇〇四年。

岡田正彦『哲学堂散歩——近代日本の科学・哲学・宗教』『仏教史学研究』第四八巻第二号、仏教史学会、二〇〇六年。

岡田正彦「井上円了と哲学宗——近代日本のユートピア的愛国主義」京都仏教会監修『国家と宗教（上）』法藏館、二〇〇八年。

現代版　梵暦蒐書目録

＊横浜市立大学には、工藤康海の蔵書が収蔵され、その目録が「梵暦蒐書目録」として刊行されている。この目録にならって、複写も含めて著者が目を通した円通の著作などを紹介する。

＊括弧内の所蔵図書館等の表記は、著者が主に参考にした版本または写本の所在を記したものであり、同じ文献の版本や写本を多数の図書館で閲覧したケースも少なくない。基本的に多くの文献が、複数の図書館等に所蔵されている。

＊書誌情報の後に、梵暦研究に特化した解題を付記した。

円通『応天暦』二巻（東北大学図書館蔵）**刊行年不明**

文化元年（一八〇四）の暦表を付した、円通著とされる暦書。天文学者としての円通の基礎的な知識を知るうえで貴重な文献である。東北大学図書館や国立天文台図書室には、河野通礼著『応元暦』二巻（文政二〈一八一九〉年）が、『応天暦』とともに所蔵されている。『応元暦』には、『応天暦』に記された文化元年の前年にあたる、享和三年（一八〇三）の暦表が付されており、それぞれの記載内容もかなり似通っている。本書は師である河野通礼の暦法にならって、円通がまとめた暦書ではないだろうか。円通が、天文・暦学を本格的に学んだ暦算家であったことを裏づける貴重な史料である。後に環中が、天保一三年の暦表を付した『縮象符天暦書』を著して、自分が円通の暦法の正当な継承者であることを強調していることを考えると、『応元暦』と『応天暦』、さらには『縮象符天暦』等の対応関係について、さらに詳しく調べる必要性を感じる。

円通『仏国暦象編　全五巻』（大正大学図書館蔵）**文化七年**（一八一〇）

円通の主著。平岡隆二の調査によれば、『国書総目録』所収の版本のうちで、氏が調査した三二点の版本は、前期（文化七年以後）・後期（文化一二年以後）において改訂もされているらしい。同氏は、東北大学所蔵の『仏国暦象編』の版本調査で、梵暦運動の具体的な活動内容を知るうえで貴重な書き込みを紹介している（東北大学附属図書館報「木這子」第二九巻第三号、二〇〇四年、五頁）。このように、梵暦社中の人々の残した文献などから、梵暦運動の全容を解明していくこともこれから必要な作業の一つだろう。本書で強調したように、円通の梵暦理論は決してマイナーな思想ではなく、一九世紀の日本の思想界に確固たる位置を確立していたというべきである。実際、少し歴史があり、宗教関係の史料を所蔵する図書館であれば、むしろ梵暦関係の書籍を所蔵している方が普通なのである。著者が円通について調べはじめて、最初に困惑したのは、こうした梵暦関係史料のポピュラーさであり、本書のタイトルを『忘れられた仏教天文学』としたことも、こうした梵暦関係史料の分布の広さを背景にしている。梵暦は、誰にも「知られなかった」思想ではなく、「忘れられた」思想——とくに、ある時期からは「忘れることを強いられた」思想——なのである。平岡氏の版本調査のような地道な研究成果が発表されていけば、円通の梵暦受容の具体的な状況が、いずれ明らかになっていくだろう。

円通（図・玄俊）**『須弥山儀銘并序』**（龍谷大学図書館蔵）**文化一〇年**（一八一三）／図版は本書一五一頁

地球儀に対抗して円通が構想した、平らな「須弥界」を象る「須弥山儀」について図解したもの。須弥山儀の機能や製作意図を説明する「銘」と「序」を付す。これもかなり広く普及したと考えられるが、現存の図版の調査に加えて、実際にはどのような須弥山儀が作成されたのか、詳しく調べる必要がある。現存する須弥山儀のなかで、最も有名なのは、円通の門弟である環中と晃厳の依頼によって、田中久重が製作した須弥山儀である（詳しくは、本書の終章を参照のこと）。龍谷大学大宮図書館が所蔵する、この須弥山儀は、時計仕掛けの精巧な儀器であり、現在では修復されて当時の面影を取り戻している。円通本人が製作（あるいは製作を依頼）した須弥山儀については、工藤康海が自らの論文に「文化十五年　普門律師造」・「大阪市　近藤猶氏所蔵」とする須弥山儀の写真を掲載している。環中の須弥山儀とはかなり意匠が異なるところがあって興味深いが、著者は実物を確認していない。大行寺の刊行した信暁の伝記（佐竹淳如編『勤皇護法　信暁学頭』大行寺史刊行後援会、一九三六年）などによれば、信暁を含めて梵暦社中の人々は、それぞれ須弥山儀を作成したとされている。しかし、これも現存を確認できていない。本書の第三章において紹介した、静岡市・龍津寺の「須弥山器」は、円通と直接に関わる須弥山儀か、あるいは信暁のグループと関係する須弥山儀である可能性が高い。また、大谷派の学僧として知られる東条義門が江戸の鍛冶屋に造らせた須弥山儀（文化一四年）の存在が確認されている。今後、他の埋もれた須弥山儀を発掘していけば、梵暦運動についても新たな発見があるだろう。

円通『縮象儀説』（龍谷大学図書館蔵）**文化一一年**（一八一四）／図版は本書一六〇頁

龍谷大学図書館には、文化一〇年版と文化一一年版が所蔵されている。また、田中久重の製作した「縮象儀」(一八四七〜五〇)も、龍谷大学図書館に所蔵されている。仏陀の天眼を通して眺望した「須弥界」の「展象」ではなく、人間の肉眼によって把握できる南洲(人間の住居としての世界)から観測される「縮象」をモデル化した儀器。円通は、仏陀の天眼によって把束された「展象」としての「須弥界」のイメージと、地上から観測される天体の動きを模象した「縮象」を二元化することによって、近代自然科学の成果を拒絶することなく、須弥山を中心とする世界の実在を論証しようとした(最も典型的なのは、「夜国」の存在の論証である)。円通の縮象儀図の世界図は、鳳潭の「南瞻部州万国掌菓之図」(一七一〇)のような、仏教系世界図に共通する様式によって描かれている。しかし、世界図を一つの大陸(南瞻部州あるいは閻浮提洲)として描くために、アフリカの存在を無視した鳳潭とは違って、「縮象儀」はアフリカ大陸をはっきり描いている。「縮象」は、肉眼によって観察される世界の現象をモデル化したものなので、仏説よりも当時のより正確な知識を反映する必要があったのだろう。このことは、三〇年ほど後に描かれた、環中の「縮象儀図」(嘉永元〈一八四八〉年)の世界図が、閻浮提洲の概念を無視して、日本を中心にした世界地図に書き換えられていることからもよくわかる(龍谷大学大宮図書館編『二〇〇九年度特別展観　仏教の宇宙観』二四頁)。「縮象」としての世界図は、最新の知識にもとづく世界地図であることが望ましいのであり、天体観測の知識も同様であった。ただ、これは主に同四時派の見解である。縮象儀の変遷については、同四時・異四時の両派にまたがる調査を進める必要があるだろう。

円通『須弥山儀銘幷序和解　上・下』（大正大学図書館蔵）文化一〇年（一八一三）

手元の版本には、刊行年は明記されていない。『仏国暦象編』と並んで、円通の梵暦理論を知るうえで最も重要な文献の一つである。とくに、円通の「須弥界」の概念を理解するためには、必読の文献である（詳しくは、本書第三章を参照のこと）。文化一〇年に刊行された「須弥山儀」に付された「銘」及び「序」を和解したもの。上・下二巻からなる。これも刊本を所蔵する図書館は数多く、『国書総目録』に記載された所蔵館数は二〇を超える。しかし、著者が閲覧した大正大学図書館蔵版はこれに含まれていないので、他にも広く所蔵されているだろう。手元に複写がある版本には欠けているが、東北大学図書館所蔵版の巻末には、大阪、京都、江戸、紀州の版元の名前が列記されているので、かなり広範囲に頒布されたのではないか。「須弥山図」や「須弥山儀」の作成・普及調査とともに、本書の版本調査も欠かせない課題の一つである。

円通『梵暦策進』（大正大学図書館蔵）**文化一三年**（一八一六）

手元にある版本には、刊行年は明記されていない。梵暦の護法論的な側面を強調すると同時に、梵暦以前の須弥山説擁護論と梵暦の違いを明らかにし、梵暦の手法の新しさを強調して、梵暦研究の重要性を訴えている。短いテキストであるが、円通の基本的な立場と著述活動の目的を知るうえで貴重な文献である。しばしば、『梵暦策進』あるいは『梵暦策文』に付されている「上辞弘布の辞」については、本書三二四～三二六頁を参照のこと。

円通『立世阿毘曇暦書』（大正大学図書館蔵）**文政二年**（一八一九）

「立世阿毘曇論」（とくに「日月行品」）の記述をもとにして、梵暦の基本となる暦数を列記したもの。円通は、仏典中のさまざまな典籍からの引用をもとにして梵暦理論を体系化しているが、最も重視したのが「立世阿毘曇論」の「日月行品」であった。「倶舎論」などの記述をもとにして、仏説における太陽と月の運行を説明する営みは、決して円通の時代に始まるものではない。本書の第三章に紹介した、文雄の『九山八海解嘲論』（一七五四）にも、仏典にもとづく太陽と月の運行の説明がある（一八丁～三七丁）。古くは、宥範『倶舎世間品日月行道図解』（一七〇〇）などの文献もある。しかし、円通の場合は、仏典の記述を自ら学んだ当時最新の天文暦学の知識に取り込んで、実際に使える暦法として再構成していることに特徴がある。本書の冒頭で、円通は「謹テ立世阿毘曇論ヲ按ルニ、日月行品一切暦数罄テ　尽サ不ル無シ　大ニ分テ二ト為ス　初ニ法数淵源　次ニ推歩次第」（一丁裏）と述べて、「立世阿毘曇論」（とくに「日月行品」）が梵暦法の基準となることを明記したうえで、太陽や月の大きさや運行の周期、昼夜の長さや月と太陽の交差などを知るための暦数を詳しくまとめている。題字のすぐ後に「無外子円通草案」とある。

円通『実験須弥界説　全三巻』（大正大学図書館蔵）**文政四年**（一八二一）

円通の主著の一つ。これも手元にある版本には、刊行年は明記されていない。上・中・下の三巻より成る。天文・暦学の研究書というよりは、「須弥界」の構成要素について、仏典をもとに解説する仏教書の性格が色濃い。とくに、日輪・月輪の解説などは、『仏国暦象編』の記述とは一線を画している。円通の仏教思想家としての側面については、本書ではあまり触れることはできなかった。このため、本文ではほとんどこの文献に言及していないが、僧侶としての円通の素養を知るうえでは、極めて貴重な文献である。当時の仏教世界観の研究書としては、かなり高い水準にあったのではなかろうか。円通の仏教世界観の研究と、後の近代仏教研究における仏教世界観の研究との関連についてては、仏教思想史研究の立場から再考する必要があるだろう。円通から信暁に宛てた書簡によれば、文政四年に円通は、「書林売買」は認められないものの、梵暦頒布の官許を得ている（信暁『山海里』初篇中、一七丁表〜一八丁表）。この間、円通は『暦象編答問』に見られるような批判者との討論を経て、『仏国暦象編』を東叡山蔵版にするなど、梵暦の地位を固める努力をしているので、仏教関係者へアピールする意図もあったのかもしれない。

円通『孝子経註』（大谷大学図書館蔵）**文政六年**（一八二三）

仏教の五戒（不殺生・不偸盗・不邪婬・不妄語・不飲酒）と五常（仁・義・礼・智・信）を対応させて、儒仏二教の教説を折衷する『仏説孝子経』を注解した書。円通は『仏国暦象編』を東叡山蔵版にすることを望んでいたが、検閲にあたった仙葉喜多院僧正（慈等）は、『周髀算経』の蓋天説との一致を説く円通の説を厳しく批判した。円通が仙葉と交わした答問書も各地の図書館に残されているが、こうした状況を背景に著されたものではないか。『仏国暦象編』では、「聖説」としての『周髀算経』の蓋天説と須弥界の暦象との一致が強調されている（詳しくは、本書第二章を参照のこと）。所在は確認できていないが、工藤康海の「略伝」によれば、円通は最澄の『末法燈明記』についても注解を著しているらしい。文政年間の円通の著作については、より仏教思想史に近い側面から考えていく必要があるだろう。

円通『略解　羽翼原人論』（大正大学図書館蔵）**文政七年**（一八二四）

円通の著作のなかで、唯一明治中期以後もさまざまな版元から出版され、大正時代以降も紹介されている著作。宗密の『原人論』の注釈書である。国立国会図書館の蔵書だけでも、明治期に刊行された八件の異なる版元からの刊本を確認できる。明治四三年に「原人論」の解説書を刊行した加藤咄堂は、「原人論の註解、古来宋の浄源が発微録と元の円通の論解とを以て双璧とす。我が国にては増上寺冏鑑上人の続解、普門律師の羽翼ありて、略ぼ備る」（加藤咄堂『原人論講話』一九一〇年、一頁）と述べている。また、大正一一年に『新釈　原人論詳解』（日本禅書刊行会）を著した大友洞達は、近世における『原人論』の注釈書を代表する研究書として、普門円通の『羽翼原人論略解』を紹介している（九頁）。円通が『原人論』の研究者として、広く知られていたことは間違いないだろう。仏教の世界観を学ぶ入門書として、広く読まれていた「倶舎論」に描かれた世界像への疑念から西洋の天文学を学んだ円通が、儒者の仏教批判に対抗して仏教の人

間論を展開し、これも仏教の入門書として広く読まれていた『原人論』を注解している
のは興味深い。明治期の文献では、進化論も含む近代科学の知見をもとに「原人論」に
言及している文献も少なくない（前掲『原人論講話』や高橋五朗『人類学一班並評原人論』
一八八八年、など）。仏教思想家としての円通の業績について、総合的な評価をするうえ
でも貴重な文献である。

円通述（環中編）**『縮象符天暦書』**（国立天文台図書室蔵）**天保一三年**（一八四二）
天保一三年の暦表を付した、環中編の暦書。横浜市立大学図書館編『梵暦蒐書目録』で
は円通の著作とされているが、円通は天保五年に没しているので円通述・環中編と表記
する場合も多い。ここで紹介している国立天文台図書室蔵の『縮象符天暦書』には、工
藤の蔵書を示す「護法梵暦　門外不出　無学庵」の張り紙があり、表紙の裏に「環中カ
師歿後完成せし者也」との書き込みがある。『応天暦』の解題にも述べたように、本書
には環中が、師である円通の造暦の手法を継承した直弟子であることを強調する意図も
あったのではなかろうか。同名書の続編として、この後も改訂版がくり返し編纂された。
各地に版本が残されており、ほぼ同名の暦書も数多く残されている。「縮象符天暦」と
いう名称は、「縮象界」の天象を考究するのが梵暦の役割であり、「符天暦」は宿曜師の

暦を意味しているので、梵暦社中の人々の暦法を総称する名称として広く使われたのだろう。

円通述（門弟編）**『須弥界約法暦規』**（国立天文台図書室蔵）**嘉永三年（一八五〇）序**

円通は、天保五年九月四日に死去しているので、円通没後に梵暦の基本的な暦法を簡略化して、門弟がまとめたものだろう。本書の目的については、冒頭に「梵土ノ俗由旬ト云フテ以テ地ノ里数ヲ計リ量カル　仏国准シテ天モ亦コレヲ以テ説玉フ而シテ　本邦ノ学者常ニ用ヒサル数目ナル故ニ甚タ煩ヒ困ルシム　因テ今コト〴〵ク通俗ニ順ヒ　度数ニ約シテ梵暦推考ノ楷梯タラシム」（一丁裏）と明確に述べられ、梵暦の基準となる暦数が、極めてシンプルにまとめられている。横浜市立大学蔵版には、「約法暦ハ環中ノ造也」とする工藤康海の書き込みがある。

円通『暦象編答問』（国立国会図書館蔵）**写本**

円通は、『仏国暦象編』を東叡山版とすることを望んでいたが、検閲にあたった仙葉から は厳しい批判を受けた。このあたりの顚末については、本書でも何度か紹介した円通から信暁への書間（「江戸状」）にも触れられている。東北大学図書館には、「暦象編答問書」「仏国暦象編答問書」「暦象編初疑答」の三編が所蔵されている。これらの写本の関係については、すでに吉田忠氏が詳細に検討しているので、そちらを参照のこと（吉田忠「近世における仏教と西洋自然観との出会い」『大系仏教と日本人　第一一巻』春秋社、一九八六年、一二六～一三〇頁）。内容は円通と仙葉のやり取りであり、『周髀算経』の蓋天説と須弥界の地形の一致を説く円通説と「夜国」の概念の取り扱いをめぐって、両者の意見は対立した。須弥界の概念を根底から揺さぶる「夜国」の存在を論理的に克服することが、最新の知見を拒絶するのではなく、新たな知識を包摂した仏教天文学の確立を目指す円通にとって、最も重要なことであった。しかし、仙葉は「夜国」の存在自体を否定すべきだとする。円通の梵暦理論が、仏説の至上性を単純に主張するものではないことを知るうえで、貴重な文献である。

また、工藤康海「普門律師の梵暦運動と師の略伝」（四一頁）には、ここで紹介した文献の他に、円通の著作として以下のような文献が紹介されている。括弧内には、現時点（二〇一〇年）での著者の確認事項を記入し、＊を付して簡単なコメントをつけた。

「梵暦議考」若干巻（東京大学図書館に「梵暦法数原」との合一冊本あり。「梵暦法数原」は、国立天文台図書室も所蔵）
「応天暦預聴」一巻
「応天暦伝書」一巻
　＊東北大学図書館に「応天暦聞書」あり。
「応天暦推歩見行草」二巻（学士院に「応天暦推歩」あり）
「新編応元暦書」一一巻
「応元暦行見草」一一巻（東北大学図書館蔵）
「瞿曇氏暦稿」一巻
「新編須弥界暦書」一八巻（大正大学図書館）
「新定須弥界暦書」二〇巻
「再訂須弥界暦書」二部二四巻
「縮象応時暦書」三巻
　＊これらの「暦書」類は、先に紹介した「縮象符天暦書」や「須弥界約法暦規」と併記されている。円通の著作というよりは、円通の暦法をもとにして梵暦社中の人々がまとめた暦書であろう。

「星象図」一巻
「行品口述採摘」一巻
「仏国暦象編聞記」一巻
「仏国暦象編聴記」一巻（国立国会図書館に「仏国暦象編随聞」あり）
「仏国暦象編趣意」一巻
「仏国暦象編御蔵版一件録」一四巻

＊これらの「聞記」類も、円通の著作というよりは梵暦社中の人々の編著ではないか。国立国会図書館の「仏国暦象編随聞」の編者は、円通ではなく了岳である。

「梵暦策文」一巻

＊国立国会図書館に「仏国暦象編策文」あり。『梵暦策進』の底本だろう。横浜市立大学の「梵暦策文」（円通『梵暦策進』の底本）には、門弟による上辞弘布の趣旨一篇あり。国立天文台図書室の『梵暦策進』には、趣旨文の著者を信暁であるとする工藤康海の書き込みがある。当時の状況を知るうえで極めて貴重な史料である。

「須弥山儀銘聴録」一巻
「須弥山儀銘和解鈔要」一巻
「科立立世阿毘曇論日月行品」一巻

「立世阿毘曇論日月行品講録」一巻
「立世阿毘曇論日月行品述聞」一巻
「立世阿毘曇論日月行品祖説」一巻

＊本書では、大正大学図書館蔵の「立世阿毘曇暦書」を紹介した。国立天文台図書室には、文化一四年の真諦訳『立世阿毘曇論』（円通本と環中本の対校本）が所蔵されている。梵暦社中の人々にとって、「立世阿毘曇論」は必須の文献であったことがよくわかる。

「内外天文弁」（安政四年、大谷大学図書館蔵。これも円通の直接の著作ではない）
「梵暦偶談」一巻
「梵暦選日法」（円通著とされる、文政二年刊の「宿曜経選日法」あり）
「修験行者易筮該用」一巻（『国書総目録』には、円通ではなく僧牛という人の同名書がある）
「末法燈明伝光録」一巻
「科註仏説孝子経」一巻（先に紹介した、「孝子経註」を参照のこと）
「観経妙宗鈔分科」一巻

また、信暁をはじめとする円通の門弟たちは、各地に「梵暦開祖」を称える頌徳碑を建碑した。これまで、著者が現存を確認した石碑は以下の通り（写真は、本書一九三頁）。

「梵暦開祖之碑」京都東山　仏光寺本廟内・弘化三年（一八四六）

京都東山仏光寺本廟内に建碑された。石碑は、仏光寺本廟内に現存している。詳しくは、本書の第四章（一九四頁及び一九五頁）を参照のこと。少しずつ朽ちかけてはいるが、二〇一〇年現在でも碑文を読むことはできる。＊現在は、再建された碑が建立されている。

梵暦開祖之碑

普門大律師　諱円通　字珂月　号無外子　因幡国士人山田某之子也　七歳出家　受戒於豪潮阿闍梨　学該内外　最精天文暦象　師嘗謂　漢土歴代談天者　各誇其精微　然皆不能越我仏説之範囲　至若西洋新説　則黠誑人悖乱殊甚　唯我仏説実極天地之蘊奥而纖毫不違　然以其説類荒誕　世疑面而弗焉　矇瞶不破　則智慧不明　豈不可竭心於斯乎　思之而不置　一日因講立世阿毘曇論　有所感悟　研究之久　遂著仏国暦象編　続須弥山儀図及縮象儀　且作其銘序国字解　而明著四天下四時交代之相　令人了解仏説之天地運旋之相　皆実験而決非荒蕩之談　後又著実験須弥界説及須弥界暦書若干巻　或以口授示梵暦由旬之量　因顕彼他暦之為要領者竊採諸梵暦之儀矣　嗚呼仏之将弘斯道数千載後　我

邦有律師之出　豈不亦生民之大幸　師初住于洛東積善院　晩応東叡大王令赴江都　住于
三縁山内恵照院　天保五年九月四日寂　年八十一　弟子等刊石銘徳将伝令聞於不朽　其
辞曰

仏天仏地　大哉須弥
聖教所闘　人其疑休
千載墜緒　善継者師
諄々遺訓　万世之規

弘化三年歳在丙午秋九月

「大日本国仏暦開祖　普門律師之碑」岐阜県大垣市　長源寺内・天保一〇年（一八三九）

信暁の出生地である岐阜県大垣市の長源寺に建立された石碑。かつて円通が、江戸と京都を往来した際に濃州や尾州に立ち寄って、梵暦を流布したこともあったという。仏光寺や法応寺の石碑とはかなり意匠がことなる。現在は、新しい台座がつくられて本堂の前に安置されている。碑文の内容は、以下の通り。

大日本国仏暦開祖　普門律師之碑

律師　諱円通　字珂月　号無外子　因幡州武士山田氏之子也　七歳出家　従豪潮阿闍梨
而受具戒　天才博贍　学綜該明　律師意者　他説之天学者　天地円形而不定上下無位而
諸曜縦旋　而測算之　則到于秒忽与天地密合　似可信者　若夫須弥界之説者　近乎戯劇
大蔵微塵数之教者　帰乎寓談　然医方工巧且有尽微細　則天文暦数何有闕哉　悱々焉
憤々焉　日夜思之甚至矣　会獲立世阿毘曇論　大悦之　研窮有年矣　遂著仏国暦象編五
巻　続製須弥山儀図及縮象儀　令人知仏説之天地　乃作其銘序国字解　令学者易解之義
矣　又著実験須弥山説三巻及須弥界暦書十五巻　因顕彼世暦之為綱領者竊採諸梵暦之義
矣　嗚呼　仏之将闕斯暦道　吾国有律師之出　律師初住干洛東積善院　後　応東叡大王
令赴江都　住于増上寺内恵照院　年八十一以　天保五年九月四日寂　弟子等刻石銘徳欲
使令聞伝於無窮　其辞曰
　大哉仏天　至哉仏地
　説之者経　覚之者師
　述而不作　信而好古
　数巻暦書　万世規基
天保十巳亥年建之　弟子大行明顕両主曇蔵説撰
推歩伝持

「梵暦開祖之碑」名古屋市千種区　法応寺内・嘉永二年（一八四九）

円通の一七回忌の際に、尾張の梵暦社中の人々によって建碑された。現在は、境内の不動明王の隣に置かれている。この地域では、不動明王を挟んで反対側に置かれた句碑の方がよく知られているらしい。しかし、保存状態はかなり良好である。碑文の内容は、以下の通り。

梵暦開祖之碑　仏光大教主待講大行明顕両寺之主権少僧都信暁曇蔵撰
普門大律師　諱円通　字珂月　号無外子　因幡国士人山田某之子也　七歳出家　受戒於豪潮阿闍梨　学該内外　最精天文暦象　師嘗謂　漢土歴代談天者　各誇其精微　然悉皆不能越我仏説之範囲　至若西洋新説　則巧黠誑人悖乱殊甚　唯我仏説日極天地之蘊奥而纖毫不違　然以其説類荒誕　世疑面弗信焉　矇瞶不破　則智慧不明　豈可不竭心於斯乎思之而不置　一日因講立世阿毘曇論　有所感悟　研究之久　遂著仏国暦象編　続須弥山儀図及縮象儀　且作其銘序国字解　而明著四天下四時交代之相　令人了解仏説之天地運旋之相　皆実験而決非荒蕩之談　後又著実験須弥説及須弥界暦書若干巻　或以口授示梵暦由旬之量　因顕彼佗暦之為要領者竊採諸梵暦之儀矣　嗚呼仏之将弘斯暦道数千載後我邦有律師之出　豈不亦生民之大幸哉　師初住于洛東積善院　晩応　東叡大王数赴江都

住于三縁山内恵照院　天保五年九月四日寂　年八十一　弟子等刊石銘徳将伝令聞於不朽
其辞曰
仏天仏地　大哉須弥　聖教所闢　人其休疑
千載墜緒　善継者師　諄々遺訓　万世之規
嘉永二年　歳在乙酉秋九月（末尾に「尾州名古屋梵暦社中建」とある）

まだまだ、各地に未調査の「梵暦開祖の碑」は現存しているはずである。これらの所在調査も、今後の課題としたい。

「須弥山器（儀）」静岡市清水区　龍津寺内・文政七年（一八二四）／写真は一六三頁

環中と晃厳の依頼によって、田中久重が製作した龍谷大学の須弥山儀とは意匠の異なる須弥山儀。佐田介石の依頼で造られた「視実等象儀」などとも意匠が異なる。底部の墨書や龍津寺に残された当時の日記の記述によれば、文政七年に尾州の梵暦関係者によって製作され、明治一〇年に宝台院から龍津寺に譲渡されたものである（詳細については、本書第三章を参照のこと）。明治九年の須弥山説の説教停止を受けての処置であろうか。当時の大教宣布運動などとの関連も興味深いが、梵暦関係史料としては、異四時説にもとづく須弥山儀であることが重要だろう。円通と直接に関わる須弥山儀なのか、あるいは信暁のグループに関わりが深いのか、さらに検討する必要がある。どちらにしても、現存する須弥山儀の中では最古の部類に属することは確かだろう。「視実等象儀」に代表される、後年の新理論にもとづく装置や図版も含めて、多彩な須弥山儀（図）や縮象儀（図）を比較検討することも、梵暦運動の全体像を解明するために必要な課題の一つである。

普光融満『本朝梵暦師資系譜』（国立国会図書館蔵）明治一六年（一八八三）

円通を開祖とする梵暦の思想的系譜をまとめたもの。この文献と橘堂流情『須弥山儀図附録』（国立国会図書館蔵、明治一八〈一八八五〉年）の序文を合わせ読むことで、ほぼ梵暦運動の概略を摑むことができる。本書の第四章等で多用している「同四時派」と「異四時派」という区分けも、もとは普光の分類を踏襲した分類である。冒頭に、次のような梵暦運動の系譜図があり、円通の主要な門弟たちの名前が挙げられている。

系図

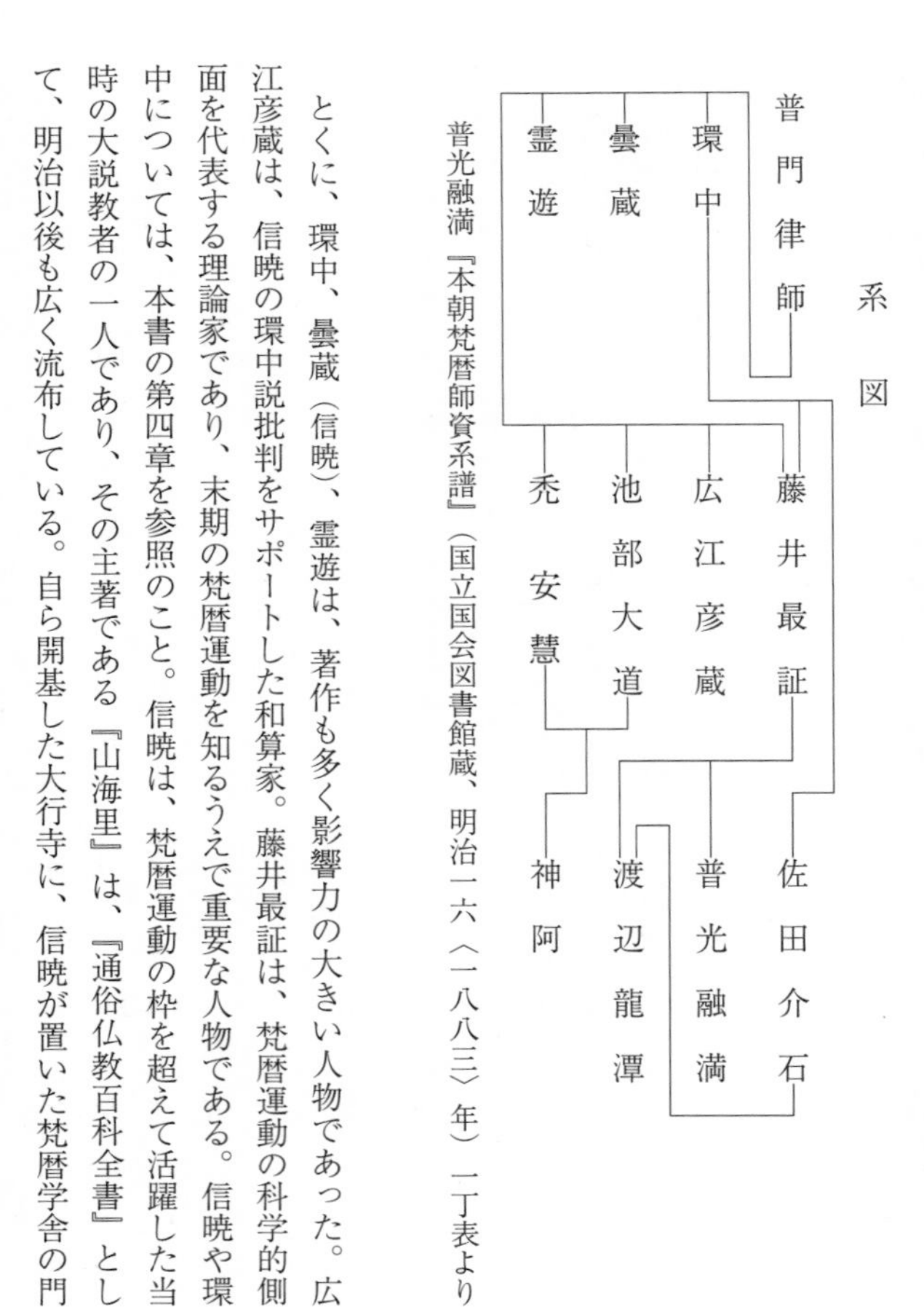

普光融満『本朝梵暦師資系譜』（国立国会図書館蔵、明治一六〈一八八三〉年）一丁表より

とくに、環中、曇蔵（信暁）、霊遊は、著作も多く影響力の大きい人物であった。広江彦蔵は、信暁の環中説批判をサポートした和算家。藤井最証は、梵暦運動の科学的側面を代表する理論家であり、末期の梵暦運動を知るうえで重要な人物である。信暁や環中については、本書の第四章を参照のこと。信暁は、梵暦運動の枠を超えて活躍した当時の大説教者の一人であり、その主著である『山海里』は、『通俗仏教百科全書』として、明治以後も広く流布している。自ら開基した大行寺に、信暁が置いた梵暦学舎の門

人とされる、小幡徳義・徳常父子、恵光、信円、円熙、聖意、秀幢といった異四時派の人々を加えれば、普光の系譜図も完成に近づくだろう（普光が挙げているのは、主に同四時派の人々である）。霊遊については、井上智勝氏の研究がある。池部大道／禿安慧については、安慧（あんね、あるいは、あんねい・『須弥山儀図附録』では、安寧と表記）が禿（かむろ）姓を名乗るのは明治五年のことであり、ペンネームの多い人なのでもう少し検討する必要があるだろう。この人については、当時の大教宣布運動との関わりについても考える必要がある。このなかで最も著作が多いのは、もちろん佐田介石である。介石については、以前から多くの人々が研究しているが、近年では谷川穣氏の研究がある。渡辺龍潭や神阿隆音のように、梵暦関係の文献に名前のある人々としては、本書でも言及した晃曜、了岳、藤田頼央、徳猊、裕譲、法輪、橘堂流情といった人々がいる。各地の図書館に残された文献には、特殊なペンネームを使ったものや記述者の名前がないものが多い。また、これらの文献の多くは講演の筆記録であった。代表的なものでは、国立天文台図書館蔵の『須弥界実験暦書巻之三聞香記』（全一九回に及ぶ霊遊の講義録）がある。これらの「聞記」類を探索すれば、各地の梵暦講義の実態も明らかになってくるのではないか。これらに加えて、奈良・順正寺の聞号、金沢・誓入寺の倉谷哲僧、安芸・順覚寺の宝幢といった各宗派の学林・学寮で梵暦を学んだ人々や、浄名、晃厳のように講師をつとめた人々についても調べていく必要がある。仏教各派の梵暦講義の調査は、梵暦運動の全体像を把握するために、欠かせない研究課題の一つであろう。

『梵暦策進』附録（国立天文台図書室蔵）**文化一二～一三年**（一八一五～一六）

国立天文台図書室蔵の『梵暦策進』の巻末に付された文書。本書には、工藤の蔵書を示す「護法梵暦　門外不出　無学庵」の張り紙がある。工藤の書き込みが多く、円通が『仏国暦象編』を刊行した当時の状況を知るうえで、極めて興味深い史料である。巻末に付された上辞弘布の辞には、「文化十二（三）年律師六十一歳撰　曇蔵信暁ノ記ナリ」との書き込みがある。また、巻末にも「梵暦策進附録は信暁の筆なり」との書き込みがある。ここで紹介されている、梵暦受容者の「両端ノ説」は、そのまま同四時派と異四時派の二派の対立につながると同時に、宗教と科学を混同する梵暦理論の二重性を如実に表している。文中に「大阪講中」といった表記が見られるのも興味深い。内容は、以下の通り（抜粋）。

門人某等謹テ白ス

右本文ヲ以広ク一天ニ布ント欲スルニ、其数星ノ如ニシテ書写ニ暇ナケレハ、コレヲ広クセント欲スルノ由致ハ、吾律師今策文ニ演ラル、如キノ悲懐アリテ、先キニ仏国暦象編ヲ著シ、并ニ須弥山儀縮象儀ヲ造リ、其銘序ヲ書キ和解ヲ述ラル、等、一コトニ仏法ノ大害ヲ恐ル、コト頭燃ヲ払カ如クノ意イヨ〳〵功ニシテ、此策文ヲ作リテ海内ノ釈氏ニ勤テ策マンコトヲ示サル（中略）〇又或カ云ク、此門ニ入ラサル已前ハ、梵暦造修已ニ成ルト聞ケトモ定テ牽強附会ノ説多カラント思ヒタリシニ、親ク其術ヲ受ルニ一ツモ臆断ニ出ル者ナク、ミナ悉ク如来金口ノ説ニシテ世間ノ古暦新暦等ノ術ニ比スルニ紫朱金鍮ノ惑ヒナク、蘭菊龍麝ノ紛ルヘキモノナシ。其暦悉ク須弥山界ノ里数ヨリ出テ、今日ノ天ニ応スルコト師ノ須弥山儀銘ノ和解ニ其二三ヲ出セルカ如ク、度量測算等実ニ一毫モ私ナク、簿伽梵所説ノ暦法ナルコト誠ニ仰信スルニ堪タリト。〇又或俗人ノ念仏者勢州之人ナルカ、遥々上洛シテ師ニ相見ヲ乞テ厚ク謝テ云ク、我郷里近来天学流行シテ仏説ノ須弥界ヲ毀リテ地ハ円クシテ球ノコトク（中略）寛政年中ニ漂流シテ、文化元年ニヲロシヤ人ツレ来リシ奥州仙台ノ船頭伴太夫四人ツレニテ彼ヲロシヤ船ニ乗セラレテ其還リ来ル砌、此地ノ一周ノ廻リテ日本ノ東ヨリ還リ来レリシカルトキハ、何レノ処ニカ須弥山トイフ物アランヤ。若ソレ須弥山ナキトキハ、四天王モナク忉利天モナシ。諸天ノ願行ヲナセル法卯阿闍梨ノ修法トイフ事モ　風ヲ握ルノ笑ナラスヤ。地ノ下ニ獄アリトイフ燗魔界モ何レニカアル（中略）宗主ノ勧章ニモ、四天王等活地獄ナトイフ事ツ子ニ聴聞スルコトナリ。ソレヲモ惣崩トナリテ、何トカナリケルト思シニ、近頃師ノ門人ヨリ暦象編及梵暦ノ伝説ヲ承リ。一一ニ仏語ノ的功真実ナル現量ヲ信受シ奉テ却テカレカ妄談ナルコトヲ知テ、従前ノ大疑ヲハラシ、仏教ニ随順シテ生死ヲ出ンコトヲ安心ス。マコトニ生々世々ノ恩徳ヲ被リタルトテ、師恩ヲ深謝セリ。最モ殊勝ノ事ナリ。○又或時、数十人大阪講中師前ニ侍テ云ク。我等子々孫々ノ者世間ノ天文ニ惑ハサレテ仏法ヲ誹謗シ、阿鼻獄ニ入リ候ヘハ不便カキリナク候ユヘ、文字ハ不通ニ候ヘトモ御作ノ仏国暦象編全部五巻、須弥山儀図一枚同銘序和解二冊、縮象儀図説及須弥山儀略説等ヲ御蔵板元ヨリ申ウケ、仏檀ノ傍ニ置テ永世家ノ遺物ト致シ候ナリトイヘリ。コレマタ仏意ニカナフ者ナラン。上来親ク見聞スル所ノ或ハ信スル両端ノ説ヲ聞ニ就テモ、此策文イヨ〳〵広カランコトヲ欲スルノミ。願クハ和合海ノ同俗随喜アランコトヲ（以下略）

梵暦策進附録ハ信暁ノ筆也（工藤康海の書き込み）

紙幅の都合で、ここではほぼ円通の著作（あるいは、著作とされるもの）に限定して文献を紹介した。本書のなかで参照・引用した門弟たちの著作については、巻末の引用・参考文献一覧を参照のこと。横浜市立大学図書館の「梵暦蒐書目録」にある書籍は、ほぼ網羅している。工藤の蔵書には、「護法梵暦　門外不出　無学庵」という特徴的な張り紙がある。この張り紙のある梵暦関係文献は、著者が確認しただけでも、さまざまな図書館に分散しており、横浜市立大学が工藤の蔵書を収蔵する前に、かなり散逸していたようである。これらの散逸した工藤の蔵書も含めて、「現代版　梵暦蒐書目録」を充実すれば、「現代版本朝梵暦師資系譜」をまとめることも可能ではないだろうか。

＊この目録は、二〇一〇年段階の成果であり、現在も調査を継続中である。現状については、本書に附した「文庫版あとがき」を参照のこと。

引用・参考文献一覧

＊本書の「現代版　梵暦蒐書目録」には収録していない、引用・参考文献を列記した。一般の参考文献については、日・英ともに、本書のなかで引用・言及している最少限の文献紹介に止めた。
＊梵暦関係の版本や写本は、ほとんどが複数の図書館に所蔵されている。括弧内には、著者が主に参照した版本・写本の所在だけを記入した。
＊本書の初出論文及び著者の近代仏教研究については、本書の「あとがき」を参照のこと。
＊旧字・異体字は新字に改め、刊行年の表記は西暦に統一した。

梵暦・須弥山説関係

梵暦社中

環中『須弥界四時異同弁』（天理図書館蔵）一八四三年（「護法梵暦　門外不出　無学庵」の張り紙あり）。

環中『紀元暦書』（国立天文台図書室蔵）写本（円通述・環中編の『縮象符天暦書』に付された天保一三年よりも古い、天保五年の暦表を付す。環中編の暦書の最初期のものか）。

藤田頼央『団扇骨弦儀図説』（国立国会図書館蔵）一八四三年。

信暁『大寒気由旬便覧』（大谷大学図書館蔵）一八四六年（雲住道人述「須弥界四時異同弁弁斥」を付す）。

信暁『山海里』全一二篇三六冊（私蔵・文政一一年〜安政五年頃）一八二八〜五八年。

信暁『冥加策進』（国立国会図書館蔵）一八五二年。

霊遊『須弥界義』（大谷大学図書館蔵）一八五八年。

霊遊『須弥界実験暦書』（大谷大学図書館蔵）（慶応四年）一八六八年。

霊遊述『須弥界実験暦書巻三聞香記』（国立天文台図書室蔵）一八六八年（「護法梵暦　門外不出　無学庵」の張り紙あり）。

霊遊『日月西行鈌』（国立天文台図書室蔵）一八六〇年。

円熈『仏暦図説』（国立天文台図書室蔵）一八五六年。

浄名『一笑水母編』（国立国会図書館蔵）一八五〇年。

中越陳人『須弥暦四時同異論』（国立天文台図書室蔵）一八五七年。

暁阿『梵暦弁真』（国立天文台図書室蔵）一八六一年（天保三年成書の写本・鳳寛写）

釈大道『眼勢論』（国立国会図書館蔵）江戸後期。

釈大道『須弥界異四時論』（国立国会図書館蔵）一八六四年。

安慧（勝園道人）『護法新論』（国立国会図書館蔵）一八六七年（続編の『護法新論二篇』あり）。

花谷安慧『天文三字経』(国立天文台図書室蔵)一八七三年。

禿安慧『天文捷径古之中道』(国立天文台図書室蔵)一八八一年(序に「花谷道人識」とある)。

大道(池部)『須弥界本天暦術』(国立国会図書館蔵)写本(横浜市立大学図書館編『梵暦蒐書目録』では、『須弥界本天暦推歩図解』)。

佐田介石『須弥地球孰妄論』(天理図書館蔵)一八七六年(工藤の蔵書を示す「護法梵暦　門外不出　無学庵」の張り紙あり)。

佐田介石『視実等象儀記　一名天地共和儀記　初篇』(国立国会図書館蔵)一八七七年。

佐田介石『視実等象儀詳説』(私蔵)一八八〇年。

佐田介石『日月行品台麓考』(国立国会図書館蔵)一八八一年。

佐田介石『天地論往復集　初編』(国立国会図書館蔵)一八八一年(横浜市立大学図書館に追加分あり)。

藤井最証『天学策励』(国立国会図書館蔵)一八八三年。

普光融満『本朝梵暦師資系譜』(国立国会図書館蔵)一八八三年。

橘堂流情『須弥山儀図附録』(国立国会図書館蔵)一八八五年。

渡辺竜潭述(藤井最証閲)『仏国真天談』(国立国会図書館蔵)一八八五年。

真諦訳『立世阿毘曇論』(国立天文台図書室蔵)刊年不明(「律師本　環中本対較科本也　分科中朱記　環中」との書き込みがある。書き込みをしたのは、工藤康海であろう。工藤の蔵書を示す「護法梵暦　門外不出　無学庵」の張り紙あり）。

『縮象符天暦書続編　一六巻』（国立天文台図書室蔵）写本（天保一三年の暦表を付す。内容は、円通述・環中編の『縮象符天暦書』とほぼ同じ）。

香海院徳貌『梵暦推歩草稿』（国立天文台図書室蔵）写本（文化一三年の暦表を付す。巻中に普門律師の落款あり。円通が弟子の暦算を校閲したのであろうか）。

矢田部茂光『縮象符天暦書推歩』（国立天文台図書室蔵）明治一〇年写（明治一〇年の暦表を付す）。

矢田部茂光『縮象符天暦書推歩』（国立天文台図書室蔵）明治一二年写（慶応五・明治二年の暦表を付す）。

矢田部茂光『頒暦中段已下採日軌矩』（国立天文台図書室蔵）筆写本（明治一二年の略歴を付す。河野通礼の『応元暦』、円通の『応天暦』、環中の『縮象符天暦』を範としており、梵暦と土御門家の暦法を混同しているところがある）。

＊これらの梵暦にもとづく暦書類は、他にも各地に数多く散在しているはずである。「縮象符天暦」という名称は、「縮象界」の天象を考究するのが梵暦の役割であり、「符天暦」は宿曜師の暦を意味しているので、梵暦社中の人々の暦法を総称する名称であったのではないか。主に信暁のグループが頒布した略暦や綴暦としての「仏暦」類とともに、これらを収集・整理することも今後の課題の一つである。現状については、本書に附した「文庫版あとがき」

を参照のこと。

その他

今井考『倶舎論日月旋転和語抄』(国立天文台図書室蔵) 一六九九年。

宥範『倶舎世間品日月行道図解』(国立天文台図書室蔵) 一七〇〇年。

森尚謙『護法資治論』(鷲尾順教編『日本思想闘諍史料　第二巻』名著刊行会、一九七〇年。

文雄『非天経或問』(国立天文台図書室蔵) 一七五四年。

文雄『九山八海解嘲論』(天理図書館蔵) 一七五四年。

河野通礼『応元暦書』(東北大学図書館蔵) 一八〇五年。

小島濤山(好謙)『仏国暦象編弁妄』(国立天文台図書室蔵) 一八一八年。

『仏国暦象病間一適』(国立天文台図書室蔵) 刊年不詳。

本居宣長「沙門文雄が九山八海解嘲論の弁」大久保正編『本居宣長全集　第一四巻』筑摩書房、一九七二年。

福田行誡「須弥山略説」『明治仏教思想資料集成　第六巻』同朋舎、一九八二年。

島地黙雷「須弥山説に就て」『島地黙雷全集　第三巻』本願寺出版協会、一九七五年。

井上円了「須弥説研究ノ必要ヲ論ス」『東洋哲学』三(二)、一八九六年。

小出植男編『小出長十郎先生伝』(国立国会図書館蔵) 一九一七年。

清沢満之「精神主義Ⅷ〔明治三十四年講話〕」大谷大学編『清沢満之全集　第六巻』岩波書店、

二〇〇三年。

木村泰賢「佐田介石氏の視実等象論」『宗教研究』新第一巻第二号、一九二三年。

禿氏祐祥編『須弥山図譜』龍谷大学出版部、一九三一年。

伊東多三郎「近代に於ける科学的宇宙観の発達に対する反動に就いて」『宗教研究』一一―二：一九三四年。

佐竹淳如『勤皇護法　信暁学頭』大行寺史刊行後援会、一九三六年。

工藤康海「護法梵暦運動史上に於ける信暁学頭の芳躅」佐竹淳如『勤皇護法　信暁学頭』大行寺史刊行後援会、一九三六年（一一一～一七一頁）。

工藤康海「普門律師の梵暦運動と師の略伝」『明治聖徳記念学会紀要五六』一九四一年。

板沢武雄「江戸時代に於ける地動説の展開と其の反動」『史学雑誌』五二（一）、一九四一年。

木場明志「幕末～明治初期の梵暦研究について」『真宗研究』二七、一九八三年。

柏原祐泉「佐田介石の仏教経済論」『仏教史学研究』二七（一）、一九八四年。

吉田忠「近世における仏教と西洋自然観との出会い」『大系仏教と日本人　第一一巻　近代化と伝統』春秋社、一九八六年。

渡辺敏夫『近世日本天文学史　上』恒星社厚生閣、一九八六年。

龍谷大学大宮図書館編『龍谷大学図書館所蔵品特別展　中世近世の科学書』二〇〇〇年。

谷川　穣「〈奇人〉佐田介石の近代」『人文学報』第八七号、京都大学人文科学研究所、二〇〇二年。

平岡隆二「連載　和算資料の電子化（七）：江戸の天文暦学」東北大学附属図書館報『木這子』第二九巻第三号、二〇〇四年。

井上智勝「幕末維新期の仏教天文学と社会・地域」明治維新史学会編『明治維新と文化』吉川弘文館、二〇〇五年
谷川　穣「周旋・建白・転宗――佐田介石の政治行動と『近代仏教』」明治維新史学会編『明治維新と文化』吉川弘文館、二〇〇五年。

宮島一彦・平岡隆二「『仏国暦象編』の成立と反響について」『同志社大学理工学研究報告』第四五巻第四号別冊、二〇〇五年。

澤　博勝『日本における宗教的対立と共存――近世を中心に』『歴史学研究』第八〇八号、二〇〇五年。

梅林誠爾「佐田介石と近代世界」『近代熊本』No.31、二〇〇七年。

梅林誠爾『佐田介石仏教天文地理説の葛藤』『熊本県立大学文学部紀要』第一三号、二〇〇七年。

大島明秀「村上玄水写『六祖玄水屈伸録』とその背景――写本『老野子』との関連性を中心に」『中津市歴史民俗資料館　分館　医家資料館叢書Ⅳ』二〇〇七年。

龍谷大学大宮図書館編『二〇〇九年度特別展観　仏教の宇宙観』二〇〇九年。

横浜市立大学図書館編『梵暦蒐書目録』一九六九年。

一般

朝尾直弘他編『日本の社会史　第七巻　社会観と世界像』岩波書店、一九八七年。

有坂隆道「山片蟠桃の大宇宙論について」『日本洋学史の研究　四』創元社、一九八二年。

有坂隆道他『富永仲基・山片蟠桃（日本思想体系43）』岩波書店、一九七三年。

鮎沢信太郎『鎖国時代の世界地理学』日大堂書店、一九四三年。

鮎沢信太郎『新井白石の世界地理研究』京成社出版部、一九四三年。

池田英俊『明治の新仏教運動』吉川弘文館、一九七六年。

井上郁二他訳『聖フランシスコ・ザビエル書翰抄　下』岩波文庫、一九四九年。

井上円了『妖怪学講義（復刻版）第二巻』国書刊行会、一九七九年。

井上円了『妖怪学講義（復刻版）第四巻』国書刊行会、一九七九年。

今津健治『からくり儀右衛門――東芝創立者田中久重とその時代』ダイヤモンド社、一九九二年。

上杉和央『江戸知識人と地図』京都大学学術出版会、二〇一〇年。

ヴァルター・ベンヤミン『ボードレール』岩波文庫、一九九四年。

海野一隆『日本人の大地像――西洋地球説の受容をめぐって』大修館書店、二〇〇六年。

エーリッヒ・アウエルバッハ『ミメーシス――ヨーロッパ文学における現実描写　上・下』ちくま学芸文庫、一九九四年。

エリック・ホブズボウム『創られた伝統』紀伊國屋書店、一九九二年。

遠藤　潤『平田国学と近世社会』ぺりかん社、二〇〇八年。

大久保正編『本居宣長全集　第一四巻』筑摩書房、一九七二年。

大桑　斉『日本仏教の近世』法藏館、二〇〇三年。

応地利明『絵地図の世界像』岩波新書、一九九六年。

応地利明『「世界地図」の誕生――地図は語る』日本経済新聞出版社、二〇〇七年。

大谷栄一『近代日本の日蓮主義運動』法藏館、二〇〇一年。

大谷大学編『清沢満之全集　第二巻』岩波書店、二〇〇二年。

大谷大学編『清沢満之全集　第六巻』岩波書店、二〇〇三年。

大友洞達『新釈　原人論詳解』日本禅書刊行会、一九九二年。

岡田正彦「ヘイドン・ホワイトの歴史の詩学と宗教研究」『天理大学おやさと研究所年報』第五号、一九九九年。

岡田正彦『宗教の詩学』天理大学出版会、二〇〇七年。

岡田芳朗他『暦を知る事典』東京堂出版、二〇〇八年。

岡田芳朗『暦のからくり――過去から学ぶ人生の道しるべ』はまの出版、一九九九年。

岡田芳朗『日本の暦』新人物往来社、一九九六年。

小野玄妙「仏教天文学一～六」『現代仏教』大正一五年、四月～一〇月号。

加藤咄堂『原人論講話』丙午出版社、一九一〇年。

木村泰賢『小乗仏教思想論（木村泰賢全集　第五巻）』大法輪閣、一九六八年。

木村泰賢「科学と宗教の衝突問題より　原始仏教主義の提唱」『中央公論』大正一二年四月号、中央公論社、一九二三年。

國　雄行『博覧会と明治の日本』吉川弘文館、二〇一〇年。

黒住　真『複数性の日本思想』ぺりかん社、二〇〇六年。

黒住　真『近世日本社会と儒教』ぺりかん社、二〇〇三年。

柏原祐泉『近世庶民仏教の研究』法藏館、一九七一年。

柏原祐泉「近代における浄土観の推移」『論集日本仏教史　第八巻』雄山閣出版、一九八七年。

柄谷行人『トランスクリティーク――カントとマルクス』岩波現代文庫、二〇一〇年。

定方　晟『須弥山と極楽』講談社、一九七三年。

竺道契撰・大内青巒編『続日本高僧伝』鴻盟社、一八八四年。

ジェームス・ケテラー著（岡田正彦訳）『邪教／殉教の明治――廃仏毀釈と近代仏教』ぺりかん社、二〇〇六年。

島薗進他『コスモロジーの「近世」――19世紀世界②（岩波講座　近代日本の文化史2）』岩波書店、二〇〇一年。

末木文美士『明治思想家論――近代日本の思想・再考Ⅰ』トランスビュー、二〇〇四年。

末木文美士『近代日本と仏教――近代日本の思想・再考Ⅱ』トランスビュー、二〇〇四年。

鈴木宗兼『日本の近代化と「恩」の思想』法律文化社、一九六四年。

芹川博通『日本の近代化と宗教倫理』多賀出版、一九九七年。

総合仏教大辞典編集委員会編『総合仏教大辞典』法藏館、一九八七年。

高橋五朗『人類学一班並評原人論』（国立国会図書館蔵）一八八八年。

圭室文雄他編『近世仏教の諸問題』雄山閣出版、一九七九年。

圭室文雄編『日本仏教史　第三巻（近世・近代篇）』法藏館、一九六七年。

地理学史研究会編『地理学史研究　1・2』臨川書店、一九七九年。

内藤莞爾「宗教と経済倫理――浄土真宗と近江商人」『年報社会学』第八輯、日本社会学会、一九四一年。

中井宗太郎『司馬江漢』アトリエ社、一九四二年。

中村　元『日本宗教の近代性』春秋社、一九六四年。

中山　茂『日本の天文学』岩波書店、一九七二年。

日本思想史懇話会編『季刊　日本思想史　No.75　特集・近代仏教』ぺりかん社、二〇〇九年。

日本仏教研究会編『日本の仏教①　仏教史を見なおす』法藏館、一九九四年。

日本仏教研究会編『日本の仏教④　近世・近代と仏教』法藏館、一九九五年。

西村　玲『近世仏教思想の独創――僧侶普寂の思想と実践』トランスビュー、二〇〇八年。

芳賀　登『幕末国学の展開』塙書房、一九六三年。

引野亨輔『近世宗教世界における普遍と特殊』法藏館、二〇〇七年。

林　淳『近世陰陽道の研究』吉川弘文館、二〇〇五年。

林　淳『天文方と陰陽道』山川出版社、二〇〇六年。

尾藤正英・島崎隆夫編『安藤昌益・佐藤信淵（日本思想体系45）』岩波書店、一九七七年。

福島栄寿『思想史としての「精神主義」』法藏館、二〇〇三年
フランク・レントリッキア『現代批評理論：22の基本概念』平凡社、一九九四年。

ヘルマン・オームス『徳川イデオロギー』ぺりかん社、一九九〇年。

古田紹欽他監修『仏教大事典』小学館、一九八八年。

法藏館編集部『講座近代仏教　1〜6』法藏館、一九六一〜六三年。

松村明編『洋学　上（日本思想体系64）』岩波書店、一九七六年。

明治仏教思想資料集成編集委員会編『明治仏教思想資料集成　一〜七巻』同朋舎出版、一九八〇〜八三年。

森龍吉編『真宗史料集成　第一三巻　真宗思想の近代化』同朋舎、一九七七年。

森　豊太『田中久重伝——日本技術の先駆者』田中久重伝刊行会、一九五七年。

山口昌男編『未開と文明　現代人の思想コレクション三』平凡社、一九六九年。

吉田久一『日本近代仏教史研究』吉川弘文館、一九五九年。

吉田龍英『仏教古事物語——新訳山海里』百華苑、一九五六年。

鷲尾順敬編『日本思想闘諍史料　全一〇巻』名著刊行会、一九七〇年。

鷲尾順敬編『日本仏家人名辞書（増訂版）』光融館、一九一一年。

Bellah, Robert N. 1957. *Tokugawa Religion: The Cultural Roots of Modern Japan*. NewYork: The Free Press.

Burke, Peter. 1992. *New Perspectives on Historical Writing*. Pennsylvania State University Press.

Barnes, Trevor J. and Duncan, James S., eds. 1992. *Writing Worlds: Discourse, Text and Metaphor in the Representation of Landscape*. New York: Routledge.

Clifford, James and Marcus, George E., eds. 1986. *Writing Culture: The Poetics and Politics of Ethnography*. University of California Press.

Davis, Winston. 1992. *Japanese Religion and Society: Paradigms of Structure and Change*, State University of New York Press.

Faure, Barnard. 1991. *The Rhetoric of Immediacy: A Cultural Critique of Chan/Zen Buddhism*. Princeton University Press.

Foucault, Michel. 1970. *The Order of Things: An Archeology in the Age of Reason*. New York: Vintage Books.

Foucault, Michel. 1972. *The Archeology of Knowledge*. New York: Pantheon Books.

Gombrich, Ernest H. 1960. *Art and Illusion: A Study in the Psychology of Pictorial Representation*. Princeton University Press.

Gombrich, Ernest H. 1950. *The Story of Art*. Oxford University Press.

Harvey, David. 1990. *The Condition of Postmodernity*. London: Blackwell.

Harootunian, Harry D. 1988. *Things Seen and Unseen: Discourse and Ideology in Tokugawa Nativism*. University of Chicago Press.

Jameson, Fredric. 1981. *The Political Unconscious: Narrative as a Socially Symbolic Act*. Cornell University Press.

Kern, Stephen. 2003. *The Culture of Time and Space, 1880–1918*. Harvard University Press (With a New Preface).

LaFleur, William R. 1983. *The Karma of Wards: Buddhism and the Literary Arts in Medieval Japan*. University of California Press.

Lawrence, Bruce B. 1989 *Defenders of God: the Fundamentalist Revolt against the Modern Age*. San Francisco: Harper & Row.

Najita, Tetsuo and Scheiner, Irwin., eds. 1978. *Japanese Thought in the Tokugawa Period 1600–1868: Methods and Metaphors*. University of Chicago Press.

White, Hayden. 1973. *Metahistory: The Historical Imagination in Nineteenth-Century Europe*. Johns Hopkins University Press.

White, Hayden. 1978. *Tropics of Discourse: Essays in Cultural Criticism*. Johns Hopkins University Press.

White, Hayden. 1987. *The Content of the Form: Narrative Dicourse and Historical*

Representation. Baltimore: Johns Hopkins University Press.

White, Hayden. 2000. *Figural Realism: Studies in the Mimesis Effect*. Johns Hopkins University Press.

White, Hayden. 2010. *The Fiction of Narrative: Essays on History, Literature, and Theory, 1957-2007*. Johns Hopkins University Press.

文庫版あとがき

ある日、いつものように大学へ行くと教員用の通信ボックスに一通の封書が入っていた。差出人は、法藏館の編集者・上山靖子氏である。二〇一〇年に出版した拙著『忘れられた仏教天文学——十九世紀の日本における仏教世界像』を法藏館文庫の一冊として刊行するお誘いであった。

この本は、一九九七年にスタンフォード大学へ提出した博士論文、Vision and Reality: Buddhist Cosmographic Discourse in 19th-Century Japan. をもとに、帰国後の調査や研究成果を加えたものである。刊行後は西村玲、林淳といった研究分野の近い方たちにとても有益な書評をしていただいた。しかし、所属する大学の出版助成を使って刊行した本書は、もともと発行部数の少ない専門書であって、決して一般向けの本ではない。

はたして、「文庫」として再刊することに耐えられるのか。あまり多くの読者は期待できないだろうし、刊行から一〇数年が経過してすでに内容が古くなっているのではないか、とも考えた。しかし、よく考えてみれば、本書の紹介する梵暦／仏教天文学は、もともと日本宗教思想史のメジャーな研究対象ではない。近代仏教史を専門とする研究者にとっても、あまり耳慣れないテーマだろう。三〇数年研究を続けてきた筆者でさえ、ようやく全体像が見えかけてきた段階である。日本中の図書館や寺院に文献や資料が散在するほど、一時期は活発な思想運動でありながら、ほぼ忘れ去られていた梵暦運動の日本思想史、文化史、社会史への位置づけについては、いまだにその出発点にすら立てていない。たとえ稚拙な研究成果であっても本書を再刊することは、いつかこの分野に関心をもつ後進の研究者が現れてくるきっかけになるだろう。

また本書を刊行したあと、まったく新しい情報が各方面から多く寄せられるようになった。二〇年以上かけて集めた知見をはるかに超える情報が、この一〇年ほどで集まったような気がする。さらにICT（情報通信技術）の発展によって、各地に埋もれていた文献や資料の情報が可視化されるようになった影響も大きい。本書に紹介している文献のいくつかは、かつて国立国会図書館の古典籍資料室に赴き、備え付けの鉛筆で書写するしか研究方法がなかった。しかし、それらは現在デジタル資料として一般公開されており、いつでも手軽に参照することができるようになっている。

さらには、現存する須弥山儀や梵暦社中の天体観測道具、造暦の資料や仏暦など、かつてほとんど存在を確認できなかったモノ資料についても、メールのやり取りやインターネットの公開情報をたよりに各地を訪ね、多くの残存資料を発掘することができた。「忘れられた仏教天文学」の痕跡は、人々からその意味が忘却されているだけで、実際には驚くほど多彩な文献や史跡や器具類が現存している。とはいえ、いまだに何かを研究するとまた新たな課題が発掘されている段階であり、とても筆者一人の力ではこの「忘れられた」思想運動の全貌を明らかにすることはできそうにない。本書の読者のなかから、これらの研究に取り組む人が現れてくれたなら幸いである。

＊＊＊

本書のテーマである円通の著作や梵暦運動に関心を持ったのは、原著のあとがきにあるように、三〇年以上前のことである。その後、米国に留学したが、留学中は梵暦関係の文献・資料の調査よりは歴史学や人類学、文学研究などの理論を学ぶことに時間を費やした。宗教学の専門講義のなかでも、ジェイムズ・クリフォードとジョージ・マーカスのWriting Culture: The Poetics and Politics of Ethnographyやミシェル・ド・セルトーの『歴史のエクリチュール』の英語版（The Writing of History）について活発な議論がなされ、人文系のあらゆる領域において、テクスト読解の理論の重要性が広く意識されていた時期であった。

「何が」語られているかではなく「どのように」語られているかを重視する、本書に一貫しているテクスト読解の手法や思想史の方法論は、リチャード・ローティやヘイドン・ホワイトが教鞭をとっていた当時のスタンフォード大学で学んだことの影響が大きい。とくにヘイドン・ホワイトからは、講義ばかりでなく博士論文の調査の一環としてインタビューの時間を設けてもらい、彼独自の思想史研究の手法を学ぶことができた。マックス・ヴェーバーの研究者として出発したホワイトの業績は、歴史理論や歴史哲学の文脈ではなく、むしろ近代思想史・文化史研究の成果として評価されるべきではなかろうか。

この時期に、新しいテクスト読解の理論を背景としたホワイトの思想史研究に惹かれたのは、「梵暦／仏教天文学」という従来の宗教思想史や科学史にとっては特異なテーマを扱うために、一般的な近代化論や世俗化論とは一線を画した方法論を模索したからである。しかし、博士論文の執筆段階ではかなり理論先行の研究に偏っていた。このため、帰国後は各地に現存する史跡や梵暦関係の資料調査に多くの時間を費やすことになる。

この際に、大きな手掛かりを与えてくれたのは「本邦最後の梵暦家」と称された工藤康海の研究であった。自ら名づけた「梵暦運動」の研究に半生を捧げた工藤の蔵書は、鮎沢信太郎によって横浜市立大学に収められ、その目録が「梵暦蒐書目録」として刊行されていた。この目録の文献調査をきっかけに、のちに『横浜市立大学　貴重資料集成Ⅰ　仏教天文学―十八～十九世紀における世界認識の変容』（二〇一二）として刊行される図録の企画に関わり、その一環で工藤の蔵書の全体像や彼の調査の行程を知ることができた。特徴的な貼り紙のある工藤の旧蔵書は各地に分散しており、ここ数年はこの旧蔵書の再構築と拡大版の「梵暦蒐書目録」の完成を目指して地道な調査を続けている。

また工藤は、昭和一九年（一九四四）に刊行された「梵暦研究より観たる慈雲尊者と普門律師」（樹下快淳編『慈雲尊者』所収）のなかで、「梵暦運動史之研究　第一巻」を公刊する準備が整ったと表明している。しかし、刊行された本の所在はいまだに確認できていない。終戦間近の時局を考えれば、刊行は難しかったのだろうか。

この本の構想については、山口県の郷土史家が東京で工藤から入手した「概要」が、山口県文書館に所蔵されている。この概要によれば、現存する円通の著書は「四十余部百九十余巻」に及び、その門人は「千有余人」、梵暦関係の史跡は四十四府県に散在し、ほぼ全ての仏教諸宗派に梵暦関係者の事跡が確認できるとする。また、工藤が所在を確認した「須弥山儀」、「縮象儀」、「視実等象儀」などの「儀器」の数は「三十八個」である。全四編とされる本書に付された「資料編」を発見すれば、梵暦運動史の実態はさらに明らかになるだろう。

これらの文献や史跡・事跡の規模については、工藤の調査の足跡を辿るかたちで筆者もかなり確認してきた。当初は誇張された情報だと考えていたが、この十数年の調査の結果、むしろ現在では実態に近いと感じている。詳細については、本書の刊行以降に公開した以下の論文や史料紹介を参照していただきたい。

【論文】

岡田正彦「東芝創業者・田中久重と仏教天文学—日本の近代化と伝統的技術」『経営と宗教—メタ理念の諸相』（住原則也編）東方出版、二〇一四年。

岡田正彦「近代的世界像と仏教—梵暦運動と須弥山儀」『シリーズ日本人と宗教②：神・儒・仏の時代』（島薗進ほか編）春秋社、二〇一四年。

岡田正彦「梵暦運動史の研究—一九世紀の日本における仏教科学の展開」『近代化と伝統の間—明治期の人間観と世界観』（吉田公平ほか編）教育評論社、二〇一六年。

岡田正彦「大教院分離運動と仏教天文学—花谷安慧『天文三字経』を読む」『宗教研究』第三九二号（特集：明治維新と宗教）日本宗教学会、二〇一八年。

【史料紹介】

岡田正彦「史料紹介：龍津寺所蔵『須弥山器』について」『おやさと研究所年報』第一八号、二〇一二年。

岡田正彦「総論：工藤康海と梵暦運動」『仏教天文学――十八世紀～十九世紀における世界認識の変容』（横浜市立大学貴重資料集成Ⅰ）二〇一二年。

岡田正彦・宮島一彦・梅林誠爾「円通と環中の須弥山儀図、縮象儀図――その連続性と対立」『第五一回 同志社大学理工学研究所研究発表会・講演予稿集』二〇一三年。

さらにこの数年は、「暦の思想史研究会」の中牧弘允、林淳、下村育世といった方々と連携しながら、近世から近代にかけての「仏暦」について研究・発表を続けている。こちらは「日本の暦と仏教の深い関係を再認識するために」（二〇二一年二月・三月）と題して、『月刊住職』（興山社）誌上に仏暦研究の概要と現状を紹介する機会をいただいた。また、科研の共同研究（基盤研究C：「近代日本における暦の流通と仏教・神道・陰陽道の展開に関する宗教社会史的研究」）の成果の一つとして、セイコーミュージアム銀座（大橋時計店所蔵）展示の須弥山儀と関連資料を紹介する報告書（二〇二三）を刊行している。

とはいえ、「忘れられた仏教天文学」の痕跡を辿る旅はまだ終わりそうにない。文庫版の刊行を契機に新しい情報が寄せられるようになれば、人生の残された時間を新たな調査に費やすことになるだろう。むしろ、この旅の本編はこれからはじまるのかも知れない。
最後に、遅々として進まない校正作業に付き合ってくださった上山氏に、深く謝意を表したい。有難うございました。

二〇二四年三月

岡田正彦